관상 수업

백수진

계명대학교 중국학과 교수. 중국언어학 전공으로 중국어문법과 번역 이론
쪽으로 연구하고 가르친다. 1961년생으로 50세에 관상 공부를 시작했다.
관상 자료의 보존과 연구에 힘쓰고 있으며 관상 실전도 병행하고 있다.
일간리더스경제신문에 '관상학개론'(20회)을 연재하였고, 관상 관련 논문으로는
'사전과 관상서에 나타난 '痣[점]'의 의미 고찰'이 있다. china100@kmu.ac.kr

관상 수업

초판 1쇄 발행   2017년 6월 30일
조판 4쇄 발행   2020년 12월 24일

지은이   백수진
펴낸이   양동현
펴낸곳   나들목
　　　　출판등록 제6-483호
　　　　주소 02832, 서울 성북구 동소문로13가길 27
　　　　전화 02) 927-2345 팩스 02) 927-3199

ISBN   978-89-90517-96-8 / 03180

＊잘못 만들어진 책은 구입한 곳에서 바꾸어 드립니다.

www.iacademybook.com

이 도서의 국립중앙도서관 출판시도서목록(CIP)은
e-CIP홈페이지(http://www.nl.go.kr/ecip)와 국가자료공동목록시스템(http://www.nl.go.kr/kolisnet)에서
이용하실 수 있습니다. CIP제어번호 : CIP2017015605

관상 수업

관상가를 위한 相法 교과서

백수진 著

나들목

서문

　내가 관상을 처음 접한 것은 2010년 9월 어느 대학의 평생교육원에서 개설한 관상학 수업에서였다. 당시 나는 1년간의 연구년 기간 중이었다. 연구년의 상반기 6개월을 중국의 호남사범대학에서 논문을 쓰면서 보냈다. 귀국 후 생각해 보니 앞으로 10년은 더 기다려야 찾아올 '연구년'이란 시간이 논문만 쓰기에는 아깝다는 생각이 들었다. 재미있으면서도 의미를 지닌 일이 무엇일까 궁리하던 차에 우연히 평생교육원의 광고를 보았고, 개설 과목 중에 관상학 수업이 있기에 곧바로 수강 신청을 했다. 여기에는 그 전해에 『얼굴경영』이란 책과 관상 만화 『꼴』을 재미있게 읽은 영향도 있었다. 나는 관상 수업을 들으면서 신기하기도 하고 재미가 있어서 일주일 내내 그 수업만 기다리곤 했다. 수업 교재 한 권으로 만족할 수 없어서 서점에 가 보았지만 단순한 흥미 위주의 책 한두 권뿐이었다. 그리고 중국의 고서 번역서는 번역 오류가 많았다.

　사주에 관한 책은 많은데 왜 관상에 관한 책은 적을까. 내가 대학생 시절일 때만 해도 대구 수성못가에는 관상을 보는 사람들이 눈에 띄었는데 지금은 사주를 보는 철학관만 많이 보이고 왜 관상을 보는 철학관은 없을까. 이때부터 나는 고서점을 통해 절판된 관상 관련 서적을 모으기 시작했다. 어디에 고서나 필사본이 있다는 이야길 들으면 개인 소장자를 찾아가기도 했다. 중국홍콩, 대만의 관상서는 인터넷으로 구입하거나 현지의 역술 전문서점에 가서 구매했다. 중국홍콩이나 대만에서는 명·청대의 관상 고서를 백화문으로 번역한 번역서를 비롯해 현재의 관상가들이 쓴 많은 관상서가 쏟아져 나왔다. 그런데 국내에는 어느 책의 복사본이나 강의용 노트 하나도 귀한 자료인 양 여기는 것을 보고 자료의 열악함을 느끼지 않을 수 없었다.

평생교육원에서 한 학기 과정의 수업을 마쳤지만 관상을 실제로 보기는 어려웠다. 책을 보고 생긴 의문점과 실전을 배우고 싶은 절실함에 관상가를 찾아갔지만 이런저런 이유로 사제의 연을 만들기가 어려웠다. 부산에서 만난 관상가 중 한 분이『꼴값하네』의 저자 고故 최형규 선생이었다. 40여 년간 관상만 본 그분은 사주도 공부했지만 자신에게는 관상의 적중률이 더 높다고 했다. 그러나 안타깝게도 두 번째 찾아뵈었을 때 그분은 병상에 누워 계셨다.

내가 사는 주변에서는 더 이상 관상 실전을 배우기가 어렵다는 생각에 2012년경 중국으로 눈을 돌렸다. 먼저 중국 인터넷을 조회하여 찾은 분이 시안西安에 거주하는 천따요우陳大有 선생이었다. 그는 손금의 대가인 천띵룽陳鼎龍 선생의 자제였다. 3일간의 개인지도였지만 나에게는 3개월의 시간과 맞먹는 귀한 시간이었다. 이곳에 머무는 동안 역학자는 여러 명 만났지만 관상 전문가는 없었다. 그들은 국내와 마찬가지로 육효六爻나 명리 등으로 운세를 감정했고, 관상은 그저 적중률을 높이기 위한 보조 수단으로 활용할 뿐이었다. 그냥 돌아갈 수 없다는 생각에 묻고 물어 어렵사리 '유장상법'의 계승자 양요우쉬에楊有學 선생을 만났다. 아쉽게도 그분도 사주로 전환한 지가 오래되었다. 나이가 많은 탓에 방언이 심해 의사소통이 쉽지 않았지만, 그분이 내게 던진 한마디가 아직도 생생하다. "관상은 암기할 것이 많기 때문에 기억력이 좋은 10대 후반에 배워야 해. 자네는 너무 늦은 나이네."

2013년에는 북경역경학원北京易經學院의 리루헝劉恒 선생에게 이틀간 관상을 배웠는데 40대 중반의 그 역시 관상 전문가는 아니었다. 2014년에는 카이펑開封에 거주하는 70대 중반의 리우중잉劉中英 여사에게 하루 6시간씩 3일간 수업을 받았다. 2015년부터는 관상학자 김현남 선생에게 형상진단학, 기색론, 화상관상畵相觀相, 골상학 등을 배웠고, 관상 실전 능력도 많이 향상시켰다.

관상을 공부하면서 실력 있는 관상가를 만난 것도 큰 즐거움이었다. 다른 관상가들을 만나면 내 관상을 먼저 보게 하고 그들의 실력을 검증한 후에 대화를 이어나갔다. 만나 본 관상가들은 많지만 그중에는 실력에 실망한 경우도 있었고, 실력은 있지만 인격에 실망한 경우도 있었다. 한두 번의 짧은 만남이었지만 가르침을 받은 분으로는 팔달산관상연구소의 이문학 선생, 관상을 인체 구조와 연계하여 해석한 김효린 선생, 중원관상원의 김장신 선생, 대만의 관상가 황지아청黃家驍 선생과 황중천黃重塵 선생 등이 있다.

나는 관상 실전에 목말라 하면서도 절판된 관상 책을 모으는 일에 많은 시간을 투자했다. 그렇게 한두 권 모으기 시작한 관상 관련 책이 지금은 전공인 중국언어학 관련 책을 밀어내고 거실 서재의 절반을 차지하고 있다. 2010년 인터넷 서점을 통해 관상 책을 구입하다 인연을 맺은 장영기 선생과 김성우 선생을 잊을 수 없다. 관상의 초행길에서 헤매던 시절, 처음 이 두 사람을 통해 강의용 자료와 수업 동영상 등을 구했고, 국내 역학계의 현황을 들어 볼 수 있었다. 당시 40대 중반의 장영기 선생은 만성 척추 질환으로 종일 누워 있어야 함에도 사주 공부에 매진하고 있었다. 김성우 선생은 당장 철학관을 개업해도 될 실력을 갖추었음에도 자신을 속일 수 없다며 생산직에 임시직으로 일하면서까지 역학 공부에 몰두하고 있었다. 처음 메일로 연락을 주고받을 때 그는 나에게 관상 필독서로 중국의 무슨무슨 책을 읽어야 한다고 적어 보냈다. 관상 공부를 많이 했음을 직감하고 만나 보고 싶으니 연락처를 알려 달라고 했다. 그런데 "육효로 점쳐 보니 우린 아직 만날 때가 아닌 것 같습니다"라는 답장을 받았다. 나는 속이 탔다. 무려 6개월간 여러 차례 메일을 보내고 나서야 만날 수 있었다. 만나 보니 30대 중반의 나이에 자존심이 세고 미소년 같이 생긴 총각이었다. 나는 이 두 분을 통해서 역학계 종사자에 대한 인식을 새롭게 하게 되었다.

나는 관상의 즐거움에 빠져들면서도 한편으론 심리적인 갈등을 안고 있었다. 중국언어학을 공부할 때의 보람과는 달리 "남의 운명을 들여다보는 것이 과연 바람직한가? 내가 왜 이걸 해야 되나" 하는 회의감이 문득문득 들었다. 음지의 학문으로 취급하는 사람들의 인식 또한 나를 힘들게 했다. 그렇다고 실전 경험 없이 책만 볼 수는 없었다. 오랜 시간 나 자신에게 물은 끝에 얻은 답은 "몇천 년간 전해 오면서도 쇠퇴하지 않는 것은 반드시 그것의 존재 가치가 있기 때문이다. 관상은 고대부터 있었으며 단 한 번도 소멸하지 않고 지금까지도 지속되어 온 문화적 맥락이다"라는 것이었다. 나는 관상을 '전통문화'의 하나로 인식하고 나서야 갈등에서 벗어날 수 있었다.

사람들은 싫든 좋든 본인의 운명에 대해 궁금해 하고 불안해 한다. 그래서 아무리 첨단과학이 우리 삶을 이끌어도 사주나 관상에 관심을 가질 수밖에 없다. 한 음악평론가가 쓴『명리, 운명을 읽다』가 출판된 지 두 달 만에 3만 부를 돌파했다는 신문기사나 지금 젊은이들 사이에 타로점 보기가 유행하고 있는 것이 그 방증이 아니겠는가. 관상술 또한 지금까지 쓰러지지 않은 것은 상당 부분 '경험적 사실'에 근거하고 있기 때문이다. 몇천 년간의 경험을 축적한 관상술 안에는 규율성이라 할 수 있는 인식들을 담고 있다. 그러나 이 규율성이 시종일관 엄밀한 이론으로 정리되지는 못했다. 그래서 관상술의 응용은 대부분 관상가 개인의 학습 능력과 직관에 의존했다. 직관의 능력은 사람마다 달라서 적중률 또한 들쭉날쭉하다. 관상술이 수시로 미신으로 취급 받는 원인도 바로 여기에 있다. 그러나 이제는 관상을 비과학적 혹은 미신으로 치부하기보다는 그것을 '관상학'으로 발전시켜 연구하고 계승할 필요가 있다. 그리고 '관상' 자체의 발굴과 연구는 하나의 특수한 역사 자료이며, 민속 문화 연구에도 중요한 의미를 지닌다.

나는 처음 관상책을 보면서 내용에 적잖은 의문을 가졌다. 이는 관상이 개인의 비전秘傳으로 전해지다 보니 이론적인 체계성이 부족했음을 의미한다. 복덕궁福德宮의 정확한 위치는 어디인가? 와잠臥蠶과 누당淚堂 그리고 어미魚尾와 간문奸門은 명칭이 달라도 같은 부위를 지칭하는 것인가? 지금까지 이러한 의문점들이 책에서 언급되지 않았던 것은 이들을 명확히 구분하지 않아도 운세 판단에는 지장이 없었기 때문이다. 나는 본문에서 이러한 의문점들에 대해 답을 내린 것도 있고 문제 제기만 한 것도 있다. 얼굴 각 부위의 운세를 해석할 때에는 한 관상가의 해석만 옮겨 적지 않고 여러 관상가의 해석을 같이 실었다. 그 이유는 얼굴 부위별 운세에 대한 많은 해석(정보)을 싣기 위해서이고, 더불어 어느 것이 적중률이 높은 해석인지를 차후 논의의 장으로 끌어내기 위해서이다. 이것은 향후 표준화 작업에도 유용한 자료가 될 수 있다.

관상은 사람의 얼굴, 성격, 삶을 살펴보는 것이지만 궁극적으로는 자신을 들여다보는 것이다. 나의 나됨을 깨닫게 한다는 점에서 관상은 '자아 인식'의 한 방식이라 할 수 있다. 관상을 미래의 길흉화복을 예측하는 도구인 '술수術數'로만 보아서는 안 된다. 관상 보기는 어디까지나 운명을 좀 더 나은 방향으로 이끌어 주는 참고서 역할을 할 뿐이다. 또한 관상이 좋다고 자만해서도 안 된다. 내가 관상을 공부하면서 느낀 점은 동전의 양면처럼 어떤 한 부위의 장점 이면에는 단점도 공존한다는 사실이다. 고서에서는 입술 모양 중에서 입꼬리가 위로 향한 '앙월구仰月口'를 복이 많은 최고의 입으로 해석한다. 앙월구는 일생 동안 큰 파란이 없고 늘 즐거우며 사소한 손해를 봐도 따지지 않는 좋은 성격이다. 하지만 작은 코에 앙월구일 경우에는 책임감과 세심함, 신중함의 부족이 존재한다. 따라서 앙월구의 사람이 일이나 대인관계에서 자신의 단점에 주의하지 않고 장점만을 내세울 경우 자기 발전은 정체된다. 귀의 위쪽이 뾰족한 형태인 '묘이猫耳'의 사람은 비밀성과 파괴성, 경계심이 강하다. 그러나 그 이면에는 민감하고 반응 속도가 빠른 장점이 공존하고 있기에 경찰직에 그 재능을 발휘할 수 있다.

고대의 관상가들도 관상을 숙명적인 것으로 보지는 않았다. 그래서 관상서에서는 하나같이 '관상불여심상(觀相不如心相, 관상은 심상보다 못하다)'이나 '상유심생(相由心生, 생김새는 마음에서 비롯된다)'과 같은 표현을 강조했다.

한림원경연강관翰林院經筵講官 예악(倪岳, 1444~1501)도 『마의상법전편麻衣相法全編』의 서序에서 관상에 대한 지나친 맹신을 경계하는 글을 썼다. 이 책을 읽는 독자들도 염두에 뒀으면 한다.

……. 사람의 길흉吉凶과 수요壽夭와 부귀富貴와 빈천貧賤이 모두

형상에 매여 있다는 것도 그릇되고, 길흉과 수요와 부귀와 빈천이 형상에 매여 있지 않다는 것 또한 그릇되다. 상相에는 정해진 이치가 있지만 상을 보는 사람이 상법의 묘리妙理를 다 터득하지 못하니, 다 터득하지 못한 소견을 갖고서 이런 상은 길하고 이런 상은 장수하고 이런 상은 단명하고 이런 상은 부귀하고 이런 상은 빈천하다고 한다면 어찌 다 맞을 수 있겠는가. 대저 상은 외면이고 마음[心]은 내면이다. 그래서 성현은 마음을 말하고 상을 말하지 않았다. …… 이 책을 공부하는 사람은 이러한 이치를 몰라서는 안 될 것이고, 또한 다 옳지 않다 해서도 안 되며 너무 깊이 빠져도 안 된다.

이 책이 나오기까지 도움을 받은 사람이 있다. 관상 실전 배양에 신경쓰기보다는 인문학과 결합하여 관상 연구를 할 것을 조언해 준 나무 인문학자 강판권 교수. 관상사를 비중 있게 다룬 것도 그의 격려 덕분이다. 관상책은 다른 인문학 책에 비해 출간이 쉽지 않다. 사진과 그림 때문이다. 이것이 없으면 독자가 이해하기도 배우기도 어렵다. 그림을 그려 준 박선주 초상화가의 도움이 컸다. 도서출판 나들목 식구에게도 감사드린다. 그림 작업 때문에 편집에서도 많은 노력과 시간이 들었다. 독자들에게는 이 책이 본인 얼굴의 '걸림돌'을 '디딤돌'로 만드는 계기이길 바란다.

2017년 6월

백수진

목차

제3장 관상한담觀相閑談

제4장 관상평觀相評

일러두기

1. 중국어 인명 표기는 고대에서 민국 시기까지의 관상가는 우리 한자음으로 표기하고, 현대의 관상가는 중국어 원음으로 표기했다.

2. 인용 표기에서 한 저자가 여러 권의 책을 저술했을 경우에는 저자와 책 제목을 병기했고, 한 저자가 한 권의 책만 저술했을 경우에는 저자 표기만 했다.

3. 한자 병기는 독자의 문맥 이해를 돕기 위해 필요한 곳에서는 반복적으로 병기하기도 했다.

4. 그림도 텍스트의 하나이기 때문에 이 책의 그림 중 일부는 피인용자의 그림을 모방하여 그렸다.

제 1 장

관상사 觀相史

1. 중국의 관상가觀相家와 관상서觀相書

춘추시대春秋時代

중국의 관상가에 대한 최초의 기록은 춘추시대春秋時代(BC770
~221년)이다. 『좌전左傳』 「문공원년文公元年」에 따르면 기원전
626년 주양왕周襄王이 내사內史인 숙복叔服을 노魯나라 희공僖公의
장례에 사자로 보냈는데, 이때 노나라 대부大夫 공손오公孫敖가 숙
복이 관상을 잘 본다는 말을 듣고 자신의 두 아들 곡穀과 난難의
관상을 보게 했다는 기록이 있다. "곡穀은 당신의 제사를 지내 줄
것이며, 난難은 당신을 편안히 장사 지내 줄 것입니다. 또한 곡은
아래턱이 풍만하니 틀림없이 자손이 노나라에서 이름을 떨칠 것
입니다"라고 했다. 후에 곡이 아들을 낳았는데, 그가 바로 훗날
현대부賢大夫를 지낸 맹헌자孟獻子[1]이다.

관상에서는 아래턱이 풍만하면 말년운과 자식운이 좋다고 한다.

---

1 穀也食子, 難也收子. 穀也豊下, 必有後於魯國. 맹孟은 씨氏이고 헌獻은 시호이고 자子는
남자에게 붙이는 호칭이다. 맹은 맏아들에게 붙인다. 제후에 봉해질 경우 땅 이름을
따서 씨로 삼거나 형제 간의 서열로 씨를 삼는다.

춘추시대 가장 유명한 관상가로는 고포자경姑布子卿을 들 수 있다. 후세 관상가들은 그를 관상술의 시조로 보고 관상술을 '고포자경술'로 칭했다. 그의 생평에 관한 기록은 없으나 『사기史記』「월세가越世家」에는 고포자경이 관상을 본 이야기가 나온다.

진정공晉定公 12년(BC 500년)에 조간자趙簡子가 고포자경에게 아들들의 관상을 보게 했다. "경의 아들 중에는 장군감이 없습니다." 이에 간자가 말했다. "그럼 조씨 집안은 이제 끝났다는 말입니까?" 자경이 말했다. "방금 길에서 한 청년을 만났는데, 경의 아들이 아닌지?" 간자는 아들 무휼毋恤을 불렀다. 자경은 무휼을 보자 일어서면서 말했다. "이 젊은이야말로 장군감입니다." 간자는 곤혹스러워했다. "이 아이의 어미는 천한 신분으로 내 노비의 소생인데 어찌 귀하다 할 수 있소." 자경이 말했다. "하늘에서 부여 받은 것은 비록 천하다 할지라도 귀하게 될 것이오."

전국시대戰國時代

전국시대戰國時代(BC475~221년)에는 당거唐擧가 상술에 뛰어났다. 『순자荀子』에 "옛날에는 고포자경이 있었고 지금은 양梁나라에 당거唐擧라는 사람이 있다. 사람의 형상과 안색을 보고 길흉과 수명의 길고 짧음을 맞추니 세상 사람들이 그를 칭송했다"라는 기록이 있다. 순자가 조趙나라 사람임을 감안할 때 당시 그의 명성이 중국 전역에 알려졌음을 알 수 있다.

『사기史記』「범저채택열전范雎蔡澤列傳」에도 당거에 관한 내용이 나온다.

　채택은 연燕나라 사람이다. 열국을 주유하며 자신이 배운 것을 크고 작은 제후들에게 유세하여 관직을 구하고자 했지만 뜻을 이루지 못했다. 그래서 그는 관상가 당거를 찾아갔다. "소생이 듣기로 선생께서 이태李兌의 관상을 보고 '백일 이내에 한 나라의 권력을 장악할 상'이라고 하셨다는데 그런 일이 있었습니까?" "그런 일이 있었지요." "그럼 소생과 같은 사람은 어떻습니까?" 당거가 그를 자세히 들여다보다 웃으면서 말한다. "선생은 들창코에 어깨는 솟았고, 이마는 튀어나오고 다리는 활처럼 휘었소이다. 성인의 관상은 겉모습에 있지 않다고 들었는데 선생을 두고 하는 말인 것 같소이다." 채택은 당거가 자신을 놀린다고 여겨 (정색을 하고) 말했다. "부귀는 타고나는 법, 내 수명이나 알고 싶소." "선생은 앞으로 43년을 더 살 수 있소" 채택은 웃으며 감사의 뜻을 표하고는 일어났다. 말에 오르며 마부에게 말한다. "내가 (뜻을 이루어) 쌀밥에 고기 반찬을 먹고, 준마를 타고 다니며, 손에 황금 인장을 쥐고, 허리에 자색의 비단 띠를 두르며, 군주 앞에서 예를 취하고, 부귀영화를 누릴 수만 있다면 이 43년만으로도 충분할 텐데!" (그 후 채택은 여러 나라를 돌아다녔으나 모두 냉대를 받다가 마침내 진秦나라의 재상이 되고, 관상을 본 그날 이후로 43년이 지나 편안히 세상을 떴다.)

　'당거唐擧'라는 이름은 우리나라 문헌에도 관상을 보는 사람을 비유할 적에 자주 등장한다. 조선왕조실록에 '참으로 당거의 새끼로다[眞唐擧雛也]'라는 표현이 있고, 『청장관전서靑莊館全書』에

'당거의 술수에 능하다[工於唐擧之術]'라는 표현이 있다.

양한시대兩漢時代

양한시대兩漢時代(전한과 후한)에는 상술相術 즉 관상이 발전했다. 진진秦에서 한漢으로 넘어가는 대변혁의 과정에서 개인의 운명 또한 변화가 컸기 때문이었다.『한서漢書』에는 상술에 능한 여공呂公이 훗날 한나라를 건국한 유방劉邦의 상을 보고 그의 귀함을 알고서는 부인의 반대에도 불구하고 딸 여치呂雉(후일 왕후가 됨)를 첩으로 삼도록 간청했다는 내용이 나온다. 또『후한서後漢書』에는 황제가 후궁이나 궁녀를 뽑기 위해 관리를 내보낼 적에도 관상가를 대동하게 했다는 내용이 나온다. 이 시기의 유명한 관상가로는 여자인 허부許負를 들 수 있다. 고대 문헌에서 '허부'라는 이름으로 기록된 관상서는 10여 종이나 되지만 모두 유실되고, 지금 전해지는 것으로는 명대明代의 간본刊本인『상법16편相法十六篇』과『신상전편神相全編』에 수록된 일부 내용이다.

허부許負가 한문제漢文帝가 총애하는 신하 등통鄧通의 상을 보고 나서 "가로주름이 입으로 들어가니 굶어 죽을 상이다[縱紋入口, 當餓死]"라고 표현하

『相法十六篇』, 허부 · 명명 주이정周履靖 집간

였다. 이 말을 들은 문제는 그에게 광산을 하사하여 돈을 만들어 쓰게 했다. 그러나 한경제漢景帝 때 그가 불법을 저지르자 한경제는 그의 재산을 몰수했다. 이에 그는 돈 한 푼 없이 타지로 떠돌다 굶어 죽었다.

'縱紋入口, 當餓死'라는 대목은 후대의 관상서에서도 사용할 만큼 유명한 일화가 되었다. 『회경부지懷慶府志』에 기록된 허부의 저서로는 『덕기가德器歌』, 『오궁잡론五宮雜論』, 『청성상형聽聲相形』 등이 있다. 또 정초鄭樵의 『통지通志』「예문략藝文略」에도 『허부상서許負相書』(3권), 『허부금가許負金歌』(1권) 등의 기록이 있지만 모두 유실되어 전해지지 않고 있다. 그러나 책 제목만 보더라도 일반적인 부위 설명 외에 '덕기德器', '음성과 형상과의 관계'를 다룸으로써, 상술에 대한 연구가 어느 정도 정리되었음을 알 수 있다.

삼국시대三國時代~당唐

삼국지의 시대적 배경이 되는 삼국시대(220~280년)에는 주건평朱建平이라는 관상가가 유명했다. 그는 사람의 관상뿐만 아니라 말의 관상을 잘 보는 것으로도 유명했다. 수隋 말 당唐 초에는 을불홍례乙弗弘禮가 유명하다. 당唐의 유명한 관상가로는 원천강袁天綱(罡), 장경장張憬藏, 손사막孫思邈 등을 들 수 있다. 원천강은 조선시대 문헌에도 그의 저술과 더불어 자주 등장하는 인물이다. 그의 아들 원객사袁客師도 관상술에 뛰어났다. 손사막(孫思邈, 581

~682)은 후인들이 '약왕藥王'이라 부를 만큼 의술에도 뛰어났다. 그는 의학의 관점에서 관상학 이론을 펼침으로써 관상술에 크게 기여하였다.

송宋~ 청淸

『영락대전永樂大典』에 수록된 송宋 · 원대元代의 4대 관상서

송대宋代에는 조판 인쇄술이 성행하여 각종 서적이 대량으로 발행되었는데 관상서 또한 예외가 아니었다. 이전의 관상서를 정리하거나 자신의 견해를 밝힌 관상서가 많이 나왔다. 남송南宋 정초鄭樵의 『통지通志』「예문략藝文略」과 『송사宋史』「예문지藝文志」의 기록을 통해서도 이 시기에 관상서가 많이 출판되었음을 알수 있다. 『통지』에 기록된 관상서는 73종이고 『송사』에 기록된 관상서는 31종이다. 『비술골법도秘術骨法圖』, 『통진신상결通眞神相訣』 등의 제목은 전대前代의 『수서隨書』「경적지經籍志」에 기재된 『상서相書』, 『상경相經』 등의 제목과 비교해 볼 때 신비로움으로 사람들의 눈길을 끈다. 이는 책을 방간坊間에 많이 팔기 위한 전략으로 볼 수 있다. 그러나 아쉽게도 『통지』와 『송사』에 기재된 대부분의 관상서는 유실되었고, 『통지』에 기재된 『월파동중기月波洞中記』와 『송사』에 기재된 『옥관조신국玉管照神局』만이 남아 있다.

명대明代의 제3대 황제인 영락제永樂帝는 2천 명 이상의 학자들을 동원하여 명 이전의 모든 종류의 도서를 질적 수준에 상관없이 모아 『영락대전永樂大典』을 편찬했는데, 여기엔 관상서도 포함되었다. 수록된 책으로는 저자 미상의 『월파동중기』, 남당南唐의

송제구宋齊邱가 지은『옥관조신국』, 후주後周의 왕박王朴이 지은 『태청신감太淸神鑑』, 금金의 장행간張行簡이 지은『인륜대통부人倫大統賦』등이 있다. 이후『사고전서총목제요四庫全書總木提要』에서는『옥관조신국』과『태청신감』의 저자를 후인이 가탁한 것으로 보고 아예 저자의 이름을 빼 버렸다. 구양수歐陽修의『신오대사新五代史』와 설거정薛居正의『오대사五代史』에는 추밀사樞密使 왕박이 관상을 잘 본다는 기록이 없다. 그리고『옥관조신국』은 술사가 아닌 문인이 쓴 것으로 추정한다.『송사』「예문지」에는『태청신감』이라는 제목이 기재되어 있지 않지만『옥관조신국』과는 비슷한 시기의 책으로 추정한다.[2]

『마의상법麻衣相法』

이 책은 관상 입문서로, 읽기가 쉽고 실용성이 높아 우리나라에도 필사본과 영인본이 많이 나돌았고 번역본이 여러 권 출간되었다. 이 책은 마의도자麻衣道者가 진단陳搏에게 전수해 주고, 진단이 이 내용을 정리하고 후인들이 또 이것을 보충해서 완성한 것으로 추정한다.『마의상법麻衣相法』의 내용 중에서「신이부神異賦」,「금쇄부金鎖賦」,「은시부銀匙賦」만을 마의麻衣의 작품으로 본다.『마의상법』은 청淸대에 이미 널리 퍼져『증보마의상법전편增補麻衣相法全編』,『증석마의상법전편增釋麻衣相法全編』등의 제목으로 여러 본이 나왔다. 권질卷帙이 완전한 증정본增訂本으로는 육위숭陸位崇이 교정한『교정증석합병마의선생인상편校正增釋合倂麻衣先生人相編』이 있다. 흔히『마의상법』의 저자는 마의도자麻衣道者

---

2 梁湘潤,『相學辭淵』(1982, 行卯出版社) 참조.

『增補麻衣相法全編』표지: 광서光緖 23년 중추 仲秋에 새김. 소주소엽산방蘇州掃葉山房 장판장판藏板

『新刊校正增補合併麻衣先生人相編』(권1) 내지. 육위숭陸位崇 교편校編(계명대학교도서관)

로 알려져 있지만, 저자와 저작 연대에 대해서는 아직까지 정론이 없다. 마의도자를 후인이 가탁한 인물로 보기도 한다. 육위숭陸位崇은 "후인들이 모두가 마의란 이름으로 전했다[後人皆以麻衣爲號相傳也]"라고 했다.『신상전편』에는 "마의도자는 송宋 초의 관상가 진단陳摶의 스승으로, 화산華山의 석실石室에서 도를 닦았는데 그 이름을 몰라 (삼베옷을 입고 있어서) '마의'라고 불렀다"라고 적혀 있다.

일부 관상서에서는『마의상법』을 북송北宋 초 민간에 널리 알려진 책으로 언급하고 있지만 이는 단정짓기가 어렵다.『통지』와 『송사』에는 '마의'란 이름이 존재하지 않고『월파동중기』와『옥관조신국』에도 '마의'와 관련된 내용이 없기 때문이다.『명사明史』「예문지藝文志」에는 명明나라 사람 포율지鮑栗之가『마의상법』7권을 지은 것으로 기록하고 있다. 그러나 시중에 나도는 방간본坊刊本에는 포율지라는 이름이 적혀 있지 않다. 또한 사료史料에는 그에 대한 생평生平 기록이 없기 때문에 그가 마의도자의 후손인 지도 알 수가 없다.

진단陳摶과 『신상전편神相全編』

진단(陳摶, ?~989)은 오대五代~송宋 초의 도사로, 송태조宋太祖 조광윤趙匡胤의 상相을 보고 천자의 상임을 예언하였다. 『신상전편』에 다음과 같은 내용이 나온다.

오대간에 성인 진단이 있었는데, 송태조가 그에게 호를 하사하여 부르길 희이 선생이라 하였다. 진단의 자는 도남이요 스스로 부르길 '부요자'라 했다. 상법에 정통하여 송태조의 상을 보았다〔五代間有聖人陳摶。宋太祖賜其號曰, 希夷先生。陳摶字圖南, 自號扶搖子, 精相法, 嘗相宋太祖〔神異賦有序〕〕.

그리고 『동헌필록東軒筆錄』에는 그가 송태종宋太宗 조광의趙光義의 여럿 아들의 관상을 보고 그중 수왕壽王이 대업을 이을 것을 예견했다는 내용과 관리의 상을 본 내용이 나온다. 『마의상법』만큼이나 유명한 『신상전편』의 저자는 진단으로 알려져 있지만 이는 후인이 가탁한 것이다. 책에 따라서는 저자를 '진희이陳希夷'라는 이름으로 명기하기도 했다. 그는 많은 저서를 남겼지만 대부분이 문학과 도가道家 관련 쪽이다. 『송사』에도 진단은 상술 관련 책을 쓴 적이 없다고 기록하고 있다. 현재 전해지는 『심상편心相編』도 그가 지은 것으로 전해지지만 이 또한 확신하기가 어렵다.

『신상전편』은 명·청대에 가장 많이 알려진 관상서의 하나로, 『고금도서집성古今圖書集成』(박물휘편예술전상술부博物彙編藝術典相術

『神相全編』필사본. 필사자가 기축년 2월 하순에 옮겨 적었는데 어느 시대의 간지干支인지는 알 수 없다. 필사자가 적은 '搏'자가 얼핏 보면 '搏'자로 보일 수도 있다. 하지만 서체에서는 '박搏'자의 윗부분에 한 점을 없애 '단搏'자와 같은 글자로 취급한다.

博物彙編藝術典第六百三十二卷相術部

聰明高聳

高聳過於眉也　郭林宗曰耳為君眉為臣君宜上而臣宜下高起過眉者主貴聰明文學才俊宜貴也　萬金相云耳高眉一寸永不受貧困又曰耳如攜起名播人耳　朱齊丘曰耳齊日角曰大貴　許負曰耳能齊日角曾服不死藥又主平生病少壽長才智過人

皮粗青黑飄蓬

『古今圖書集成』：高聳，過於眉也。郭林宗曰：耳為君，眉為臣。君宜上而臣宜下。高起過眉者，主貴，聰明文學，才俊富貴也。『萬金相』云：耳高眉一寸，永不受貧困。又曰耳如攜起，名播人耳。宋齊丘曰：耳齊日角，日大貴。許負曰：耳能齊日角，曾服不死藥。又主乎生病少壽長，才智過人。

部)에 수록되어 있다. 이 책에서는 각 시기의 저명한 관상가의 논술과 저작을 체계적으로 집대성하였고, 중국 관상술의 모든 영역을 개괄했다. 원문의 문장에 필요한 주석과 설명을 하였고, 원문에 대해 이전의 관상가의 해석을 인용하여 논증을 했다.

　우리나라 관상 저술에서는 지금까지도 진단陳摶을 '진박陳摶'으로 잘못 표기한 것이 많다. '단摶'과 '박搏'의 한자가 비슷하여 처음 출간된 책에서 잘못 적은 것을 확인 없이 그대로 옮겨 적다 보니 그렇게 된 것 같다.[3]

---

3 전용원은 『유장상법역주』(2004년)에서 "필자 또한 '진단'을 '진박'으로 잘못 기재했는데, 김철안이 『관상보감』(1956년)에서 '진박'으로 언급한 이후로 여러 선배 관상가들의 글에서 잘못 전해진 내용을 무비판적으로 수용하여 발생한 오류였다"라고 언급하였다.

원공袁珙 · 원충철袁忠撤 부자와 『유장상법柳莊相法』

명대에는 영락제가 지나칠 정도로 상술을 믿었고 민간에서도 집집마다 관상서가 있었다. 상황이 이렇다 보니 조정의 대신들도 상술을 무시할 수가 없었다. 명대의 주국정朱國楨이 지은 『용당소품湧幢小品』에도 "사대부마다 (관상을) 잘 알았고 매일같이 논했다[士大夫人人能講, 日日去講]"라는 기록이 보인다. 관상 보는 풍속이 사대부에까지 전파되었음을 알 수 있다. 이 시기 관상가로는 원공(袁珙, 1334~1410), 원충철(袁忠撤, 1377~1459) 부자가 유명하다. 원공은 주체朱棣가 태자일 때 40세 후에 황제가 될 것을 예언했는데 이가 바로 영락제다. 그는 황제로 등극한 후 원공을 태상시승太常寺丞에 봉하고 금패金牌를 하사했는데 여기에는 '원공이 자신의 친구'라는 의미의 '永樂皇帝好友'라는 글귀가 쓰여 있다. 영락제는 원래 의심이 많은 사람임에도 불구하고 원공을 그만큼 신임하였으며 어떤 큰 결정을 내릴 때도 원공에게 묻곤 하였다. 심지어 황위 계승자로 누가 적합한지까지도 그에게 물어 정하였다. 그의 아들 원충철 또한 관상에 뛰어났으나 사람됨은 아버지만 못하였다. "성격이 음험하여 동료 대신과 사이가 틀어지면 황제 앞에서 관상으로 그를 음해했다"라는 내용이 『명사』에 나온다.

명대의 유명한 관상서로는 『마의상법』과 쌍벽을 이룰 정도로 널리 애용되는 『유장상법柳莊相法』이 있다. 이 책은 내용 면에서 『마의상법』의 일부 정수를 이었지만, 여성과 어린아이의 관상법, 그리고 '영락백문永樂百問 백 가지 질문에 대한 답변'을 다루었다는 점에서 차별성이 있다. 이 책은 청대의 『문연각사고전서文淵閣四庫全書』에 수록되어 있으며, 저자는 흔히 '원공袁珙' 혹은 '원공袁珙 · 원충철袁忠撤' 부자로 알려져 있다. 그러나 『유장상법』의 저자인 원공(이신지李宸志가 쓴 서문까지 포함해서)"은 후인의 가탁이란 주장도 있다. 추문요鄒文耀는 『유장상법고증柳莊相法考證』에서 저자가 원씨 부자가 아님을 상세하게 고증하고 있다. 그는 또 방간坊間에 전하는 『유장상법』은 '원충철비전袁忠撒秘傳'으로 적혀 있지만 이 또한 위서僞書로 강호술사가 만든 것이라 했다. 화이보華藝博도 다음과 같이 언급했다.

『명사』에 기록된 원공의 저서 『유장집柳莊集』은 관상서가 아니고, 아들 원충철이 지은 관상서 『고금식감古今識鑑』에는 '유장柳莊'이란 이름을 붙이지 않았다. 따라서 민간에 떠도는 『유장상법』은 원씨 부자의 이름을 가탁한 것으로 볼 수 있다. 또한 편찬자가 명나라 사람인지 청나라 사람인지도 알 수가 없다.

그렇지만 지금도 중국에서는 『유장상법』의 저자명을 '원공袁拱' 혹은 '원충철袁忠撒'이란 이름으로 표기하여 출판하고 있다. 민국 78년(1989)에 신문풍新文豊출판사에서 초판 발행한 책의 표지와 내지의 저자명이 어떻게 명기되어 있는지 보자. 이 책은 국내 역학자들이 가장 많이 보는 원전 중의 하나로, 건륭乾隆 29년 이후 방시(坊市, 관설시장)에서 새겨 인쇄한 것이다.

표지에는 '명 유장·원충철비전明柳莊·袁忠徹秘傳'으로 적혀 있고(그림 A), 본문 1쪽에는 '명 상보사경 원충철비전明尚寶司卿袁忠徹

---

4 柳莊相法序: … 柳莊袁先生之神相也, 識魚龍, 分玉石, 無不驗, 苟非探微窺異, 焉能不爽纖毫。觀其百問對答, 辭明理順, 卽不學斯術者, 亦何妨置諸案頭……乾隆甲申臘月松陵李宸志亭甫書於九思齋書室.[건륭乾隆29년(1764) 음력 12월에 송릉松陵 이신지李宸志 증보亭甫가 구사재九思齋 서실에서 서序를 쓰다.]

A. 『柳莊相法』. 明柳莊·袁忠徹
秘傳

B. 『柳莊相法』. 明尚寶司卿袁忠徹
秘傳

C. 『袁柳莊神相秘訣』. 皇清光
緒陸年季夏. 중국의 필사본
표지. 청 광서황제 6년(음력)
6월

秘傳'으로 적혀 있다(그림 B). 『원유장신상비결袁柳莊神相秘訣』(그림
C)이라는 제목의 필사본에서는 '원유장袁柳莊'이란 단어를 사용
하고 있다. 중국의 백화문 번역본인 『유장신상柳莊神相』(金志文 譯
註, 2010, 世界知識出版社)의 서문에서도 "원유장袁柳莊의 본명은 원
충철袁忠撤이고 자호自號는 유장거사柳莊居士이다"라고 소개하고
있다.

저자 표기의 문제는 『신상전편神相全編』에서도 동일하게 나타
난다. 『증광신상전편增廣神相全編』에도 '명 원유장선생 정정明 袁柳
莊先生 訂正'(31쪽 그림 A), '명 유장원충철 정정明 柳莊袁忠徹 訂正'(31
쪽 그림 B)으로 적혀 있다. 하지만 원충철이 정정한 것인지는 단언
하기 어렵다.

국내에서도 『유장상법』이 원충철의 저작이며 원충철의 호가
'유장선생'인 것으로 알고 있다. 최근에 출판된 세 권의 번역서에
서도 모두가 저자를 원충철로 명기하였다.[5]

『유장상법』의 저자가 후인의 가탁인 것은 분명하지만 문제는

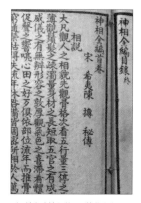

A. 宋 陳希夷先生秘傳 明 袁柳莊先生訂正　　B. 宋 希夷陳搏秘傳 明 柳莊袁忠徹訂正

『增廣神相全編』. 간행 연대 미상. 상해교경산방上海校經山房 석판본(계명대학교도서관)

'유장원충철柳莊袁忠撤'이란 표현에서 '유장'을 원공의 호로 보느냐 원충철의 호로 보느냐이다. 『명사』에는 원공의 호가 '유장거사柳莊居士'로 기록되어 있다.

원공袁拱은 사람의 상을 보면 그 사람의 마음 씀이 선한지 악한지를 알았다. … 집 주위에 버드나무를 심고 스스로 호를 유장거사柳莊居士라 하였다. 『유장집柳莊集』이 있으며 영락永樂 8년에 사망하였는데 76세였다. 황제께서 장례를 하사하고 태상소경太常少卿에 추서하였다.

국내의 몇몇 관상가는 이 내용을 근거로 '유장'은 원공의 호이고 『유장상법』의 저자는 원충철이 아닌 원공이라고 주장한다. 그러나 '원유장袁柳莊'은 원충철의 또 다른 호칭이다. 부자가 다 같

---

5 이건일 역, 『관상학의 교과서 유장상법』(2014, 삼화). 김용남 역주, 『柳莊相法유장상법』(2015, 상원문화사). 이대환 역 『柳莊相法유장상법』(2013, 여산서숙).

이 관상으로 유명하기에 후인들이 아들에게도 아버지의 호를 붙여 준 것으로 추정하기도 하고, 후인들이 아버지의 호를 아들에게 잘못 사용한 것으로 추정하기도 한다.[6]

청대: 『고금도서집성古今圖書集成』과 『사고전서四庫全書』에 관상서 수록

청대는 관상서를 총체적으로 편집한 시기이다. 청대 강희제 때는 규모가 가장 방대한 백과사전 성격의 총서인 『고금도서집성古今圖書集成』을 편찬했는데, 이 책은 나중에 옹정제 때(1725년)에 완성하였다. 이 책의 '상술부相術部'에서는 강희제 이전의 관상서를 선별하여 특징에 따라 분류하여 수록하였다. 여기에는 『신상전편』, 『조담경照膽經』이 수록되어 있다. 『조담경』은 민간에서 전해지는 관상서로, 저자는 자부진인紫府真人이지만 이는 후인이 가탁한 것이다. 지금 전해지는 것은 명대 각본刻本이다. 『고금도서집성』이 미흡하다고 느낀 건륭제는 다시 건륭 이전의 중요한 저작물을 수록하여 『사고전서四庫全書』를 편찬하는데, 이때 관상서도 체계적으로 정리하여 '자부·술수류子部術數類'에 수록하였다. 『영락대전永樂大典』에 수록된 『인륜대통부』, 『월파동중기』, 『옥관조신국』, 『태청신

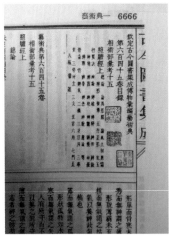

『흠정고금도서집성欽定古今圖書集成』 박물휘편예술전博物彙編藝術典 제645권 목록 상술부휘고相術部彙考 15 『조담경照膽經』(上)

---

6 이에 대한 설명은 대만의 관상가 황지아청黃家騁 선생이 메일로 제공한 것이다. 중국의 사이트로 '袁忠撤'을 검색하면 '袁忠撤, 又名袁柳庄'이란 표현이 나온다.

감』등도 같이 수록하였다.

『상리형진相理衡眞』을 비롯한 청대의 대표적인 관상서

관가에서 관상서를 정리하여 편찬할 때 민간에서도 관상가들이 관상서를 수집하여 정리하였다. 이중 가장 유명한 것이『상리형진相理衡眞』이다. 이 책은 모두 10권으로 도광道光 13년(1833)에 간행되었다. '형진衡眞'이란 '선별하여 선택한다'라는 뜻으로, 청대에는 관상서가 난무했기 때문에 선별할 필요성이 있었던 것이다. 이 책은『마의상법』,『유장상법』과 더불어 세간에서 가장 많이 알려진 관상서였다. 국내 번역서에서는 저자가 '진담야陳淡埜'란 이름으로 소개되었다. 담야淡埜는 그의 자字이고 이름은 '진조陳釗'이다.[7]

이 밖에도 청대의 대표적인 관상서로는 범문원范文園의『수경집水鏡集』(수경신상水鏡神相)', 영통도인靈通道人의『금교전金較剪』(신상금교전神相金較剪),『대청상법大淸相法』[8], 석해石楷(석정石亭)의『연산집燕山集』(연산신상燕山神相), 료춘산廖春山(호號: 중과仲果)의『형신상법形神相法』, 우계도인右髻道人의『태을조신경太亿照神经』, 운곡산인雲谷山人의『철관도鐵關刀』(신상철관도神相鐵關刀), 그리고 태평천국의 난을 진압한 청말의 관료 증국번曾國藩이 지은『빙감氷鑒』등

---

7 이 '釗' 자의 중국어 발음은 'zhao'인데 우리 음으로는 '조·소·교' 등으로 발음된다. 어느 음이 정확한지는 알 수 없지만 중국어 발음에 비춰볼 때 '조' 음이 맞다. 사회주의를 중국에 선전한 '李大釗'의 이름도 국내에서는 '이대조'로 소개되고 있다.

8 천쉬에타오陳雪濤는『과안록過眼錄』에서『대청상법』은 명청 시대의 관상 비결을 집대성한 책으로 누구의 저작인지는 알 수 없다고 했다. 그러나 中國文聯出版社에서 간행한『대청상법大淸相法』(2008년)의 서문에는 편저자가 고미경高味卿·료청산廖青山으로 적혀 있다.

이 있다.

이중에서 『수경집』과 『상리형진』은 내용이 정밀하고 광범위하다. 『신상전편』에 뒤이은 관상 내용을 집대성한 저작으로 볼 수 있다. 『금교전』은 간명하고 요점을 잘 정리한 특징이 있다. 『빙감』은 중국의 관상서 중에서 가장 내용이 간결하고 실질적인데 오늘날의 심리학, 행동학 등과 유사한 점이 많이 있다. 이 책이 시중에 나온 시기는 이 책의 저자로 알려진 증국번이 어린 시절이었기 때문에 저자는 후인이 가탁한 것이라는 주장이 있다. 어쨌든 이 책의 저자는 문체나 내용에서 강호파江湖派가 아닌 서방파書房派의 느낌이 강하다.

민국民國 이후

민국民國 성립(1912년) 이후의 유명한 관상서로는 의사이자 역학자인 원수산袁樹珊의 『중서상인탐원中西相人探原』(『수상면상골상정화手相面相骨相精華』), 탕수병湯繡屏(탕문환湯文煥)의 『평원상법平園相法』, 진공독陳公篤의 『공독상법公篤相法』, 사광해史廣海의 『면상비급面相秘笈』, 자운거사紫雲居士의 『상문정의相門精義』, 도승장陶承章의 『비본상인법秘本相人法』, 오장귀鳴長貴의 『관찰술觀察術』, 장매생張邁生의 『동서양상법東西洋相法』, 이천李川의 『여상술女相術』, 풍평생風萍生의 『골상학骨相學』, 왕락천王樂天의 『중국췌골상법中國揣骨相法』 등이 있다.

원수산은 위천리韋千里와 함께 '남원북위南袁北韋: 남쪽은 원수산, 북쪽은 위천리'로 불릴 정도로 민국 초기 술수계의 대가로 이름을 날렸으며 중국의 술수사에 큰 영향을 미쳤다. 『중서상인탐원』은 관상계에서는 필독서로 분류하고 있다. 이 책은 나중에 책 이름을 『수상면상골상정화手相面相骨相精華』로 바꾸어 출판하였다. 천쉬에타오陳雪濤는 역대 관상서를 소개한 『과안록過眼錄』이라는 책에서 『공독상법』을 관상가들의 필독서로 추천하였다.[9] 『평원상법』에서는 서양 골상학에서 다루는 24개의 심성 부위도를 설명하였다. 풍평생의 『골상학』에서는 『빙감』에 나오는 내용과 같은 중국의 전통 골상을 다룬 것이 아니라 일본의 관상서에 나오는 서양의 골상 이론을 소개하였다.

홍콩에 거주한 서양인 관상가 수랑티앤蘇朗天은 1967년에 루이안盧毅安의 저서인 『신인상학新人相學』의 추천사에서 다음과 같이 적고 있다.

이 책은 중국 인상학의 신기원을 열었다. …. 독일인 갈Gall이 창시한 골상학을 우리나라에 소개하였고, 심리학, 생리학, 해부학을 인상학 연구의 기초로 삼았다.[10] 또한 심성心性으로 인상학을 연구한 일본의 관상 권위자 석룡자石龍子가 쓴 『관상학대의觀相學大意』를 자세하게 개괄하여 소개하고 있다.

루이안은 일본 경도제국대학 법대에 재학 중인 1919년, 우연한

---

9 천쉬에타오는 『과안록』에서, 『중서상인탐원』은 40년대에 지었으며, 민국36년[1947]에 책으로 만들어졌다고 적고 있다. 이 책은 무릉武陵출판사에서 1986년, 1993년에 출판하였는데, 책 이름을 『수상면상골상정화手相面相骨相精華』로 바꾸었다.

10 1791년 저명한 의사인 갈(Gall, 1758~1828)이 뇌와 성격이 직접적인 관계가 있다는 개념에 기초한 골상학Phrenology을 제창하였다. 그는 뇌의 27개 부위에 이름을 붙이고 그 내용을 관상학적으로 설명하였다. 기질과 성격 파악이 주를 이룬다.

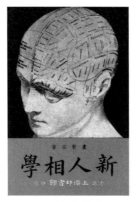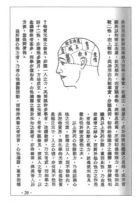

盧毅安, 『新人相學』, 1986년판, 香港上海人書館

기회에 관상의 대가인 석룡자를 만나 관상을 배우게 되었다. 그때는 결혼한 지 얼마 안 된 신혼 시절이었다. 석룡자는 루이안의 상을 보고는 "그대는 결혼한 지 얼마 되지 않았고, 부인은 지금 임신한 상태군요. 그런데 잉태한 아이는 딸입니다"라고 말했다.

당시 루이안의 부인은 신혼에 임신한 것은 맞지만 뱃속의 아이가 딸인지 아들인지는 알 수가 없었다. 후에 태어난 아이는 석룡자의 예언대로 딸이었다. 이것이 계기가 되어 그는 석룡자에게 관상을 배우게 되었다.

『신인상학』초판은 1924년에 출간되었고, 그 후 여러 번 인쇄되었으나 매번 절판되었다. 이 책에서는 서양의 42골상법과 일본의 오관상법 및 기색관찰법을 담고 있다. 그리고 생물, 생리 및 의학의 견지에서 관상법의 이치를 해석한 3대 석룡자의 관상법을 소개하였다.

2. 한국의 관상사觀相史

우리나라에 관상이 언제쯤 들어왔는지에 대한 기록은 없다. 김철안金哲眼이 『관상보감觀相寶鑑』에서 "신라 선덕여왕 때 승려들이 당에서 수입한 듯하다"라고 적은 이래로 관상서에서는 하나같이 이 내용을 그대로 적고 있다. 하지만 이 내용이 구전인지 어떤 사료에 근거한 것인지는 밝히지 못하고 있다.

단군조선에서 고려시대까지의 역사를 서술한 『해동역사海東繹史』「왕인王仁」 편에는 "왕인은 백제국 사람인데, … 여러 경전에 능통하였으며, 사람들의 상相을 살필 줄 알았다"는 기록이 있다.[1] 중국의 역사서인 『주서周書』에서도 백제의 풍습에 대해 언급했는데, "또 의약醫藥·복서卜筮 및 점치고 관상 보는 법도 알고 있었다"라고 기록하고 있다.[2]

---

1 王仁百濟國人。… 仁通於諸典。又能察人相。(『海東繹史』「人物考」) 이 책에서는 뒤이어 다음과 같은 내용이 나온다. 응신천황應神天皇이 아직기阿直岐에게 묻기를, "너보다 더 뛰어난 박사가 있는가?" 하니, 아직기가 대답하기를 "왕인王仁이라는 사람이 있는데 그가 저보다 더 뛰어납니다" 하였다. 천황이 백제에 사신을 파견하여 왕인을 불러오게 하였다. 응신천황과 아직기의 대화 내용은 『일본서기日本書紀』의 내용을 참고한 것이다.

2 亦解醫藥·卜筮占相之術。(『周書·異域列傳』, 百濟傳)

『삼국사기三國史記』「열전列傳」에도 관상과 관련된 표현이 등장한다.

고구려의 경내로 들어간 신라인 거칠부居柒夫가 법사 혜량惠亮의 강론을 듣고 신라로 돌아가려 할 때 법사는 다음과 같이 말했다. "그대의 상相은 제비턱에 매의 눈[燕頷鷹視]이라, 장차 반드시 장수가 될 것이다. 만약 병사를 거느리고 오게 되거든 나에게 해를 끼치지 말라."[3]

이러한 기록으로 미루어 볼 때 삼국시대 혹은 그 이전에 이미 관상이 널리 통용되고 있었음을 알 수 있다.

김철안은 『관상보감』 관상학의 기원에서 "『한씨보응록韓氏報應錄』에는 조선시대 영통사의 도승이 한명회의 상을 보고 장차 재상이 될 것을 예언했다는 기록이 있다. … 조선시대 관상가로는 이천년李千年·이토정李土亭·정인홍鄭仁弘·정북창鄭北昌 등이 유명하고, 왜정倭政 때에는 배상철裵相哲·강남월姜南月·최운학崔雲鶴 등이 유명하다"라고 했다.

김세일은 『상법대전』(1972) 관상학의 기원에서 "신라말 허도옥용자許道玉龍子는 왕건의 상을 보고 장차 국왕이 될 것을 예언했고, 고려말 무학대사도 이성계의 상을 보고 장차 국왕이 될 것을 예언했다"라고 했다. 그는 조선시대 유명한 관상가로는 김철안이 『관상보감』에서 언급한 인물 외에도 서산대사, 사명당, 율곡, 서

---

3 相汝燕頷鷹視, 將來必爲將帥, 若以兵行, 無貽我害 ……。(第四十四卷 列傳 第四). 거칠부居柒夫의 성은 김씨이고, 매물왕의 5세손이다. 아버지는 이찬 물력勿力이다. 중국의 고대 관상서인 『신상전편神相全編』에도 "형상이 제비턱에 호랑이 두상[燕頷虎頭]이면 장상將相의 지위에 오른다[燕頷虎頭, 男子定登將相]"라는 표현이 나온다.

4 조선 성종 때의 인물로, 천문과 지리, 풍수와 복서, 상법에 능했다.

5 명나라 장수 이여송李如松의 외손자로, 풍수에 뛰어나 지사地師로 종군하였다.

화담, 남사고南師古,[4] 남경암南敬岩, 두사충杜士沖,[5] 이서계李西溪 등이 있다"라고 했다. 『성호전집星湖全集』에 따르면, '점쟁이 김륜金倫이 묘향산에서 노닐 적에 방외方外의 도사 이천년이란 자를 만나서 술수를 배웠다'라는 내용이 있다. 최창조가 『한국풍수인물사』에서 언급한 조선 중기의 유명 풍수가 중에는 남사고, 토정土亭 이지함의 이름이 들어 있다. 이지함은 화담花潭 서경덕徐敬德의 문하에서 수학했다고 한다. 관상을 보는 사람은 반드시 풍수도 같이 했기 때문에 이 둘은 관상에도 뛰어났다는 것을 간접적으로 알 수 있다.

『고려사』에는 "연지演之라는 술승術僧이 최이崔怡의 관상을 보았다거나, 안향安珦이 김이金怡의 관상을 보았다거나, 상사相師 천일天一이 충선왕의 관상을 보았다는 내용이 실려 있다. 고려 말 이성계가 조선을 건국한 배경에서 선조 때까지 정치와 명신名臣들의 행적을 기록한 야사책 『동각잡기東閣雜記』에는 다음과 같은 기록이 있다.

일찍이 상명사相命師 혜징惠澄이 사사로이 그 친한 사람에게 이르기를, "내가 사람들의 운명을 본 것이 많았으나 이성계만 한 이는 없었다. … 내가 본 상相으로는 임금이 될 운명이니, 그가 왕씨王氏를 대신하여 반드시 일어날 것이다."[6]

일제강점기 조선총독부의 촉탁囑託이었던 일본인 무라야마 지준村山智順이 사상 조사의 일환으로 상고시대부터 1930년대까지

6 又有相命師惠澄。私謂其所親曰。吾相人之命多矣。無如李成桂者。 … 吾之所相者。君長之命也。其代王氏而必興乎。

근대 한국의 점복 습속의 문헌을 정리한『민속·인류학 자료대계民俗·人類學資料大系』중의『조선의 점복과 예언朝鮮の占卜と豫言』에 따르면, 고려시대에는 복지공伏智公과 정수부鄭守夫가, 조선시대에는 정충신鄭忠臣과 한죽당 윤임尹銋, 김수항의 부인 나씨, 평양 명기 일타홍一朶紅 등이 관상에 조예가 깊었다고 한다.

조선 시대에 편찬한 각종 문집에도 관상과 관련한 기록들이 많이 보인다.

그 사람은 아마도 천사의 서기書記를 맡았던 사람으로 문장에 능하고 관상을 잘 보았던 장방달張邦達인 듯하다. ―『갈암집葛庵集』[7]
하륜河崙이 평소에 남의 관상을 보는 것을 좋아하였는데, 태종(이방원)을 보고 마음을 바쳐 섬겼다. ―『국조보감國朝寶鑑』
김약구金若九는 봉산鳳山 사는 사람으로 관상술에 능했다. 그는 내 관상을 보고 우는 봉鳳의 형상이라 했다. … 사자관寫字官 홍경운洪慶運은 나이는 젊으나 얼굴이 잘생기지 못하였다. 단지 글씨를 잘 쓰기 때문에 1품品의 품계에 올랐는데, 그가 10명의 통역관 가운데에 섞여 앉아 옥관자를 감추고 있었다. 김약구가 죽 훑어보다가 경운을 가리키며, "이 사람의 관상은 지극히 귀하게 될 관상이다. 이미 높은 품계에 올랐다" 하니, 온 좌중이 깜짝 놀랐다.
―『청장관전서靑莊館全書』(제66권)[8]

『조선왕조실록』에도 관상과 관련한 글이 많이 보인다.

---

7 조선 후기의 문신 이현일(李玄逸, 1627~1704)의 시문집
8 조선 정조 때의 실학자이자 문장가인 청장관靑莊館 이덕무(李德懋, 1741~1793)가 엮은 전집

약방 도제조 홍낙성 등이 왕대비에게 탕약을 드실 것을 아뢰니, 답하기를, "죄인을 잡아 냈다고 하는데, 관상을 보았다는 것과 반정反正한다는 등의 일을 기어코 시원스럽게 밝혀내어 나라의 형세를 안정시키라. 그러면 탕약을 들겠다" 하였다. ─ [정조 22권, 10년(1786)]

사복시 판관 한대유는 역적 신기현과 친사돈 간이며 송익로의 처남으로서, 관상 보는 요상한 사람을 집안에 붙여 두었습니다. 신의 생각에는 한대유를 태거汰去해야 합니다. ─ [정조 28권, 13년(1789)]

그런데 이기지가 관상술로 저를 헐뜯기를, '이 사람이 얼굴은 검은데 말은 다른 사람의 비위를 잘 맞추니 믿기 어렵다. 멀리하는 것만 못하다' 하였습니다. 이천기가 그 말을 저에게 전해 주기에 제가 웃으며, '참으로 당거唐擧⁹의 새끼로다' 하고는 서로 웃고 말았습니다. ─ [경종 6권, 2년(1722)]

금이 숙장문에 나아가 친국親鞫하였다. … 권두령과 이용발을 면질시키자, 권두령이 말하기를, "네가, '이덕하가 이색이 있는 곳에 와서 관상을 보았다'고 하지 않았느냐? 그리고 이색도 '이덕하가 나의 관상을 보고 정승이 될 만하다'라고 하지 않았느냐?" ─ [영조 62권, 21년(1745)]

이처럼 조선시대의 각종 문헌에는 관상과 관련한 내용이 많이 나오고 관상가의 이름까지 등장하지만 우리의 독자적인 관상 서적에 대한 기록은 찾아보기 어렵다.

---

9 전국시대의 유명한 관상가

니야마 다이호新山退甫, 『한객인상필화韓客人相筆話』

일본 에도시대 오사카의 관상가 니야마 다이호新山退甫[10]가 조선통신사 일행의 관상을 보며 주고받은 필담집『한객인상필화韓客人相筆話』(1764년)에는 다음과 같은 기록이 보인다.[11]

다이호가 관상을 보며 말했다.

"육부六府가 충실하고 변지邊地가 둥글고 지각地閣은 제비턱의 형세가 있으니 부유하고 현달할 것입니다. 미목眉目이 성기고 빼어나니 주로 재주와 지혜, 기예가 뛰어날 것입니다. 기우器宇에 늠름하게 의기가 있으니 호탕하고 뛰어난 선비로 여겨집니다. 다만 수명이 58~59세를 넘지 않아 유감입니다." …

"저도 관상법을 조금 배웠는데 선생님과 문인들의 관상을 보고 싶습니다."

해문이 다이호의 관상을 보고 말했다.

"제가 비록 관상법을 모르나 평범한 안목으로 보았을 때, 선생님의 준두(코끝)는 평평하고 풍만하니 심사가 아주 순조롭고, …"

(다이호의 제자인) 유구치 다메미쓰湯口爲光가 (이해문에게) 물었다.

"조선에 전해 오는 관상서에는 어떤 것들이 있습니까?"

이해문이 말했다.

"우리나라의 관상서 역시 별다른 것이 없습니다. 관상술의 오묘

---

10 이름은 노키(退), 자는 다이호(退甫)이다. 1775년 53세의 나이로 일기를 마쳤다.

11 1763년 한양에서 출발한 조선통신사 일행 486명은 부산에서 정사, 부사, 서장관 등이 배를 나누어서 타고 나니와까지 왔다. 나니와부터는 육로로 가기 때문에, 선장과 격군(뱃사공) 106명은 다른 일행이 에도에 가서 국서를 전달하고 돌아올 때까지 한 달 남짓 기다렸다. 니야마 다이호와 그의 제자들이 이 시기에 객관에 찾아가 통신사 일행의 관상을 보아 준 것이다.

함은 자신의 재주에 달려 있
습니다."

이 대화에서도 나타나듯이
조선의 양반들도 관상을 배
웠으나 체계를 갖춘 독자적인
관상서는 없었음을 알 수 있
다. 당시의 관료나 한학자들은
주역, 풍수, 관상을 배웠고 또
한 그것을 하나의 수단으로 활

군관 이해문李海文. 호는 겸천, 54세. 『한객
인상필화』에 수록된 얼굴 그림[12]

용하면서도 정작 유교가 지배하는 사회에서 그것을 글로써 남길
가치가 있는 학문으로 보지는 않았다. 이는 대표적인 관상서를
선별하여 『사고전서』에 수록한 중국이나 독자적인 관상법을 적
은 『남북상법南北相法』[13]을 탄생시킨 일본과는 사뭇 다르다.

학산學山 노상복盧相福 선생(현, 한국고전번역원 자문위원)은 조선
유학의 마지막 거목이신 중재重齋 김황(金榥, 1896~1978)에게 직
접 가르침을 받은 마지막 제자이다. 스무 살 무렵에 문하에 들어

---

12 이 책은 일본 관상술뿐만 아니라 뜻밖에도 인물화를 전해 주고 있다. 이들은 대부분
중인, 서얼, 무사이기에 조선 사회에서는 초상화를 남길 위상이 아니었는데, 일본의
관상가가 섬세한 필치로 얼굴을 그려 줌으로써 후세에 초상을 남긴 셈이다.

13 일본에서는 미즈노 난보쿠(水野南北, 1760~1834)가 일본의 독자적인 관상법인 『남
북상법南北相法』을 지었고, 메이지明治시대에 일본의 관상 대가 하야시 문령林文嶺
(1831~1907)은 관상 기색의 최고 경지인 『형상상법形像相法』을 창시하였다. 일본에
서는 이것을 '화상畵相'이라 칭한다. 이 두 책은 대만에서도 『남북상법南北相法』(1985,
武陵出版社), 『임류상법면상기색전서林流相法面相氣色全書』(1992, 武陵出版社)이란 제목
으로 번역·출간되었다. 국내에서는 김현남이 『남북상법』을 번역하여 『관상-운명은
타고나는 것인가』(2015)라는 제목으로 출간하였다.

가 10년 가까이 모시고 배웠다. 그가 『고전포럼』에서 쓴 「마의상서麻衣相書 여정餘情」이란 글을 보면 왜 조선이나 구한말 시대에 우리의 독자적인 관상서가 없는지를 엿볼 수 있다.

필자가 경남 산청군 신등면 내당內塘에서 한문 공부를 부지런히 하고 있을 때였다. 두어 살 위인 선배가 "이봐, 그렇게 미련스레 『주역周易』만 읽어서 무엇에 쓰려고 하는가? 세상사 무엇 하나라도 제대로 알아야 『주역』이지. 선생님(김황) 서고에 『마의상서』가 있다는데 선생님께서 잘 빌려주지 않으신다고 하니 재주가 좋은 자네가 가서 빌려 온다면 이번 겨울은 소득이 있을 것이네"라고 하였다. 나는 조금 뒤에 보황실(寶璜室, 당시 선생님이 거처하시던 곳)로 올라가서 글을 배우고 나서 마의상서 좀 빌려달라고 말씀을 드렸다가 뜻밖에도 큰 꾸중을 들었다. "너는 항상 바빠서 시간이 없다고 하더니 그 따위 잡서雜書를 읽어서 어디에 쓰려고 시간을 낭비하려 하느냐?"고 하시며 엄한 말씀으로 불허의 뜻을 밝히셨다.

신고당信古堂(당시 학생들이 글 읽고 생활하던 곳)에 돌아와서 가만히 생각해 보았다. 예로부터 아무리 뛰어난 사람이라도 한문 공부만 해서는 생활에 도움이 되지 않았다. 그래서 글을 읽어서 조금 눈을 뜰 만하면 산서山書를 읽어서 풍수風水 노릇을 하였는데 생활에 보탬이 되는 길이 보이기 때문이었다. 또 오행五行을 공부하여 일관日官이 되기도 하고, 더러는 상서相書를 읽어서 관상쟁이가 되기도 하기에, 끝까지 공부하지 못하고 중도에 옆길로 새는 사람이 많았다. 이 때문에 선생께서 크게 꾸중을 하신 것임을 깨달았다.

최한기崔漢綺, 『인정人政』

조선 후기의 실학자 최한기(崔漢綺, 1803~1877)가 저술한 『인정
人政』(제1~7권)은 인사 행정에 관한 이론서이다. 관상서는 아니지
만 '측인(測人, 사람을 헤아림)'에 관한 내용이 적혀 있다. 그는 관상
을 논했지만, '측인測人'과 '상술相術'을 분명히 구분하였다. 국역
國譯의 내용 일부를 보자.

상 보는 것과 헤아리는 것은 다르다.
상인相人의 우열을 논할 때는 장래
의 길흉이 맞고 맞지 않는 것의 다과
多寡로 단안斷案을 삼고, 사람을 헤아
리는 일의 우열을 논할 때는 미래의
성패成敗 · 이둔利鈍은 천지와 인물의
변동 운화에 맡기고, 현재 그 사람의
인격의 고하와 식량識量의 허실로 그
의 유위有爲함을 알아보고 …. (국역
國譯 제1권)

코는 얼굴의 표적이요 폐기肺氣의 통
로이다. 폐가 비면 코가 통하고 폐가
차면 코가 막히므로, 콧구멍은 들여
다 보이지 않고 드러나지 않으며 코
머리가 둥글고 풍부하며 빛이 윤택
하고 우뚝 솟으면 귀하지 않으면 오
래 살거나 부유하고 빛깔이 검고 살

『人政』제1권 13쪽. 相測有異. 국
역 대본은 중국 북경 인화당人和堂
에서 간행한 활자본을 영인한 것
이다.

A : 작자, 연대 미상의 『귀감龜鑑』 「성부聲部」편. 전남대학교 도서관 / B : 작자, 연대 미상의 『관지법觀知法』 「성부상聲部相」. 규장각) 『귀감』과 『관지법』의 내용이 동일하다. 『마의상법』의 성부聲部와 내용 일부가 같다.

『상서초相書抄』 필사본. 작자, 연대 미상. 국립중앙도서관. A는 오관 총론 중 귀(채청관採聽官)에 속한 내용으로 『신상전편』의 내용과 같다. '採聽官'을 '采聽官'으로 적었다. B는 '이부상耳部相'에 속하는 내용으로 필사본인 『관지법』과 내용이 같다.

각종 필사본

A : 표제表題 희이진결希夷眞訣 / B :
신각마의선옹상신이부新刻麻衣仙翁相神異賦.(남평 문씨 세거
지-인수문고仁壽文庫 소장)

부산의 고서점가에서 구입한『신
상전편』필사본 제8권

　　　　　　　　　　　A　　　　　　　　　　B　　　　　　　　　　C

한의사이자 한학자인 정명국丁明局 선생의 필사본『조감의藻鑑義』. 1905년경(25세 무렵)에 쓴 것으
로 추정한다. 책의 전반부에서는『마의상법전편』(권3)과『신상전편』(권5)의 내용을 옮겨 적었다(그
림 A). 후반부에서는 '회곡선생인륜광감집설回谷先生人倫廣鑑集說'의 내용을 옮겨 적었다. 이 내용은
『신상전편』,『수경집』등의 관상서를 참고한 것으로,『신상전편』의 서술 방식을 따라 여러 관상가나
관상서의 해석을 실었다(그림 B). '조감藻鑑'이란 사람의 겉만 보고도 그 인품이나 호오好惡를 분별
하는 식견을 뜻한다. 그림 C는 장수할 상을 필사자가 직접 그린 것이다. 손자 정채섭 선생 소장.

이 엷으면 천하지 않으면 요절한다. 콧마루가 뾰족하고 가늘면 간사한 꾀부리기를 좋아한다. 코가 쓸개를 매달아 놓은 것 같거나 대통을 짜른 것 같으면 의식이 풍족하다. (국역 제3권)

조선시대에는 체계를 갖춘 독자적인 관상서가 없는 대신에 『마의상법』, 『유장상법』, 『신상전편』 등의 목각 인쇄본이나 필사본이 많이 나돌았다. 필사본 중에는 이들 관상서의 내용을 그대로 옮겨 적은 것도 있고, 여러 관상서의 내용을 발췌하여 다시 엮은 것도 있다. 그리고 필사본의 겉표지 제목을 원본의 제목과 다르게 표기한 것도 있다. 『마의상법』을 필사한 『희이진결希夷眞訣』이나 『유장상법』을 필사한 『운림비전雲林秘傳』[14] 등이 그러하다.

일제강점기

1930년대는 일제강점기임에도 불구하고 장안의 유명한 관상가들이 신문 광고를 내기도 했다. 1938년 4월 3일자 조선일보 광고를 보면 관상가는 자신의 사진까지 싣고 '명(名) 관상가, 성룡聖龍 선생의 판단은 신과 같다'와 같은 표제어에 '요금은 보통관상 1원 이오'라는 문구도 들어 있다. 당시에는 간판 상호가 '○○상학원'임을 알 수 있다. 또 다른 광고에는 '관상 보

1938년 4월 3일자 '관상' 광고(조선일보 2013년 10월 31일)

---

14 '雲林'은 『유장상법』을 정정한 '운림자雲林子'를 가리킨다.

러 올 때 남자는 술 먹지 말고 여자는 분 바르지 말고 오시오'라
는 주의 사항도 덧붙였다(1937년 11월 4일). 그래야만 얼굴의 기색
을 살필 수 있기 때문이다. '여배우 한은진韓銀珍 스물넷에 시집
간다'(1938년 4월 1일자)와 같은 여배우를 대상으로 한 '배우 관상'
시리즈도 등장하였다. 이때는 일제가 중일전쟁을 도발한 이후의
전시 체제임에도 한 달에 두어 번씩 광고가 실렸었다. 세상이 어
지러울 때일수록 사람들은 미래에 대한 불안감 때문에 더 자신의
운명을 알고 싶어 하기 때문이다.

배상철裵相哲은 『매일신보每日申報』(1930년 11월 9일~)에 '자하도
인紫霞道人의 관상론觀相論을 읽고'라는 제하에서 "자하도인이 일
본의 관상서 『인상길흉판단법人相吉凶判斷法』, 석룡자石龍子의 『성
상학性相學』의 내용을 모방했으며, 도인이 실제로 발견한 관상
법은 적다"라고 지적하였다. 또한 잡지 『중앙中央』(1936년 1월)에
'신춘각계인사화복관상기新春各界人
士禍福觀相記'라는 제하에 여운형呂運
亨, 안창호安昌浩 등 각계 인사에 대
한 관상평을 실었다. 그리고 잡지
『삼천리』(1936년 2, 4, 6월)에도 '통
속관상강좌通俗觀相講座'라는 제하에
어떤 사람이 돈을 벌고 장수하고
영화를 누리는지에 대한 글을 실었
다.

『中央』(1936년 1월), 「新春各界人士禍
福觀相記」, 국립중앙도서관

일본인 관상가 川西泰龍은 『매일
신보每日申報』(1932년 6월 29일~)에

觀相眼에 비최인 京城名士의 運命(二). 글:川西泰龍. 박영효朴泳孝의 관상. 每日申報社, 1932년 6월 30일자. 국립중앙도서관

『實生活』, 「觀相學上으로 본 人物評」. 국립중앙도서관

『鑛業時代』, 「全朝鮮大鑛業家 觀相縱橫記」. 국립중앙도서관

'觀相眼에 비최인 京城名士의 運命'이란 제하에 박영효朴泳孝, 한상룡韓相龍, 김성수金性洙 등의 관상평을 연속으로 실었다.

장백인張百忍은 『신동아新東亞』(1932년 3월)에서 '사진관상寫眞觀相: 골상骨相으로본 내외인물內外人物' 제하의 글을 실었다.

삼초三超 강남월姜南月은 『실생활實生活』 잡지(1934년 12월, 獎産社)의 '취미강좌趣味講座'란에 '관상학상觀相學上으로본 인물평人物評 : 불우일관不遇一貫의 문인김춘계씨文人金春溪氏를 예例로'(28~29쪽)란 제목으로 글을 실었다. 그는 또 『광업시대鑛業時代』(1938년 1월)란 잡지에 '전조선대광업가 관상종횡기全朝鮮大鑛業家 觀相縱橫記'란 제하에 광업가들의 관상평을 실었다.

잡지 『중앙中央』(1934년 2월, 朝鮮中央日報社)에는 '모던관상학觀相學'이란 제목의 연재 글에서 정영숙丁英淑이 '부인 일생의 운명 판단'에 대해 문답식으로 쓴 글이 있다.

그중 일부를 원문 그대로 소개하면 다음과 같다.

태아(胎兒)의 성별감정법(性別鑑定法)

임신(姙娠)한 얼굴

문: 먼저말의 순서로 임신을하면 얼굴이어떠케변해집니까?

답: 대체로 임신을했다고하면 저 앞에서 말씀듸린바 와잠누당(臥蠶淚當)의살이 훨신더뚜렷하게 불숙 솟게되며 거긔가약간 물ㅅ긔가잇는듯 조금 윤택한듯이 모힘니다 그리고 동시에 눈썹도 윤이날만큼

『中央』, 「모던觀相學」, 부인 일생의 운명 판단. 29쪽. 국립중앙도서관

번적이며 인중에 살이고와지며 빛이 아름다어집니다 그리고 또 한가지 말슴할것은귀앞(귀가뺨에다은곳)즉 명문(命門)이라고하는 대가 대단히 아름답게 빛이남니다 이러한 여러가지를 모와서 관상학으로 임신한것을 아는것입니다.

문: 그것만보면 임신인지 안인지를 알수잇단말슴이지요?

답: 또잇습니다。이건 말슴치 안어도 아시려니와 좌우측 유방(乳房·젓)이 팽팽해저서 대단히 세찬듯이 부러옵니다 그리고또한가지 말슴할것은 달이차갈수록 눈동자가두렷해가며 도커집니다。대체로 달이차갈수록 보통사람과 눈이달러집니다。

1935년 6월에 발행한 잡지에는 자운영紫雲英이 '관상비첩觀相秘帖 첫눈에마치는관상학觀相學'이라는 제목으로 글을 실었다. 두 쪽(72~73쪽) 분량이지만 얼굴 형태와 코, 눈, 입술, 귀, 눈썹에 대해 모두 설명하였다. 얼굴 형태는 일본 관상서의 내용을 본받아

네모난 각형의 근골질筋骨質, 역삼각형의 심성질心性質, 둥근형의 영양질營養質로 분류하여 설명하였다.[14]

잡지 『조광朝光』(1938년 11월)의 「명사名士들의 관상기觀相記」란 에는 '한말韓末부터현대現代까지 변전變轉 30년年, 부침浮沈하는 유 명인물有名人物의 관상기觀相記'란 제목의 기사가 실려 있다. 이것 은 K기자와 관상학자 오개석吳介石 씨와의 5시간 대담 속기록으로, 주로 오개석 씨의 관상 경험을 소개하였다.

잡지 『朝光』에 실린 오개석 사 진. 오개석은 그의 아호이고 본 명은 오삼주吳三柱이다.

「또 그다음엔 누구를 보셨습니까」
「趙重應氏를 보았지요」 이는 白鷺窺漁之 相이니 저리도 못가고 이리도 못오는相 이지요. 歷代總督으로는 山梨總督을 보 았는데 猫之相이라 모든 行動이 고양처 럼 敏捷하고 齊藤總督은 虎體之相이라 그의 胸中에는 窺測하기 어려운 經綸이 疊疊히 싸이여있을것이며 …」

1940~1950년대에 신문에 '○○○관상소'라는 제하에 자주 등 장하는 관상소 광고로는 조청운관상소趙淸雲觀相所(민중일보, 1948 년), 강남월관상소姜南月觀相所(민중일보, 1948년), 추산계관상소 秋産桂觀相所(漢城日報, 1948), 김상혁관상소金湘爀觀相所(獨立新報社, 1948), 최해월관상소崔海月觀相所(南鮮經濟新聞, 1950) 등이 있다.

---

14 일본 관상서의 이 세 가지 얼굴형 분류는 서양 관상서의 얼굴형 분류법을 참고한 것 이다.

姜南月觀相所 광고.(現代日報, 1947년 2월 1
일). "이內容을滿天下에 告함 東洋唯一의 觀
相師 新運의 開拓은 姜南月先生에게 …". 국
립중앙도서관. '관상사觀相師'와 '관상소觀
相所'란 어휘를 사용하였다.

觀相엔 天才 海外에서多年間東西骨相學을연
구하고迷信을打破하야科學에立脚한 新哲相
家 龍岩先生來到(전북군산新聞社, 1949년 3월
12일)

科學的鑑定 觀相은運命의 豫測術! 骨相 李明
眼觀相所(전북군산新聞社, 1949년 4월 20일).
'골상骨相'이라는 용어를 사용했다.

골상학연구소에서 배상철을 초빙하여 매주
'골상학과 역학' 강의를 한다는 내용. (동아
일보, 1930년 9월 21일)

광고에서 관상가들은 관상은 미신이라는 생각을 타파하기 위
해서 광고에 '서양의 골상학은 과학'이란 문구를 곧잘 사용하였
다. 이 당시 일본 관상서에서는 이미 서양의 골상학 이론을 관상
에 접목하여 서술하였고, 국내의 관상가들은 이런 일본의 관상서
를 구입하여 보았다.

3. 한국의 관상가와 관상서

현재 필자가 수집하거나 도서관에서 확인한 1980년대 초반까지의 주요 관상 도서를 소개하면 다음과 같다.

아래 사진은 작자·연대 미상의 언문 필사본이다. 제목은 『관상서觀相書』로 적혀 있고, 전체 분량이 21쪽이다.

필사본 『관상서觀相書』. 영남대학교도서관

〔번역문〕 이마가 넓고 두터우면 적수성가赤手成家할 것이고 산근山根과 인당印堂이 실實한 사람은 세업世業만은 부자로다. 산근山根과 인당印堂이 부실不實하면 부모 조업祖業 간 데 없네. 두터운 턱 붉은 입은 늙어가면 부귀한다. 좁은 턱에 검은 입은 늙어가면 가난하다. 인중人中이 심장深長하면 수受[타고난]한 자궁 좋으니라. 인중이 좁고 코가 옅으

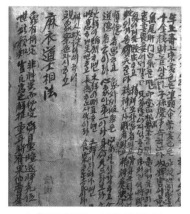

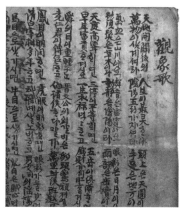

A. 『신비결神秘訣』. 60쪽짜리 필사본　　　　B. 『신비결神秘訣』. '관상가觀象歌'

면[납작하면] 수受[타고난]한 중분中分[중년의 운수]이 부족하다. 인
중이 짧아 단수短壽하네. 이빨조차 드러나면 일생 분주하려니와
항상 구설口舌참혹慘酷하다.[1]

　　『신비결神秘訣』이란 제목의 이 필사본은 집필년도를 알 수 없
다. 관상 전문서는 아니고 주역괘효周易卦爻, 자미결紫薇訣, 부적
그림 등과 함께 『마의상법』의 내용 일부와 유년도 그림이 수록되
어 있다. 소제목 '관상가觀象歌'에서 '관상觀相'이란 한자어 대신에
(천문이나 기상을 관측하는) '관상觀象'이란 한자어를 사용하였다.
'마의도사상법麻衣道士相法'(그림 A)의 첫 구절에서 '象有前定'이라
적었는데 이는 『마의상법』 '신이부神異賦'의 '相有前定世無豫知'에
서 옮긴 것이다. 본문의 일부인 '관상가觀象歌'(그림 B)의 내용을

---

1 필사본의 경우 연대를 추정하기가 쉽지 않다. 그것은 원필사본인지 아니면 후대에 원
필사본을 보고 다시 필사한 것인지를 판단하기 어렵기 때문이다. 언문 번역은 중세국
어학자 장요한 교수가 도움을 주었다.

옮기면 다음과 같다. "天庭高聳히면 早年富貴ᄒ겨시오 三停이平等히면 一生衣祿넉넉히고 五嶽이 具備하면 錢財가自旺ᄒ겨시오"

『知人明鑑 諺文相法』(1916, 新舊書林)

성각거사性覺居士 박건회朴健會는 편집자 겸 발행자로 언해본인『지인명감 언문상법知人明鑑 諺文相法』(1916, 新舊書林)과『영락백문 언문상법永樂百問 諺文相法』(1916, 五星書館)을 출간하였다.[2]

이 두 권의 편찬서는 체계적인 형식을 갖추고 인쇄 출간한 최초의 한글(언문) 관상서로 볼 수 있다. 그러나 아쉽게도『지인명감 언문상법』은 내용의 대부분이 청대의 관상서인『대청상법大淸相法』의 내용을 그대로 번역하여 옮겨 적었고, 목차에서 소제목의 분류 방식도 거의 유사하다.『영락백문 언문상법』에서도『유장상법』의 '영락백문永樂百問'편을 비롯한 '여성론'과『신상전편』의 내용 일부를 첨가하였다.

'눈썹을 상 보는 것이라' [知人明鑑 諺文相法 번역문]

눈썹은 일찍 나고 수염은 늦게 나는 것이다. 간의 피가 부족하면 눈썹이 먼저 희고, 운(運)이 들기를 26세로부터 35세에 이르나니, 맑고 높으며 수려하고 가늘고 활등 같으며 긴 것이 좋고 또 무르

---

2 『지인명감 언문상법』은 1929년에 영창서관永昌書館에서 다시 간행하였다. 이 책에는 목차도 일부 다르고 언문의 글자 표기법도 일부 다르고 문장 끝에 마침표를 표시했다.

『知人明鑑 諺文相法』(눈썹). 『대청상법大淸相法』(권1)의 총론 부분 '미眉' 내용과 동일하다.

녹게 가늘어 눈꼬리를 지나서 위로 떨치되 흩어지지 아니하면 주
인이 기량이 있으며 초년부터 부귀하고, …

뒤이어 박건회는『언문 물형관상법諺文 物形觀相法』(1929년, 永昌
書館)을 출간하였다. 이 책에서는『수경집水鏡集』제3권 '수경집상
별외전水鏡集相外別傳'의 '달마조사오래신감達摩祖師五來神鑑' 부분
과 제4권 '영락백문유장백답永樂百問柳莊百答', 그리고『상리형진相
理衡眞』제9권의 '飛禽走獸形相捷徑'과 '飛禽眼目捷徑詩訣' 부분을
번역하여 실었다.

新刊紹介. 紹介를願하는冊子는東亞日報社調査部
로보내주시오. 諺文物形觀相法(朴健會著) 觀相하
는法을 朝鮮文으로알어보기쉽게著述한 것 京城
鐘路二丁目永昌書鋪發行 定價三十五錢(동아일보
1929년 3월18일자)

『언문 물형관상법』,『상리형진相理衡眞』의 '飛禽
走獸形相捷徑'(卷九) 부분을 번역하였다. 원문: 人
之形也, 有似飛禽者, 有類走獸者;或以意取, 或以形
似, 亦在人之心法而參焉. ….

을파乙巴,『觀相이 말하는 人生行路』(출판년도, 출판사 미상)

표지

내지

총 32쪽짜리 수진본袖
珍本으로 관상보다 수
상에 관한 내용이 더
많다. 고서점에서는
1950년경 책으로 적어
놓았지만 책 내지에는
출판년도나 출판사가

적혀 있지 않았다.

이해운李海雲, 『실용철학 최신관상학實用哲學 最新觀相學』(1955, 초판, 1976, 재판, 集賢閣)

재판 서문에서 저자는 "二十年前에 鄙著로 我國에 처음 國漢文으로 中國·日本의 數十種 觀相書를 實用的條目만 摘取하여 初版하였으며 이번엔 知己 金呑虛法師의 物心兩面의 도움으로 再版하게 된 것이다"라고 언급하였다.[4] 이 책에는 부록으로 마의상법(2권) 「달마조사상결비전達磨祖師相訣秘傳」 부분을 번역하여 실었다.

저자는 서문과 결론에서 이 책의 간행 목적을 다음과 같이 말했다.

내 일찍이 中國에 漫遊할제 中日觀相書屢數十種을 精讀細檢하여 보았으나 中書는 文韻에 흐르고 誇張이 많아 實用의 感이 적고 日書는 技巧에 지나고 穿鑿에 犯하여 原理의 眞을 잃었다 또한 觀相術은 있을지언정 觀相學은 읽어본 적이 없다 … 我國에는 觀相書뿐만 아니라 觀相術書조차 一無하다 이렇듯 實用哲學 卽觀相書가 轉入된 지 三千有年에 一片의 文獻조차 國文國學으로 消化치 못하였다는 건 거저 모를 일이라 할 수밖에 없다 … [서문]

相書轉入三千年에 國文國學으로 必要한 相書一卷이 없다는건 疑問中의 疑問이다 觀相學은 어찌 全無하나 大抵學은 무슨 과학이던지 體系條理組織과 必要性의 利用價値를 論하여야 비로소 文

---

4 재판 서문에는 탄허呑虛 스님의 서문도 들어 있다. 해운海雲은 저자의 호이고 이름은 이환호李桓虎이다. 초판에는 저자명이 李桓虎로 되어 있고 발행처는 우종사宇鍾社이다.

A. 『實用哲學 最新觀相學』표지

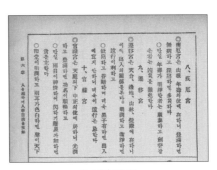

B. 내지 109쪽

化的價値가 있을 것이어 늘 거저 一方書로 그 自體부터가 社會性을 띄지못하였으니 어찌 發展性이 있을 것인가 然故로 硏究한 人士부터가 人의吉凶을 말하고 衣食을托할뿐이다 이 좋은 材料 즉 世界人人이 다 필요를 느낄만한 古今稀貴한 良書인데도 불구하고 至今 것社會人은 巫卜과同一視하는 程度로밖에는 認識치못하고 있으니 이 얼마나 愛惜한일인가 … [결론]

『實用哲學 最新觀相學』의 12궁宮에 관한 내용이다(그림 B). 원문의 천이궁遷移宮에 관한 설명은 다음과 같다.

○ 遷移宮은 天倉, 邊地, 山林, 髮際에 在하니 이에 出入의 관계를 본다. 明潤하고 潔淨하면 遠行이 利하고 ○ 缺陷하고 昏暗하며 더욱 黑子有하면 出入에 宜치 안하니 더욱이 遠行은 忌한다

〔원문 해석〕 천이궁은 천창·변지·산림·발제 부위를 가리키며, 드나듦을 보는 곳이다. 맑고 깨끗하면 원행遠行(먼 길을 감)에 이롭고 결함이 있거나 색이 어둡거나 점이 있으면 드나듦이 마땅치 않으니 원행은 더더욱 금한다.

김철안金哲眼, 『관상보감觀相寶鑑』(1955, 大文社)

이 책은 저자의 실전 경험을 많이 담은 책으로, 지금도 관상가들이 내용을 가장 신뢰할 수 있는 관상서로 평가하고 있다.

저자는 서문에서 "10여 년간의 체험과 동서양 각국의 저명한 관상서를 참고하여 체계를 세웠다"라고 언급했다. 도해부圖解部, 전편 골상부, 후편 기색부로 나누어 서술하였는데, 도해부에서는 철안식유년부위명칭도, 철안식연령순서도 등과 같은 명칭을 사용하여 본인의 경험 비결을 강조하였다. 특히 기색 부분은 많은 편폭을 할애하여 자세하게 서술하였다.

『관상보감』에 실린 김철안의 사진

金哲眼先生來光 觀相大家 光州驛前 京城旅館(電話九〇四番) 광주 東光 新聞社 광고. 1949년 7월 15일. (국립중앙도서관)

〔기색 본론 일부〕

紅色이란 흔히 皮外膜內에 있는것으로서 其色은 붉고 潤氣가있으며 움직이는것처럼 光이있다. 그의勢가强하고 點點分明하여 絲絲明潤하면 眞實한紅色이라하여 기쁨이있고 福祿得財한다. 그것이 斑點을이루는것이좋고 散亂한 것은 쓸데없다.

본문 제2장 기색본론(229쪽)

『**현토주해 마의상법**懸吐註解 麻衣相法』(1956, 德興書林)

『현토주해 마의상법』 5쪽

『마의상법麻衣相法』 원문 한자에 우리말 토吐를 달았다.

男女者는位居兩眼下하니名曰淚堂이라三陽平滿하면兒孫福祿榮昌이오隱隱臥蠶이면子息還須淸貴오淚堂이深陷하면定爲男女無緣이오黑痣斜紋이면到老兒孫有剋이오 …

신승만辛承萬, 『**관상연구**觀相研究』(1956, 石版本, 同文社)

신승만은 저술에서 중국의 관상서와 차별되는 논술 방식을 전개하였다. 그것은 '중편中篇'에서 삼정三停이나 오관五官을 논할 적에 남녀를 구분해서 장단점(남흉론, 여길론)을 해석했다는 점이다.

코논(鼻論)(51~53쪽)

남흉론(男|凶論)

산근(山根)이 무기(無氣)하여 년상(年上) 수상(壽上)이 혹(或)은 높고 혹(或)은 얕어(底) 고루지 아니하고 난대(蘭臺) 정위(廷尉)가 분명(分明)하지 아니하고 혹(或)은 비두(鼻頭)가 하수(下垂)하면 탐욕

신승만辛承萬(속표지 사진). 전남
대학교도서관

運命鑑定. 觀相大家辛承萬先生. 辛
承萬觀相所友人一同. 광주 東光新聞
社 1949년 9월 25일자 광고. 국
립중앙도서관

코
가
높
으
면
부
모(父母)와
남
편(男便)에
게
다
불
리(不利)하
며

산
근(山根)이
과(過)히
너
하
고
얄
으(低)지
도
아
니
하
여
단
정(端正)하
며
난
대(蘭臺)
정
위(廷
尉)가
과(過)히
크
지
아
니
하
면
녀
흉
론(女凶論)이
없
으
니
라

산
근(山根)이
평
평(平平)하
고
비
세(鼻勢)가
과(過)히
높
으
지
도

녀
길
론(女吉論)

치
는
마
음
이
많
하
느
니
라

되
지
아
니
하
며
응
췌(鷹觜)와
같
으
면
사
람
에
게
손
해(損害)를
끼

(52)

(貪慾)이 많고 비공(鼻孔)이 보이면 재물저축(財物貯蓄)이 되지
아니하며 응췌(鷹觜)[5]와 같으면 사람에게 손해(損害)를 끼치는 마
음이 많하느니라

녀길론(女吉論)

산근(山根)이 평평(平平)하고 비세(鼻勢)가 과(過)히 높으지도 아
니하고 얄으(低)지도 아니하여 단정(端正)하며 난대(蘭臺) 정위(廷
尉)가 과(過)히 크지 아니하면 재란(災難)이 없으니라

녀흉론(女凶論)

산근(山根)이 과(過)히 높고 넓으며 년상(年上) 수상(壽上)이 뼈가

---

5 觜의 음은 '취'이다. 매의 주둥이처럼 생긴 형상을 말한다.

높으면 부모(父母)와 남편(男便)에게 다 불리(不利)하며 코의 중간(中間)이 특고(特高)하거나 저함(低陷)하면 타인(他人)의 아래에서 천역(賤役)을 맛게 되느니라

박형택朴亨鐸, 『**상법백년대계**相法百年大計』(1958, 白雄閣)

표지에는 '관박당觀博堂 편찬編纂'으로 되어 있다. 관박觀博은 박형택의 호이다. 중정中停의 부위별 해석에서는 4언의 한문 표현과 이에 대한 해석을 병행하였다.

鼻上橫紋必車馬傷　코우에 橫紋이 있으면 車馬傷을 주의하라
鼻上縱紋養他人子　코마루에 센금은 반드시 義子를 기르고
鼻上縱紋饑餓孤獨　年壽缺陷이면 孤獨하고 飢餓할 것이다
鼻短促者萬事不利　코만 짧은자는 36, 45에 萬事不利하고
鷹嘴之鼻45大破財　소위 매부리코는 45세에 파재한다.
準大庫起4659大進口　코가 크고 兩庫가 크면 46, 59세 크게 食口
　　　　　　　가는다
鼻如懸膽3645功名　코가 懸膽과 같으면 36, 45세에 功名을 얻는다

『相法百年大計』표지

관박 박형택. 책 내지에 실린 사진

관상법에 의한 택처擇妻법. 본문 23쪽

『상법백년대계』 제6장 라, 中停各部. 본문 74쪽

鼻廣又長必得技倆　코가 넓고 길면 반드시 재주가 있고
山根光明平生無病　山根이 光明하면 平生에 無病하다

이해운의 『실용철학 최신관상학』, 김철안의 『관상보감』, 신승만의 『관상연구』, 박형택의 『상법 백년대계』 이 네 권의 책은 1955~1958년 사이에 출판된 국한문 혼용의 관상서이다. 언문으로 쓴 『지인명감 언문상법』과 『영락백문 언문상법』이 출간된 이후로 39년간의 공백이 있었는데, 이 사이 또 다른 책이 출간되었는지는 더 조사해 보아야 알 수 있다.[6]

---

6 박동기, 『통속관인집』, 1958. (131쪽, 프린트본). 이 책은 한 고서점의 목록에는 있었으나 품절되어 확인할 수가 없었다.

백운학白雲鶴 편저編著, 『독심술讀心術: 사람을 아는 심리 관상법心理觀相法』[1963(초판), 韓一出版社 / 1981(재판), 사랑사]

1960년대에는 일본 관상서를 번역한 책도 출간되었다.

마쓰이 게인松井桂陰 / 김유사金有史 譯, 『인상술입문人相術入門』(1964, 春秋閣)

『인상술입문人相術入門』은 1971년에 명문당에서 다시 『관상운명학觀相運命學』이란 이름으로 출간하였고, 1972년에는 『관상술비법觀相術秘法』이란

『人相術入門』　　　　　『觀相運命學』

이름으로 다시 출간했다.

『관상운명학觀相運命學』의 맨 뒷장에는 명문당의 출간 도서가 소개되어 있는데, 관상 번역서로는 『인상진단人相診斷』(김일金日 번역)이 있었다.

사토 리쿠류佐藤六龍/이인광李仁光 譯, 『관상보감觀相寶鑑』(1967, 不二出版社)

1967년에 출간한 『관상보감觀相寶鑑』은 1981년에 명문당明文堂에서 다시 출간하였다. 저자는 이 책에서 미즈노 난보쿠水野南北의 책을 저본으로 해서 자신의 견해를 다소 첨가하였다고 밝혔다.

조성우曹誠佑, 『상해비전 상법전서詳解秘傳 相法全書』(1968, 明文堂)

조성우曹誠佑, 『비전자해 관상대전秘傳自解 觀相大典』(1971, 三信書籍)

삼공거사三空居士 조성우. 『秘傳自解 觀相大典』에 실린 사진

　저자는 『비전자해 관상대전秘傳自解 觀相大典』의 서문에서 "마의상법과 달마조사의 상법과 면상비급面相秘笈을 참고로 하고 필자의 비전秘傳을 종합하였으며, 역리학계의 거성巨星 김우재金于齋의 감수를 받았다"고 언급했다. 호산皓山 성백준成百晙이 쓴 추천사의 내용 일부를 소개한다.

　觀相學을 迷信이라고 理解하고 있는 많은 知識人이 있다. 觀相學을 理解하고 그 原理가 迷信的이라고 하는 知識人다운 主張은 아직 發見할 수 없다. 現代 物理學 又는 數學의 根據에 의하여 觀相學 又는 理氣說을 反證할 수 없다. 物理學 又는 數學的인 根據는 物理學과 數學의 假說에 不過하다. … 그러므로 觀相學의 學問性을 自然科學的인 根據에서 追求하는 態度는 마치 靈에 色이 있다는 假說처럼 어리석은 태도이고 要求條件이다. 問題는 모든 分科된 科學의 가설의 正當性 有無는 合理的인 思惟에 의한 것이므로 觀相學의 根據에 관한 論議는 形而上學的이고 論理的인 要求가 要請된다.[7]

7　철암哲菴 성백준成百晙의 추천사는 1966년 7월 7일에 쓴 것으로 적혀 있다.

김세일金世一, 梁鶴馨 감수, 『상법대전相法大典』(1972, 明文堂)

『相法大典』 표지

저자는 머리말에서 『마의상법』과 『상리형진』을 참고로 하고, 저자 본인의 많은 경험 비전을 종합했다고 하였다.

백운송白雲松, 白雲鶴 감수, 『알기 쉬운 관상비결觀相秘訣』(1972, 三信書籍)

도관陶觀, 『관상술觀相術』(1975, 三信書籍)[8]

양학형梁鶴馨, 『현대관상과학대사전現代觀相科學大事典 질병편疾病篇』
(1976, 哲菴社)

양학형梁鶴馨, 『현대관상과학대사전現代觀相科學大事典(가이드 시리즈)』
(1976, 哲菴社)

『現代觀相科學大事典 疾病篇』.
국립중앙도서관

저자는 1976년 1월에 『현대관상과학대사전(질병편)』(학술교재용)을 출간하고, 1976년 3월에 『현대관상과학대사전(가이드 시리즈)』(학술교재용)를 추간하였다. '질병편'을 '기초편'보다 먼저 출간한 이유에 대해 '질병편' 머리말에서 다음과 같이 말했다.[9]

---

8 이 저서는 번역서의 성격에 가깝다. 내용의 대부분이 일본의 관상서 내용을 옮긴 것이다. 이 관상서는 중국에서도 번역하여 『오관명상설伍官命相說』이란 제목으로 출간하였다.

9 철암哲菴 양학형은 1914년생으로, 기자 출신 김성률이 지은 『易術의 명인을 찾아서』(1996, 청맥)에서도 언급된 인물이다.

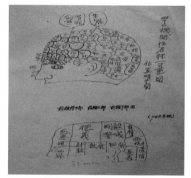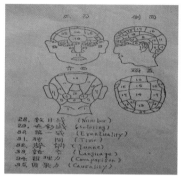

『현대관상과학대사전(가이드 시리즈)』. 기초편인 이 책에서는 서양 골상학을 언급하였다.

筆者는 40年의 研究 經驗으로 人相學가이드 現代觀相科學大事典 시리즈를 펴낼 計劃이다. 原則은 基礎篇 부터가 순서이나 斯界의 緊急한 要請에 따라 먼저 疾病篇을 내놓는다.

이 책 '질병편'의 내용 일부를 보면 다음과 같다.

五行은 五官에도 適用되고 있는데 先天五行論과 後天五行論으로 나뉘어져 있다. 前者는 運命學的 觀察方式이며 후자는 醫學的 觀察方式이다.

相剋의 例(先天五行)

金剋木=左耳大(金多) ～ 右耳小(木弱) 壽限不足

木剋土=又耳大(木多) ～ 鼻小(土弱) 衣食不足

水剋火=口大(水多) ～ 額小(火弱) 性急孤單

火剋金=額高(火多) ～ 耳反(金弱) 父母財産總是空

土剋水=鼻大(土多) ～ 口小(水弱) 13, 4歲離鄕

신일申一, 『관상학전서觀相學全書』(1977년, 동양서적 / 1977, 易書普及社)

추송학秋松鶴, 『관상학총비전觀相學總秘傳』(1979, 생활문화사)[10]

이정래李正來, 『상학진전相學眞傳』(1984년, 동양학술원)

한의학과 경학에 조예가 깊은 이정래李正來가 쓴 『상학진전相學眞傳』은 책 크기가 세로 260mm에 가로 190mm에 총 922쪽이나 되는 방대한 분량이다. 중국이나 국내에 출판된 관상서로는 드물게 중국의 관상서를 포함해 역학, 불교, 도교 관련 서적들을 참고 문헌에 수록하였다. 관상을 전문적으로 공부하지는 않았지만 저자는 서문에서 이 책의 원고를 정리하는 데만 5년 이상의 세월을 보냈다고 언급하고 있다. 또한 이 책에는 『마의상법』의 '석실신이부石室神異賦'·'금쇄부金鎖部'·'은시가銀匙歌'·'달마조사상결비전達磨祖師相訣秘傳', 『유장상법』의 '영락백문永樂百問'을 번역하여 수록하였다. 그가 쓴 서문의 일부를 보면 그의 집필 동기를 읽을 수 있다.

그러므로 나는 相學을 目的한 것도 아니요 相을 觀할 줄을 아는 사람도 아니다. 다만 인간의 始終과 幸福에 대한 方法論이 이 相學속에 너무도 根底的인 密語들로서 간직되어 있다는 것을 確信하는 사람인 것 뿐이다. … 나의 門前에 노닐은 後輩들이나 참된 先覺의 精神을 이을 後世代들을 위하여 행여 千萬分의 一이라도 人間인 내가 眞으로 통하는 참된 길잡이의 文獻을 熱誠을 다해서

---

10 이 책은 번역서에 가깝다. 미즈노 난보쿠水野南北의 『남북상법南北相法』을 번역하여 가감 없이 그대로 옮겼다. 또한 『상리형진』의 '물형비법'을 번역하여 첨가하였다.

라도 남길 수 있다면 나의 짧은 人生에 얼마나 多幸스러운 것일까 하는 一念에서 이 책의 원고를 쓰는 動機가 되었을 것이다.

일본과 서양의 관상사를 알고 싶으면 국내의 다음 책을 참고하기 바란다.

石本有孚/김영주 역, 『인상학대전』(2007, 동학사, 234~249쪽)
중국과 일본, 서양의 관상사를 간략하게 언급하였다.

리하르트 반 뒬멘/최윤영 역, 『개인의 발견, 어떻게 개인을 찾아가는가 1500~1800』(2005, 현실문화연구, 132~141쪽)
이 책에는 「개인의 몸을 연구한다: 골상학」편에 18세기 관상학을 대중화한 선구자이자 신학자인 라바터(Johann Kaspar Lavater, 1741~1801)의 관상학에 관한 내용이 들어 있다.[11]

설혜심, 『서양의 관상학 그 긴 그림자』(2002, 한길사)
서양 역사학자가 쓴 이 책은 역사 속에서 관상의 전통과 의미를 찾기 위한 연구서이지만 서양의 관상사를 비롯해 라바터의 『관상학』과 19세기 골상학을 상세하게 다루었다.

---

11 번역어에서 '골상학'이란 표현을 사용했다. 그러나 골상학에 관한 내용이 아니기 때문에 '관상학physiognomy'으로 번역해야 한다.

제 2 장

관지법

觀知法

1. 유년도流年圖

유년도流年圖란 얼굴을 나이별로 그 나이에 해당하는 부위를 설정하여 놓은 그림을 말한다. 좌측 귀는 1~7세까지의 운세를 나타내고, 우측 귀는 8~14세까지의 운세를 나타낸다. 이마 부위는 15세 화성火星에서 30세 산림山林까지이다. 귀와 이마는 상정上停으로 초년운을 주관한다. 좌측 눈썹머리(31세, 능운凌雲)에서 우측 콧방울(50세, 정위廷尉)까지가 중정中停으로 중년운을 주관한다. 51세 인중人中에서 74, 75세 시골顋骨까지가 하정下停으로 말년운을 주관한다.

유년법은 어떤 부위가 좋고 기색이 밝으면 그 부위에 해당하는 해(나이)의 운이 좋다고 판단하는 기준이 된다. 예를 들면 한 남자의 눈썹[繁霞, 번하] 가운데 부위가 흠이 있을 경우에 33~34세에 형제 간에 분란이 생기거나 사업이 어려워질 확률이 높다는 식으로 판단한다. 개인의 운세를 판단할 적에 유년 부위의 활용 가치는 크다. 특히 30~50세 사이의 일을 판단할 적에 그 적중률은 상당히 높다.

유년도

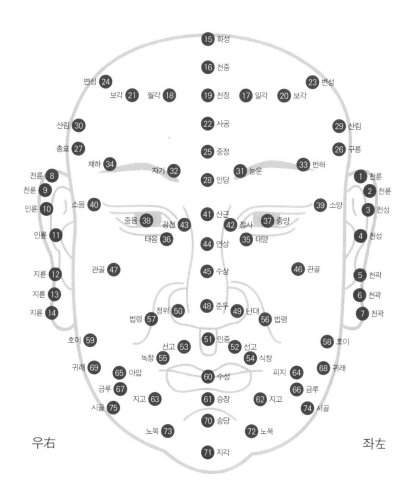

15 화성
16 천중
변성 24　　　　　　　23 변성
　　보각 21 월각 18 19 천정 17 일각 20 보각
산림 30 　　　　　　　　　　29 산림
총모 27 　　　　　　　　　　26 구릉
　　채하 34 　자기 32　　31 능운　33 번하
천륜 8 　　　　28 인당　　　　1 천륜
천륜 9 　　　　　　　　　　　2 천륜
인륜 10 소음 40　　　　　　39 소양　3 천성
　　　　중음 38 광전 43 41 산근 37 중양
인륜 11 　　　　　42 정사　　　4 천성
　　　태음 36 44 연상 35 태양
지륜 12 관골 47　　　　　　46 관골 5 천곽
지륜 13 　　　　45 수상　　　　6 천곽
지륜 14 　　　　　　　　　　　7 천곽
호이 59 　　정위 50 48 준두 49 난대 56 법령
　　법령 57　　51 인중　　　58 호이
귀래 69 선고 53 52 선고
　　녹창 55　　54 식창
65 아압　　60 수성　　피지 64 68 귀래
금루 67 지고 63 61 승장 62 지고 66 금루
시골 75 　　70 송당　　　　74 시골
　　노복 73　　72 노복
우右　　　71 지각　　　　　좌左

1,2 천륜天輪　3,4 천성天城　5~7 천곽天廓　8,9 천륜天輪　10,11 인륜人輪　12~14 지륜地輪 15 화성火星　16 천중天中 17 일각日角　18 월각月角　19 천정天庭　20,21 보각輔角　22 사공司空　23,24 변성邊城　25 중정中正　26 구릉丘陵 27 塚墓 28 인당印堂　29,30 산림山林　31 능운凌雲 32 자기紫氣 33 번하繁霞 34 채하彩霞　35 태양太陽 36 태음太陰 37 중양中陽 38 중음中陰 39 소양少陽　40 소음少陰 41 산근山根 42 정사精舍 43 광전光殿 44 연상年上　45 수상壽上 46,47 관골顴骨 48 준두準頭 49 난대蘭台 50 정위廷尉 51 인중人中 52,53 선고仙庫 54 식창食倉 55 녹창祿倉 56,57 법령法令 58,59 호이虎耳 60 수성水星 61 승장承獎 62,63 지고地庫 64 피지陂池 65 아압鵝鴨 66,67 금루金縷 68,69 귀래歸來 70 송당頌堂 71 지각地閣 72,73 노복奴僕 74,75 시골腮骨

※ 이 유년도는 리잉차이의 그림을 기본으로 하고, 다른 관상가들의 유년도를 참조하였다.

유년법의 원칙은 남자는 왼편에서 시작하고 여자는 오른편에서 시작한다. 그러나 일부 부위는 좌우 구분 없이 보아야 한다는 견해도 있다. 수민평蘇民峰은 『상학전집相學全集』에서 "관상을 볼 적에는 '남좌여우男左女右'를 적용할 필요가 없다. 남녀 구분 없이 다 같이 좌로부터 시작해서 좌측 일각日角은 17세, 우측 월각月角은 18세와 같이 운세를 판단하면 된다"라고 주장했다. 린궈슝林國雄은 눈 부위만은 남녀 구분 없이 동일하게 35~40세까지의 유년 부위를 적용해야 한다고 했다.

유년도의 나이와 얼굴 부위와의 관계에서 왜 25세는 중정中正의 운에 해당하고 28세는 인당印堂의 운에 해당하는지에 대한 이유를 설명한 관상서는 없다. 아마도 통계이기 때문일 것이다. 허나 이 통계는 상당히 정확하다.

관상서마다 이마와 턱의 유년 부위별 위치가 조금씩 다르다. 그것은 고대 관상서에서 표시한 부위별 위치가 정확하지 않고, 이것을 현대 관상가들이 재해석하면서 다소 차이가 생겼기 때문이다. 이 그림에서는 현대 관상서에서 보편적으로 많이 사용하는 위치를 따랐다. 그림의 부위별 위치를 이해하기 위해서는 이것이 종이에 그린 평면이라는 점을 감안해야 한다. 입체가 아니기 때문에 얼굴의 가장자리 부분은 나타낼 수가 없다.

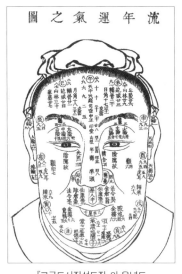

『고금도서집성도집』의 유년도

두 관상가의 유년도 비교

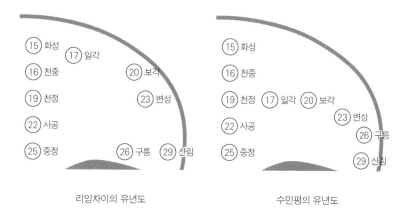

리잉차이의 유년도   수민펑의 유년도

　　위의 두 관상가의 유년도 그림을 서로 비교해 보면 일각, 보각,
구릉, 산림의 위치가 차이가 있음을 알 수 있다. 이러한 차이가
초년운의 큰 범위에서 이마의 운세를 볼 적에는 상관이 없지만
한 해 한 해의 운세를 자세히 볼 적에는 해당 나이의 운세에 대한
해석이 다르게 나올 수도 있다. 그래서 관상가마다 본인의 경험
축적을 토대로 판단하기도 한다. 향후 관상가들이 모여 표준안을
만드는 작업이 필요하다.

2. 12궁十二宮

관상서에 따라서 상모궁(相貌宮, 얼굴 전체)을 12궁十二宮에 포함시키기도 하고, 부모궁(父母宮: 日角, 月角)을 12궁에 포함시키기도 한다. 그리고 복덕궁, 천이궁의 위치도 관상서마다 다르다. 이 책에서는 상모궁 대신 부모궁을 선택하였고, 복덕궁과 천이궁의 위치는 다수의 현대 관상서에서 정한 위치를 선택하였다.

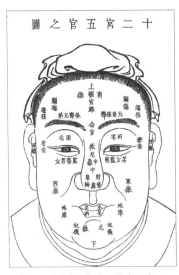

『고금도서집성도집』의 12궁과 오관伍官

고대 관상서의 그림은 부위별 위치가 정확하지 않고 설명 또한 자세하지 않다. 현대 관상서 또한 12궁의 위치와 이에 대한 설명이 일치하지 않는다. 특히 복덕궁의 위치는 일본 관상서에는 눈썹 바로 위의 복당 부위를 지칭한다. 중국의 일부 관상서에서도 이 견해를 따른다. 그래서 다음의 12궁에 대한 설명에서는 관상서마다 다른 위

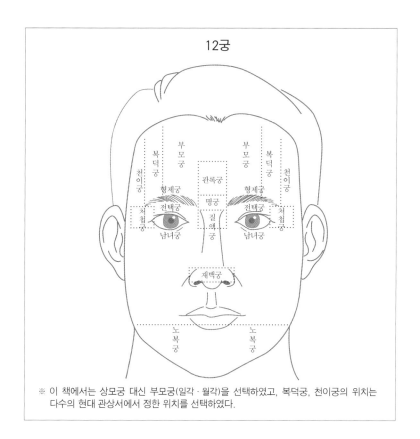

12궁

부모궁
복덕궁
관록궁
천이궁
형제궁
전택궁
명궁
처첩궁
질액궁
남녀궁
재백궁
노복궁

※ 이 책에서는 상모궁 대신 부모궁(일각·월각)을 선택하였고, 복덕궁, 천이궁의 위치는 다수의 현대 관상서에서 정한 위치를 선택하였다.

치를 모두 실었다.

관록궁官祿宮

사공司空·중정中正 위치를 말한다. [견해 1]

이마 정중앙의 발제髮際 아랫부분에서 인당印堂 위쪽 부위로, 일각日角과 월각月角을 포함하는 위치이다. 즉 가로로 이마의 정중앙 위치인 천중, 천정, 사공, 중정, 인당의 다섯 부위를 말한다. [견해 2]

재능, 지혜, 사업의 승패, 권력(지위)의 상승과 하강 등을 본다.

부모궁父母宮

황지아청黃家聘은 이 그림을 근거로 상모궁相貌宮이 바로 부모궁(일각·월각)이라는 독특한 견해를 제시하였다.

일각·월각 부위로 이마 중앙에서 약간 치우친 양측 또는 천정天庭의 좌우 위치를 말한다. 부모와 조상의 음덕, 부모와의 인연을 본다. 좌측은 부父를, 우측은 모母를 나타낸다.

형제궁兄宮

눈썹을 말한다. 형제, 친구, 대인 관계와 정지情智를 본다.

명궁命宮

두 눈썹 사이에서 산근山根 위, 즉 인당印堂의 위치를 말한다. 명궁은 정신, 생명, 바람, 성패 등을 본다.

전택궁田宅宮

눈썹과 눈 사이 즉 눈두덩을 말한다. 고대 관상서에는 눈까지 포함했지만 지금은 눈두덩 부위만을 지칭한다. 손가락 하나 정도 들어갈 넓이를 표준으로 한다. 가정운(가족관계)과 부동산을 본다.[1]

처첩궁妻妾宮

어미魚尾·간문奸門의 위치로, 좌측은 처妻를 지칭하고 우측은 첩妾을 지칭한다. 부부 애정, 배우자운 및 연인 관계를 본다.[2]

---

1 일반적으로 동양인은 전택궁이 좀 넓은 편이고, 서구인(특히 미국인)은 전택궁이 좁다. 그래서 서구인들은 가족 관계가 동양인처럼 친밀하지가 않다. 여성의 전택궁은 남성보다 대체로 넓은데, 이것은 딸이 아들보다 더 자주 아버지와 연락하면서 지내는 것과 무관하지 않다.

자녀궁子女宮

고대에는 '남녀궁男女宮'이라 칭했다. 눈 아래 와잠臥蠶·누당淚堂 부위를 지칭한다. 자녀 출산과 자녀 수, 양육, 도덕관, 생식 능력 등을 본다. 자녀운은 인중과 같이 본다.

질액궁疾厄宮

산근, 년상年上·수상壽上 부위를 지칭한다. [견해 1]

인당·명궁 아래쪽에서 두 눈 사이 산근 부위를 지칭한다. [견해 2]

일본 관상서에서는 인당 부위를 인당과 명궁으로 다시 세분한다. 성격, 건강, 유전, 질병, 재난을 본다.

재백궁財帛宮

코의 준두準頭와 금갑金甲 부위를 지칭한다. [견해 1]

코를 지칭한다. [견해 2]

사업의 재운과 자아 노력을 본다.

천이궁遷移宮

눈썹꼬리 바깥에서 위로 액각額角까지를 지칭한다. [견해 1]

천창天倉, 변지邊地, 역마驛馬, 산림山林, 발제髮際 부위를 포함한 위치를 말한다. [견해 2]

---

2 중국의 현대 관상서에서는 고대 관상서에서 사용한 '처첩궁妻妾宮'이란 용어가 요즘 시대에 맞지 않다면서 '부처궁夫妻宮'이라 칭하기도 한다. 국내에서는 주로 부처궁夫妻宮의 번역어에 해당하는 '부부궁夫婦宮'이란 용어를 사용한다. 린궈슝은 "남자는 간문이 아내궁이고 여자는 코가 남편궁이다. 코가 곧으면 남편은 전문직 사자師字 직업에 종사한다. 그리고 대부분 몸이 살졌다"라고 했다.

천이궁은 역마驛馬의 위치를 말한다. 변성邊城·산림 및 액각, 발제에 가까운 곳을 말한다. [견해 3]

타지에서의 발전, 이사, 여행, 환경 변화, 해외무역의 운세 등을 본다.

노복궁奴僕宮

지각地閣과 시골腮骨 부위를 지칭한다. [견해 1]

이것을 달리 "턱·지각 부위(입 아래 턱 전체)를 지칭한다"로 표현하기도 한다. 지각 양 옆에 위치한 부위를 말한다. 그래서 옛날에는 '현벽懸壁'이라 칭했다. [견해 2]

지각과 뺨의 측면을 말한다. [견해 3]

말년운을 나타내며, 주거운, 아랫사람과 자손의 운을 본다.

노복궁이 풍만하다. 말년운이 좋다.　　시골이 힘이 있으나 시골과 지각 사이(노복)가 들어갔다. 말년운은 좋으나 아랫사람이 말을 듣지 않는다.

복덕궁福德宮

재운과 복을 보는 곳이다. 복덕궁의 위치에 대해서는 지금도 의견이 분분하다. 『유장상법柳莊相法』에서는 "복덕궁은 천창天倉의 자리에 위치하고 그 위치가 변지邊地까지 이어진다[位居天倉, 接連邊地]"라고 했다.

전모全貌를 본다. [견해 1]

눈썹꼬리 위에서 이마의 발제 가까운 곳을 말한다. 천이궁의

복덕궁 부위가 넓다.　　　　　　　　　복덕궁 부위가 함몰되었고 좁다.

천창天倉에 가까운 곳이다. [견해 2]

천창, 지고地庫의 위치를 말한다. 천창은 산림의 별칭이다. 눈썹 꼬리 옆이 구릉丘陵·총묘塚墓이고 그 위쪽이 바로 천창이다. [견해 3]

눈썹 바로 위 미릉골尾陵骨 부위를 가리키며, '복당福堂'이라고도 한다. [견해 4]

일본 관상서에서는 눈썹 위 복당의 위치를 복덕궁福德宮 부위로 본다.

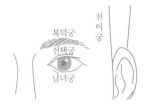

일본 관상서에 나온 복덕궁의 위치

관상을 볼 적에는 하나의 궁宮만을 보고 판단해서는 안 된다. 12궁의 부위가 서로 연관되어 있기 때문이다. 자녀궁은 누당에 있다. 자식이 많고 적고는 누당이 풍만하고 깨끗한지를 보아야 한다. 그렇지만 인중의 골이 깊고 긴지도 같이 살펴보아야 한다. 재백궁은 코에 있다. 그렇지만 천창·지고와 관골의 기세를 같이 보아야 재물운을 판단할 수 있다. 질액궁은 산근, 연상, 수상에 있다. 그렇지만 눈에 안신이 있는지도 같이 보아야 건강과 장수를 판단할 수 있다.

3. 귀[耳]

당唐 나라 때 변주자사汴州刺史를 지낸 이충신(李忠臣, 716~784) 이 조정에서 공사公事를 아뢸 때 당덕종唐德宗은 그의 큰 귀를 보고서는 이같이 말했다. "경은 귀가 아주 크니 귀인貴人이로다."

이에 이충신이 눈치 빠르게 응대했다. "신이 듣기론 당나귀의 귀는 크고 용의 귀는 작다 하옵니다. 신의 귀가 크다 하나 이는 어디까지나 당나귀의 귀일 뿐입니다."[1]

관상서에서는 "귀한 자는 반드시 좋은 귀는 아니지만 좋은 눈을 가지고 있고, 천한 자는 좋은 귀를 가질 수는 있지만 반드시 좋은 눈을 가진 것은 아니다"라고 했다. 이 말은 귀만 보고 한 사람의 부귀를 판단할 수는 없고 다른 부위를 참조해서 판단해야 한다는 뜻이다. 귓불이 있는 좋은 귀라도 눈이 삼백안三白眼이라면 그자는 선량해 보이지만 내심은 음험한 자이다. 얼굴에서 줄부를 가리킬 때는 코와 귀를 본다. 코가 잘생겼어도 귀가 빈약하

---

[1] 그러나 『중국역대인명사전』에서는 그의 사람됨을 아주 나쁘게 평가했다.

면 졸부의 상이다. 코와 귀가 다 잘생겼다면 당대에 발복한 집안이 아니라 2대 혹은 3대로 이어 온 명문 집안이다.

1~14세 - 귀의 유년 운세

귀는 1~14세까지의 운을 관장한다. 좌측 귀는 1~7세까지의 운으로 선천적인 운을 나타낸다. 우측 귀는 8~14세까지의 운으로 후천적인 운을 나타낸다. 그렇지만 귀는 14세가 지나도 노년의 운까지 그 영향을 미친다.[2] 그래서 귀만을 두고 1~70세까지를 초년·중년·말년으로 구분하여 판단하기도 한다. 귀의 상단부 끝 부분을 1세로 보고 중간 부분을 35세, 귀의 하단부 끝 부분을 70세로 보고 오관의 다른 부위를 같이 참조해서 운세를 판단한다. 자동차의 나사 하나를 가지고 자동차를 판단하는 것과 같은 이치이다. 맹인 관상가들은 귀만 만져 보고 한 사람의 일생을 판단하기도 한다.

관상의 유년 운세에서 남자는 좌측 귀를 먼저 보고 여자는 우측 귀를 먼저 본다. 그럴 경우 남자는 좌측 귀가 1~7세까지의 운을 관장하고 여자는 우측 귀가 1~7세까지의 운을 관장하게 된다. 눈썹과 눈도 마찬가지로 유년운에서 남자는 좌측을 먼저 보고 여자는 우측을 먼저 본다. 그러나 이전부터 귀의 유년 나이에서 남녀를 구분하지 않는 파派도 있었다.

주췌에챠오朱鵲橋는 본인의 실전 경험에 비추어 볼 때 남녀를

---

2 천웨이성陳爲聖은 "귀는 1~14세, 71~84세까지의 운세를 나타낸다. 그 기준은 인생을 70에 새로 시작하는 것으로 잡아 14를 첨가한 것이다"라고 했다.

구분할 필요가 없다고 했다. 그는 "좌우 귀가 미세한 차이는 있지만 기본적으로는 대칭을 이룬다. 한쪽 귀가 두풍(兜風·돛이 바람을 안다)인데 다른 한쪽 귀가 두풍이 아닌 경우는 없다. 한쪽이 윤곽이 분명치 않으면 다른 귀도 윤곽이 분명치 않다. 일그러진 형태도 비슷하다. 그래서 좌우를 구분해 볼 이유가 없다"라고 했다. 그러나 귀의 좌우 모양이 현격히 차이가 나는 사람도 있기 때문에 주취에챠오의 해석은 설득력이 약하다. 수민평도 "귀, 눈, 눈썹의 유년운에서 남자는 좌측을 먼저 보고 여자는 우측을 먼저 보는 것은 '남男=양陽', '여女=음陰'에 근거한 방식이다. 이는 잘못된 것으로 남녀를 막론하고 이것들의 유년운은 좌측부터 시작해야 한다"고 했다.

귀를 관상에서 보면 대략 60여 가지의 모양이 있다. 귀를 보고 건강·지혜·심성·복록福祿을 판단한다. 귀는 중년운에서도 중요하다. 중년에 크게 부를 이루려면 코, 관골, 귀가 모두 잘생겨 서로 조응해야 한다. 이중 하나라도 부족하면 큰 부를 이룰 수 없다.

이륜耳輪, 내곽內廓

귀의 바깥 둘레를 이륜耳輪이라 하고, 그 안쪽의 작은 귓바퀴를 내곽內廓 혹은 이곽耳廓이라 한다. 귓불은 구슬 모양과 같다고 해서 수주垂珠 혹은 이주耳珠라 한다.[3]

귀의 윤곽輪廓(이륜과 내곽)이 분명하지 않거나 귀 둘레가 일그

---

3 국내 일부 관상서에서는 한자 '울타리, 둘레 廓'을 '성곽 郭'으로 잘못 쓰고 있다.

러진 형태는 태아 때 부모의 몸이 좋지 않았거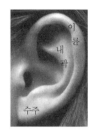
나 부부 사이가 좋지 않았음을 나타낸다. 이는
선천적인 것으로 유전성이 강하며 평생에 영향
을 미친다. 윤곽이 분명한 귀는 다른 부위가 부
실해서 몸이 좀 허약해도 좋은 유전자를 물려
받은 것이다. 이륜은 도로에 비유할 수 있다. 귀 테두리가 넓으면
4차선 도로이고, 귀 테두리가 좁으면 1차선뿐인 도로이다. "타고
난 명命이 좋아도 운運만 못하다"라는 표현이 있듯이 벤츠(얼굴의
오관)를 몰아도 도로(이륜)가 좋지 않으면 소용이 없다. 따라서 이
륜이 두텁지 않으면 고생한다. 또한 내곽의 가운데 부분이 뒤로
젖혀져 이륜의 길을 방해할 경우, 이는 35~36세에 어려움이 있
음을 나타낸다(얼굴의 다른 부위를 참조하여 같이 봄). 귀는 주로 14
세 전의 체질과 운세에 영향을 미치고 14세 이후의 운세에서는
이마의 형태가 어떠냐에 따라 운세가 달라진다. 내곽은 토끼나
당나귀 같은 동물의 귀에는 없다.

귀의 삼분법과 높낮이

수민평과 린전林眞은 귀를 상반부, 중반부, 하반부로 나누어 해
석하였다.

귀의 상반부가 발달한 사람은 정신적인 면을 중요시하고, 감수성
이 뛰어나고 상상력이 풍부하여 사유형 귀라고 한다. 그래서 미
술·과학·문학 등에 재능을 발휘한다. 중반부가 유난히 뛰어나

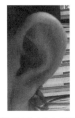 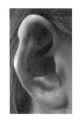 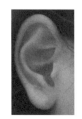

사유형 귀. 귀의 상반부
가 발달했다.

운동형 귀. 귀의 가운데
가 발달했다.

향유형 귀. 귓불이 발달
했다.

온 귀는 '운동형' 귀로 체격이 좋고 일을 해도 에너지가 넘치고
물러설 줄 모른다. 아치형 모양이 클수록 활동력이 왕성함을 나
타낸다. 그러나 후천적인 부분은 오관의 다른 부위를 참조해야
한다. 하반부가 두텁고 큰 귀는 '향유형享有型' 귀이다. 물욕物慾이
강하여 고상한 사상과는 거리가 멀다. 귓불이 클수록 물욕이 강
하다. ― 수민평蘇民峰

상반부가 발달한(넓고 큰) 사람은 지혜롭고 기억력이 좋고 결정
이 빠르고 행동이 적극적이고 책임감이 있다고 했다. 중반부가
발달한 사람은 창조적이고 용감하고 행동이 현실적이다. 하반부
의 귓불이 풍원豊圓하면 생활에 대한 적응 능력이 강함을 나타낸
다. 낯선 곳에서도 아주 빨리 적응한다. ― 린전林眞

귀는 총명함을 나타낸다. 외부의 소리를 귓구멍을 통해서 뇌로
보내면 뇌신경이 분석하고 판단한 후 기억 속에 저장하고, 이것
이 지식이 된다. 그래서 관상에서는 귀를 오관 중의 하나인 '채청
관採聽官'이라 한다. 『사원辭原』의 해석에 따르면, 청각이 예민한
것을 '총聰'이라 하고 시각이 예민한 것을 '명明'이라 한다. 이는
반응이 민첩하고 예리한 것을 일컫는 말이다. 국어사전에는 '귓

구멍이 넓다'란 표현을 '남의 말을 곧이 잘 듣다'라는 뜻으로 해석하고 있는데 관상학적로는 이것을 '남의 말을 잘 경청한다'로 해석해야 한다. 실제 귓구멍이 큰 사람은 지혜롭고 기억력이 뛰어나고 청각 기능이 발달했다. 작곡가나 연주자, 가수들의 귀는 하나같이 크고 윤곽이 분명하고 두터운 잘생긴 귀이다. 귓구멍을 관상 용어로는 '풍문風門'이라 한다.

　귀의 모양을 보고 어린아이의 성격을 판단할 수 있다. 새끼손까락이 아이의 귓구멍에 쉽게 들어가면 이 아이는 성격이 온순하여 가르치기가 수월하고 마음이 넓다. 그러나 새끼손가락이 귓구멍에 들어가지 않거나 귓구멍에 넣었을 때 아이가 반항을 하면 이 아이는 속이 좁고 고집이 세다고 보면 된다. 또한 어린아이의 귀가 지나치게 딱딱하면 고집이 세고 명도 각박하다. 귀가 얼굴 옆면에 붙은 것처럼 잘 보이지 않으면 이 아이는 말을 잘 듣고 효도한다.

　'귀 잘생긴 거지는 있어도 코 잘생긴 거지는 없다'라는 옛말이 있다. 귀는 크기만 하다고 해서 무조건 좋은 것은 아니다. 귀는 윤곽이 또렷해야 하고, 형태가 두껍고 단단하면서도 탄력이 있는 것이 좋다(지나치게 딱딱해도 운이 박하다). 또한 색이 맑고 윤이 나야 하며, 얼굴색보다 흰 것이 좋다. 이런 조건을 갖추면 귀 모양이 작아도 좋은 귀에 속한다. 귀는 크고 긴 것이 좋지만 탄력이 없고 이륜의 두께가 얇아 팔랑개비 같으면 말년이 고독하고 재물이 모이지 않는다. 늙어 고생한다는 귀는 이런 귀를 두고 한 말이다. 귀가 부드러운 자는 신기腎氣가 부족하고 체질이 약하다. 귀가 부드러운데다 얇고(두껍지 않고) 가늘다면 질병을 달고 산다.

귀의 높낮이

고대 관상술에서는 귀와 눈썹과 눈의 위치 대비를 중시하였다.

귀가 눈보다 높으면 타인의 녹祿을 받게 될 것이고(타인의 모범
이 될 것이고), 눈썹보다 한 마디 정도 높으면, 영원히 빈곤을 겪지
않을 것이다[耳高於目, 合受他祿(作爲人師也。) 高於眉一寸, 永不踐貧困。]
— 허부許負, 『相法十六篇』(相耳篇)
귀는 군주이고 눈썹은 신하이니 군주가 마땅히 신하 위에 있어야
한다. 귀가 눈썹보다 위에 위치한 자는 총명하여 학문에 뛰어나
고 재능이 출중하여 부귀를 누린다[耳爲君, 眉爲臣, 君宜上而臣宜下。
高起過眉者, 主貴, 聰明文學, 才俊富貴也。] — 『신상전편神相全編』

또한 고서에서는 "귀의 위치가 낮으면 성격이 아둔하고, 귀의
위치가 낮고 크기도 작으면 무학無學이다"라고 표현하고 있다. 현
대 관상서에서는 귀의 위쪽은 눈썹까지, 귀의 아래쪽은 코끝까지
를 표준으로 한다. 눈썹보다 높이 위치하면 높은 귀, 코끝보다 낮
게 위치하면 낮은 귀로 본다. 현대 관상가들의 해석을 보자.

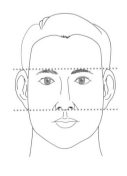

귀 위쪽 끝부분이 눈썹보다 높이 위치한 자는 생각이 깊고 성실
하고 총명하여 주변 사람들이 좋아한다. 그
러나 인품이 고상하다 보니 야심이 없고
남을 지배할 줄 모르고 계획을 짜는 능력
이 떨어진다. 리더로는 부적합하고 전문가
로 연구직에 종사하는 것이 적합하다. 귀의
위치가 지나치게 높으면 현실에 맞지 않게

생각이 지나치게 이상적이다. 반면에 귀
의 위치가 지나치게 낮으면 품격이 떨어
지고 물질적 욕망이 강하다. — 리잉차이
李英才,『額耳玄機』

귀의 위치가 (눈썹을 기준으로) 높은 사람
은 정신적인 만족을 추구하고, 귀의 위
치가 지나치게 낮은 사람은 개인의 색
욕, 물욕物慾, 향락을 추구한다. — 수민펑,
『相學全集』

이재(李縡, 1680~1746): 조
선 숙종, 영조 때의 문신. 귀
상단부가 눈썹보다 높게 위치
한다. 조선시대 고관 문인들
의 초상화를 보면 모두 귀의
상단부가 눈썹보다 높다.

위의 해석과 달리, 주취에챠오는 자신이 아는 젊은 친구는 귀
의 위치가 좀 낮고 작지만 총명하고 예능 방면에 재능을 발휘한
다고 했다.

귀의 크기

귀가 크고 작고의 판단 기준은 얼굴 길이의 1/4을 표준으로 한
다. 1/4보다 작으면 작은 귀에 속한다. 귀가 작다고 운세가 나쁜
것은 아니다. 얼굴이 작은 사람일 경우 귀와 얼굴이 균형만 맞으
면 크게 문제되지 않는다. 얼굴은 큰데 귀가 작을 경우 다음과 같
은 의미를 지닌다.

"친척의 도움이 없고, 자수성가해야 한다. 일생 동안 기동성機
動性 · 규율성規律性 · 기술성技術性 업무에 종사해야 한다. 이유는
현장에 임했을 때 임기응변 능력이 부족하기 때문이다. 창의성을
요구하는 일이나 업무에는 맞지 않다."

귀가 작은 사람은 재운이 약하다고 보아야 한다. 다만 예상 이

상으로 성공을 거두는 사람은 컴퓨터나 기술직에 종사하는 사람이다. 컴퓨터 소프트웨어와 관련한 벤처 기업 대표 중에는 다른 업종 대표에 비해 귀가 작은 사람이 많다.[4]

귀가 지나치게 단단한 자는 다음과 같은 특징을 지닌다.

"주관이 강하다. 쉽게 유혹에 끌리지 않는다. 약속한 일을 실행하지 않을 경우 두 번 다시 상대하지 않고 비난까지 한다."

귓불

『삼국연의三國演義』에서는 유비劉備를 "두 귀가 어깨까지 내려오니 제왕의 상을 갖추었다[雙耳垂肩, 具帝王之相]"라고 묘사하였다. 하지만 이것은 어디까지나 문자의 과장이나 비유일 뿐이지 실제로 귀가 어깨에 닿을 정도로 내려오는 사람은 없다. '삼국지'의 유비는 덕장德將으로 유명하다. 제갈량처럼 뛰어난 전략가도 아니고 관우나 장비처럼 뛰어난 장수도 아니지만 덕으로써 촉나라를 이끌었다. 귀가 잘생겨서 늘 신하의 말을 경청한 것이다. 실제로 귀가 크면서 두텁고, 아래로 길면서 귓불이 있으면 인자하고 남 돕는 것을 좋아하며, 장수하고 일생(특히 말년)의 운수가 좋다.

귓불은 '의식衣食'의 풍족함을 나타낸다. 그래서 우리는 귓불을

---

4 심리학자로 50년간 '얼굴 읽는 법'을 연구한 아사나 하치로의 저서를 번역한 『CEO, 얼굴을 읽다』에서는 "『비즈니스위크』지가 선정한 세계의 억만장자 100명의 얼굴을 자세히 분석해 보면 공통된 특징이 있다. 귀가 크다는 점이다. 귀가 작은 사람은 두 명에 불과했다"라는 내용이 나온다.

'귓밥'이라 부르기도 한다. 귓불은 손으로 눌렀을 때 두터운 느낌이 있어야 한다. 얇은 귓불은 운이 그다지 크게 작용하지 않는다. 또한 귓불은 도화운桃花運을 관찰하는 부분이기도 하다. 대인 관계가 좋아 이성의 환심을 사게 되고 배우자운도 좋다. 또한 천성이 낙천적이고 감성이 풍부하다. 귓불이 큰 사람은 침착하게 여유를 갖고 행동하는 경향이 있고, 귓불이 작은 사람은 신속하게 행동하고 판단력이 뛰어나다.

귓불은 60세 이후의 노년의 복을 나타낸다. 귓불이 두터우면 턱이 뾰족하게 깎여도 말년운이 좋다. 그러나 귓불이 있다고 무조건 다 좋은 것은 아니고 귓불의 방향이 입꼬리 쪽을 향해야 한다. 그래야 귀의 기운을 입(말년운)으로 보내어 노년을 경제적인 어려움 없이 비교적 풍족하게 보낼 수 있다. 『신상전편神相全編』의 「신이부神異賦」 편에는 "귓불이 입을 향하면 강태공이 나이 팔순에 문왕을 만난다[明珠出[朝]海, 太公八十遇文王]"라는 표현이 나오는데, 이는 노년에 어떤 뜻한 일을 이룸을 나타낸다.[5] 흔히 부처님 귀를 연상시키는, 귓불이 아래로 처진 귀는 수명은 길다 해도 늙어 재물이 없다.[6]

고서에서는 귓불에 대한 칭찬이 과했다. "귀가 크나 귓불이 없으면 성격이 강직하고 정직하여 남과 어울리기 어렵다. 부유하나 오래가지 않고 장수하지 못한다[耳大無珠, 性剛孤介, 難與人和, 雖富不久, 亦且不壽]"라고 묘사했다. 그러나 주취에챠오는 홍콩의 유명한

---

5 강태공姜太公은 주周나라 때 사람으로, 10여 년간 낚시를 하며 때를 기다리다 나이 팔순에 주나라 문왕文王을 만나 문왕의 스승이 되었다.

6 일반 불상에서는 귓불이 늘어진 형태가 많지만, 근육이 불거진 금강역사 등의 수호신에게는 살집이 있고 보기 좋게 부풀어 오른 '융기형'이 많다.

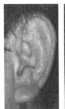

은행원. 귓불이 앞쪽(입쪽)을 향했다. 동일인의 좌측 귀와 우측 귀.

의사. 귓불이 빈약해도 외륜의 윤곽이 뚜렷하고 가지런하게 귀 아랫부분까지 이어졌다. 좋은 귀에 속한다.

월극(粵劇, 광동성 지방극) 연극가이자 영화배우인 한 사람을 예로 들면서 "그는 귓불이 없으나 장수했으며, 훈작사 작위를 수여받았고 남은 생을 부귀하게 보냈다"라고 했다. 공무원과 전문직 종사자 중에는 귓불이 없는 사람이 많다. 이는 귓불이 없어도 잘생긴 귀의 조건을 갖추고 있으면 사회적으로 능력을 발휘할 수 있음을 말한다. 또한 귓불이 없어도 턱이 잘생겼으면 말년이 좋다. 관상을 볼 때는 오관 중 하나만 보고 판단해서는 안 된다.

아사노 하치로淺野八郎는 귀를 귓불이 없이 목덜미로 매끄럽게 이어진 귀와 귓불이 뚜렷한 귀를 구분하여 조사한 결과 다음과 같은 사실을 확인하였다.

"직업으로 보면 학자, 예술가, 기술자, 의사 등 지적인 직업에 종사하는 사람들이 귓불이 없는 경우가 많다. 귓불이 없는 자는 신경이 예민해서 탐구심이 강하고 집중력도 있지만 모험은 그다지 좋아하지 않는다. 정치가, 기업가 등 지도적 입장에 있는 사람은 귓불이 일반적으로 크다. 유명인 200명의 귀를 조사해 본 결과 귓불이 있는 사람이 전체의 70% 이상을 차지했다."

귓불이 발달한 사람은 인내심이 있고 돈 버는 방법에 대해 냉정하게 분석하고 사고한다. 그리고 저축하는 능력이 뛰어나다. 귓불이 두텁고 앞으로 향한 사람은 성격이 외향적이고 동적이고 리더의 재능이 있다. 그러나 낙천적이고 편안한 성격 때문에 자신과 일에 대해 엄격하지 않으면 같이 일하는 사람들에게 반드시 따돌린다. 귓불이 두텁고 뒤로 향한 사람은 내향적이고 피동적이다. 주위 사람과 일에 대해 열성적이나 의심병이 심하고 가치 없는 일에 매달리다 보니 타고난 총명함을 잘 써먹지 못한다. ─ 리잉차이, 『額耳玄機』

귀의 여러 형태와 해석

닭부리 귀〔계취이鷄嘴耳〕

귓불의 위치에 해당하는 귀 아랫부분이 뾰족한 닭부리 형태로, 계취이鷄嘴耳라고 한다. 우리나라에서는 '칼귀'라고 부른다. 이런 귀를 지닌자는 사고가 냉철하여 감정에 치우치지 않고 직관력이 뛰어나다. 같은 칼귀라 해도 귀의 기색이 밝고 길어 격을 갖춘 귀는 오히려 큰 인물에서 많다[고건 전 국무총리의 귀 참조].

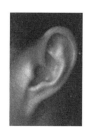

여. 닭부리 귀(칼귀)

이런 귀는 사고형思考形으로 학자나 전문직 종사자에게도 많다. 이 귀는 다음과 같은 특징을 지닌다.

'논쟁에서 자기의 주장을 관철시키려 하고 지기 싫어한다. 순발

력 있게 기지를 발휘할 수 있다.'

고생한다. 주관이 강하고 논쟁을 잘한다. 여자의 귀가 닭부리 형태일 경우에는 말(구설口舌)을 조심해야 한다. 언사言辭가 날카로워 상대방에게 상처를 줄 수 있기 때문이다. — 리잉차이,『額耳玄機』

귀는 후천적으로도 계속 변화한다. 리쥐밍李居明은『대사면상학大師面相學』이라는 동영상에서 자신 또한 귓불이 없었지만 수행을 한 이후로 귓불이 생겼다고 말했다. 수민펑도 자신은 귀 아래쪽 끝부분이 뾰족한 닭부리 모양으로, 어떤 일에 대해 답을 얻을 때까지 끝까지 파고드는 성격이었는데, 성격이 바뀌고 나서 우측 귀도 변해서 귓불이 조그맣게 생겼다고 했다.[7]

뒤집힌 귀〔반이反耳〕

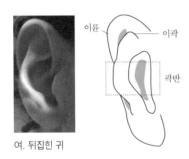

여. 뒤집힌 귀

외륜보다 내곽의 딱딱한 부분이 바깥으로 튀어나와 뒤집혀 보이는 귀는 부모 중 한편이 건강하지 못했다거나 지극히 가난할 때 잉태한 아이이다. 고서에서는 이를 '윤비곽반輪飛廓反'이란 표현을 써서 '윤비輪飛' 형태의 귀와 '곽반廓反' 형태의 귀를 모두 부정적으로 평가하였다.[8] '곽반이廓反耳' 혹은 '반이反耳'라고 표현한다.

---

7 귓불의 모양은 그 사람의 생활이나 신체 상태의 변화에 따라 크게 달라진다. 특히 10대에서 20대에 걸쳐 변화가 일어나기 쉽다. 야구선수 이치로의 귀가 갑자기 커진 것도 그 예다.『CEO, 얼굴을 읽다』

'반이反耳' 형태의 귀는 친척 간에 정이 없고, 더욱이 재화가 집에 쓰기에 부족함을 걱정한다. 여인의 귀가 '반이反耳' 모양이면 남편을 극剋한다.〔木耳主貧: 輪飛廓反六親差, 尤恐貨財不足家。女人耳反, 亦主刑夫。〕─『마의상법麻衣相法』

어린아이가 잔병이 많거나 우울할 경우 귀의 내곽은 더 바깥으로 튀어나온다. 승부욕과 자기주장이 강하여 논쟁에서 지길 싫어한다. 또한 자립심이 강하고 일 처리가 명확하고 무슨 일이든 직접 해야 한다. 뜻이 확고하고 바깥 활동에 강하다는 장점이 있지만 지나치게 고집스러워 다른 사람의 의견을 받아들이지 않는 단점도 가지고 있다.

귀로써 부부 관계를 판단하기도 한다. 이륜은 배우자의 성격과 생명력을 관찰하고 내곽은 자신의 성격과 생명력을 판단한다. 부부 쌍방이 귀 테두리 곡선이 각이나 흠이 없고, 견실하고 색깔이 좋으면 성격이 조화를 이루어 행복한 부부 생활을 보낼 수 있다. 귀 내곽이 바깥으로 튀어나온 남자는 자아와 자부심이 강하기 때문에 남성적인 권위주의를 내세운다. 아내의 내곽이 가지런한 곡선을 이루면서 이륜을 벗어나지 않으면 남편의 의견을 존중하기 때문에 잘 어울린다. 그러나 아내의 내곽이 튀어나온 경우에는 할 말을 참지 못하는 경향이 있어 둘은 자주 다투게 된다. 여기다 간문奸門(눈꼬리 옆자리)까지 좋지 않을 경우 이혼할 확률이 높다. 반이에 대한 또 다른 해석을 보자.

---

8 '윤비輪飛'란 귀의 상단부가 바람에 날린 듯 뾰족한 형태를 띠거나 외륜의 테두리가 바람에 날린 듯 펴진 형태를 말한다.

홍콩 배우 리밍黎明. 전형적인 곽반 형태의 귀를 가졌다. 영화 배우이며 가수로서 많은 상을 수상했으며 음반 회사도 차려 왕성한 활동을 하고 있다. 이는 대부대귀大富大貴함에 귀의 영향이 크지 않음을 나타낸다.

남자는 활동적이고 실천력, 행동력이 뛰어나다. ― 이정욱

귀가 안바퀴가 뒤집힌 곽반郭反 형태이고 이마가 높을 경우 장남이거나 장녀일 확률이 높다.[9] ― 린궈슝林國雄

바깥 활동이 많은 직종에 이런 귀를 가진 사람이 많다. 활동의 대부분이 사람과 관련된 것으로 상품 판매나 보험업에 종사하는 여성에게 이런 귀가 많다. ― 천시晨曦

허영심이 강하다. 초년에는 부모의 보살핌을 받지 못하고, 남성은 중년에 접어들어 사업이 실패할 수도 있다. ― 리잉차이,『額耳玄機』

첩뇌이貼腦耳

고서『태청신감太淸神鑑』에 "정면에서 봤을 때 귀가 보이지 않으면 이 아이가 뉘 집 자손인지를 묻는다〔對面不見耳, 問是誰家子〕"라는 표현이 있다. 이 표현을 '명문가의 자손이기 때문에 반드시 뉘 집 자식인지 물어보라'라는 의미로 해석해서는 안 되고, '뉘 집 아이길래(장차 큰 인물이 되겠네)'라는 의미로 해석해야 한다. 귀는 정면에서 봤을 때 얼굴 옆면에 붙은 것처럼 보이지 않는 것이 좋은 귀로, 현대 관상서에서도 고서의 해석을 따라 하나같이 이 귀를 좋은 귀로 묘사한다. 그러나 홍콩의 관상가 주취에챠오는

---

9 국내 일부 관상가들은 곽반 형태의 귀는 차남이거나 차녀라고 단정한다. 그러나 중국의 한 관상가는 첫째일 수도 있고 둘째일 수도 있지만 둘째일 확률이 더 높다고 했다. 그리고 둘째가 곽반 형태라는 해석은 남자에게만 적용된다는 견해도 있다.

다르게 생각했다. "이 귀가 좋은 것은 맞지만 부모가 반드시 부유한 것은 아니다(부유한지 그렇지 않은지는 이마를 보아야 한다). 착하고 말을 잘 듣는 효자의 의미가 더 강하다." 그러면서 그는 기사화된 한 지인의 사진을 두고 그 이유를 설명했다.

귓불 있는 첩뇌이 칼귀이면서 첩뇌이

"내가 아는 한 여성은 정면에서 사진을 찍을 경우 거의 귀가 보이지 않는다. 귓불만 조금 보일 뿐이다. 그녀의 어린 시절은 가난했다. 3세 때 아버지를 여의고 어머니와 12명의 형제자매만 남게 되었다. 그녀는 쌍둥이로 12번째다. 어려서부터 집안의 수공업 일을 도왔고 생계를 위해 14세 때 나이가 열 몇 살이나 많은 행상꾼에게 시집을 갔다. 그리고 남편과 함께 거리 가판대에서 장사를 했다. 이러한 사실로 볼 때 이 귀는 좋은 것은 맞지만 거의 보이지 않을 정도로 붙은 것은 좋지 않다고 본다."

귀가 두터우면서 견실하고 뒤로 바싹 붙은 사람은 사업을 개척하거나 전문 분야의 연구에서 항상심恒常心이 있다. 자신의 실력과 노력으로 마침내 성공하여 부를 이루고 존경을 받는다. ― 천시晨曦
귀가 단단하면서 뒷머리에 바싹 붙은 자는 의지가 강하고 신중하나 때론 고집이 있다. 안정적인 일을 할 확률이 높고 연구·분석에 뛰어나다. 재운이 좋다. ― 위허팡虞賀方
포용력이 있다. 두 눈에 안신眼神이 없으면 열악한 환경을 참고 잘 견디는 유형이다. ― 린궈슝林國雄

요리사 김훈이(42세)씨. 뉴욕 한식당 '단지'(Danji) 운영. 두 살 때 선장인 아버지는 항해 도중 뇌졸중으로 세상을 떠났다. 미국 의학전문대학원에 다니다 학교를 그만두고 요리사의 길을 걸었다.(조선일보 2014년11월 1일자 기사 참조.)

귀가 뒷머리에 바짝 붙은 자는 타협 정신과 양보 정신이 없다.[10] 부모 덕이 없지만 가족을 지키는 정신은 남다르다. 그래서 아내나 자식들에게는 유능한 남편이자 아버지일 수도 있다. 여성 또한 집안에만 있지 않고 안팎으로 뛰어다니며 남들이 외면하는 궂은일을 도맡아 하고 적잖은 재물을 모은다. 이런 여성을 아내로 둔 남성은 처복 있는 남자지만 대신 아내의 강한 주장 때문에 기죽어 살아야 한다. — 최형규

성격이 음성적이고 소심하며 겁이 많다. 매사에 신중함이 있다. — 김광일

인내력, 지도력, 행동력, 직감력과 용기가 있다. 도량이 넓고 지력知力과 체력이 뛰어나다. 다른 사람의 의견을 잘 듣는 편이나 의심이 많은 결점이 있다. — 구로카와 가네히로黑川兼弘

관상가마다 첩뇌이貼腦耳에 대한 해석이 각각 조금씩 다르다. 그것은 귀가 두터운 정도, 귓불의 유무, 귀가 어느 정도 바짝 붙었는지, 그리고 이마, 눈 등 다른 부위와의 관계 등 변이적 요소도 다소 영향을 미쳤기 때문이라고 본다. 첩뇌이의 사람이 팔자 눈썹을 가졌을 경우에는 김광일의 해석도 맞다. 또한 첩뇌이를 가진 사람이 집안이 반드시 부유한 것은 아니다. 만약에 귓불이

---

10 최형규의 이 표현은 '고집이 세다'라는 의미로 봐야 한다.

있는 첩뇌이에 이마가 잘생긴 사람이라면 틀림없이 부귀富貴를 갖춘 좋은 집안 출신으로 볼 수 있다. 따라서 첩뇌이 해석에 대한 표준화 작업이 필요하다.

두풍이兜風耳

첩뇌이와는 반대로 귀가 앞쪽으로 향해 정면에서 다 보이는 귀가 있다. 고서에서는 이런 귀를 두풍이兜風耳(돛이 바람을 막는 모양)라 한다. '兜風'은 광동어 속어이다. 현대 관상서에서는 이 귀를 '선풍이扇風耳(부채 모양)', 또는 '초풍이招風耳'라 부르기도 한다. 첩뇌이가 착하고 말을 잘 듣는 것을 나타낸다면, 두풍이는 말을 잘 안 듣고 지길 싫어하고 새로운 것을 좋아하고 틀에 매이는 것을 싫어한다. 전통적인 농경사회에서는 당연히 이런 기질을 가진 자를 좋아하지 않는다. 묵묵히 농사를 짓거나 가업을 잇기를 원한다. 『마의상법』에서는 두풍이를 다음과 같이 묘사하고 있다.

선풍이扇風耳(부채귀)는 파산한다. 탕진하고 객사한다.
양쪽 귀가 앞을 향하고 바람을 막는 형상이다. 조상의 재산까지 탕진한다. 어려서는 복을 누리나 말년에는 빈궁하여 고생하고 고독하다.
[扇風耳破財－敗盡客死。兩耳向前且兜風, 破盡貲財及祖宗;年少享福中年敗, 末歲貧苦受孤窮。]

『신상전편』과 『상리형진』에서도 "귀가 얇고 앞을 향해 있으면 논밭과 동산을 팔아먹는다[耳薄向前, 賣盡田園]"라고 해석했다. 이

두풍이. 조선 최장수 임금 영조는 무수리 출신 어머니와 함께 사가 私家에서 유년 시절을 보냈고 즉위 이후에도 비단 이불에서는 잠이 오지 않는다고 해서 다른 이불을 썼다. 영조는 김치와 장醬만으로 밥을 먹는 등 소박한 식단을 즐겼다고 한다. 국립고궁박물관

러한 해석은 얼굴의 다른 부위를 참고하지 않고 귀만을 가지고 해석한 것으로 볼 수 있다. 현대 관상서에서는 해석을 달리하면서도 좀 더 구체적이다. 수민평은 『관상지인觀相知人』에서 두풍이를 두 개의 안테나를 양 귀에 꽂은 모양으로 묘사하면서 다음과 같이 말했다.

"이런 귀를 가진 자는 어렸을 때의 환경이 극단적이다. 아주 가난한 집에 태어나거나 아니면 부유한 집에 태어나 집안 식구들의 사랑을 받는 경우이다. 사고가 새롭고 행동이 대담하고 본인이 하고 싶은 대로 한다. 그래서 가난한 집 출신일 경우 성공의 길을 걸으려 할 것이나 부유한 집에 태어날 경우 속칭 집안 재산을 말아먹을 자식이 될 것이다." [11]

후광이 두터워 부모가 물려준 재산이 많다. 그러나 도전 정신이

---

11 수민평의 "부유한 집에 태어날 수도 있다"는 해석은 일리가 있다. 영국의 찰스 황태자도 두풍이 형태의 귀를 가지고 있다.

없어 본인이 일구어 낸 업적은 없다. — 최형규

원숭이형 얼굴에 두풍이는 나쁘지 않다. 나는 274명의 원숭이형 얼굴을 가진 사람을 만났는데, 그중 113명이 두풍이였다. 이 113명 중에서 아버지의 사업 덕을 보거나 가산을 탕진한 사람은 5명뿐이었다. 그래서 나는 원숭이형 얼굴에 두풍이는 나쁘지 않다는 결론을 내렸다. — 린전

두풍이를 가진 사람은 평생 복이 없다. 그러나 호기심이 강하여 끝까지 파고든다. 그러나 대만의 경영의 신이라 불리는 왕융칭王永慶의 귀는 두풍이의 표준이 아니고 두풍이에 가깝다. 왕융칭은 목형木形의 얼굴이기 때문에 이런 형태의 귀를 꺼리지 않는다. 그리고 진정한 두풍이는 얇고 부드러워야 하는데 그의 귀는 그렇지가 않다. 그렇지만 그도 15세 이전의 생활이 힘들었다. 어려서 아버지 없이 어머니가 전적으로 교육을 시켰다. — 천시晨曦

음악적 재능이 뛰어나고 음악을 감상하고 비평하는 능력도 뛰어나다. 특히 신문기자들 중에 이런 귀를 가진 사람이 많다. — 린귀숭

주관이 강하여 다른 사람을 잘 믿지 않는다. 그래서 늘 반대 의견을 제시한다. 다른 사람의 시비장단是非長短을 아주 관심을 가지고 진지하게 듣는다. 이때는 두 귀가 신호를 접수한 레이더처럼 된다. 남자는 자신보다 나이 많은 사람과 결혼해야 되고, 여자는 최소한 5세 연상의 남자와 결혼해야 한다. — 리잉차이,『額耳玄機』

이 귀에 대한 현대 관상서의 해석을 정리하면 다음과 같다.

기자. 안테나가 발달했으므로 두풍이는 기자직에 적합하다.

두풍이에 약간은 반이 형태이고 가운데가 넓다. 활동력이 왕성하다.

주관이 강하고 고집이 세서 다른 사람의 말을 따르지 않는 경향이 있다. 무슨 일에든 호기심이 많아 끼어들기를 좋아하고 반응도 빠르다. 또한 앞에 나서길 좋아하고 자신이 초점의 대상이 되길 원한다. 안테나나 레이더 구실을 하는 소식통이기 때문에 정보에 빠르고 그것을 활용하는 능력도 뛰어나다. 따라서 이런 귀를 가진 사람은 종일 사무실 안에서만 일하는 직업보다 바깥에서 돌아다니며 일하는 직업이 더 적합하다.

귀의 상단부가 뾰족한 귀〔猫耳〕

귀의 상단부가 뾰족한 것은 동물 귀의 뾰족한 흔적이 남아 있음을 말한다. 직감력이 뛰어나고 경계심이 많다.

귀 위쪽이 뾰족할수록 그 비밀성과 파괴성은 더욱 강하다. 그래서 이런 사람은 알아맞히기가 쉽지 않다. 경계심도 심해서 오랜 기간 친구로 사귀기도 쉽지 않다. 이런 경계심은 안 좋은 유전성이나 일찍 아버지를 여의고 나서 자신을 보호해야 하는 상황에서 자신도 모르게 형성된 것이다. 후천적 노력으로 마음의 문을 열고 진심으로 사람을 대하면 그 고독한 운명을 바꿀 수 있다. ─ 수민평, 『相學全集』

둥근형 귀

귀의 형태가 둥글면서 두골에 붙어 있는 자는 예술적 재능이 있다. 소리를 듣는 능력이 뛰어나 작곡이나 지휘 쪽에 뛰어난 재능을 발휘할 수 있다. ― 수민평, 『相學全集』

기타 해석

귀의 색

기분이 좋을 때는 내분비의 영향을 받아 귀의 색은 홍윤紅潤한 색으로 변한다. 분노할 때는 얼굴이 홍색으로 변하고 귀가 적색으로 변한다. 여성이 성적인 수치감을 느낄 때는 귓불이 빨갛게 달아오른다. 치욕의 '부끄러울 치恥'자는 '귀 이耳'에 '마음 심心'을 더한 글자이다. 부끄러움을 느낄 때도 아주 붉어진다.

귀는 신장(콩팥)에 속한다. 한의학에서는 귀를 통해 신장의 형태를 알 수 있다고 한다. 귀가 튼튼하면 신장도 튼튼하다. 신장의 기능이 좋은 사람은 귀가 밝다. 신장은 오행에서 수水에 속한다. 그래서 신장의 기능이 좋은 사람은 지혜롭다. 귀의 색깔이 어두우면 신장의 기능이 좋지 않다.

소년의 귀가 크고 두텁다 해도 마치 때가 낀 듯이 어둡고 추한 꼴이면 부모가 경제적으로 어려움에 처해 있을 때이다. 이와는 반대로 마치 분가루를 칠한 듯 희뽀얗고 맑으면 부모의 생활은 날로 향상될 때이며, 자신도 이름을 날릴 때이다. 영화나 TV에 아역

으로 출연해 이름을 떨치는 소년·소녀의 귀 모양은 하나같이 희뿌얗다. ─ 최형규

『마의상법』의 '신이부神異賦'에서는 "귀가 얼굴보다 희면 조정과 재야에 이름을 떨친다[耳白過面, 朝野聞名]"라고 했다. 여기서 '희다'는 것은 혈색이 없는 색을 의미하는 것이 아니다.

주취에챠오는 이 색은 '분홍색'으로 보는 것이 적합하다고 했다. 리잉차이는 "귀의 색이 얼굴색보다 희고 윤택하면 이름을 멀리 떨치고 신용이 좋다. 귀의 색은 희고 윤택한 것이 가장 좋고 복숭아 빛깔(도홍색桃紅色, 백색+주홍색)이 그 다음으로 좋다. 귀의 색이 복숭아 빛깔이면 시운時運이 좋고, 기지機智가 넘치고 영리하다"라고 했다.

귀의 주름

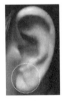

귓불의 주름

귓불에 사선의 주름이 생기면 심장병의 전조 증상으로 볼 수 있으므로 주의해야 한다. 인당 부위가 붉은색을 띠는지도 같이 살핀다. 수민펑은 좌측 귀의 사선은 유전성이고, 우측 귀의 사선은 후천성이라고 하였다. 당뇨병이 있을 수도 있다. 당뇨병과 심장병은 등위성等位性 질병으로서, 당뇨병이 있으면 심장은 필연적으로 손상을 입게 된다.

귀의 점

귓구멍에 털이 나 있으면 장수하고, 귓구멍 주변에 점이 있으면 좋지 않다. 귓구멍은 양식을 저장한 창고를 의미하고 귓구멍

의 점은 늘 나의 양식 창고를 훔쳐보는 소인배를 의미하기 때문
이다. 그러나 귓불의 점은 총명함을 나타내고 자식과 손자가 효
도한다. 리잉차이는 이륜의 윗부분과 가운데 부분, 그리고 귓불
에 있는 빛깔이 예쁜 점은 어떤 직업에 종사하든지 남다른 재주
를 발휘하는 좋은 점으로 해석하였다. 그러나 천따웨이陳大爲는
이륜에 점이 있는 것은 도로 위의 장애물을 의미하는 것으로 좋
지 않다고 했다.

풍당風擋

국내 관상서에서는 '풍당風擋'의 '擋(바람을 막
다)'을 '當'으로 잘못 표기하고 있다. 풍당의 크
고 작음은 그 사람의 명命이 순탄한지[順] 장애
가 있는지[哽]를 나타낸다. 아이의 풍당이 클수
록 키우기가 수월하다.

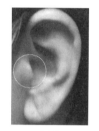

풍당

수민펑은 "풍당이 크면 책임감이 강함을 나
타내고 시간을 잘 지킨다. 풍당이 가늘고 크지 않으면 시간관념
이 약하고 본인 편의대로 한다. 풍당이 지나치게 커도 문제다. 주
관적으로 일을 처리해 본인이 좋다고 판단하면 다른 사람 의견을
듣지 않는다. 아랫사람이 그럴 경우 윗사람은 골치 아프다"라고
했다.

※ 귀에 대한 관상학적 해석을 더 많이 알고 싶으면 리잉차이
의 『액이현기額耳玄機』(2012, 圓方)를 참고하고, 귀의 질병에 관해
공부하려면 조혜경의 『귀건강상담학』(2006, 대청)을 참고한다.

4. 이마[額]

15~30세 – 이마의 유년 운세

이마는 15~30세까지 15년간의 운을 지배한다. 여기에는 부모운, 교육운, 유산운, 관운官運, 결혼운 등의 정보가 담겨 있다. 이 시기는 인생에서 가장 중요한 지식을 배우는 때로, 이후의 삶에 직간접적으로 영향을 미친다.

이마 유년도

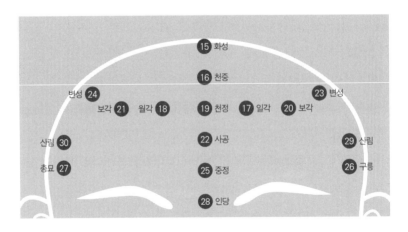

이마는 상하上下가 높고 좌우左右가 넓고 풍만하며 기색이 명윤明潤하고 어떤 흠이나 점도 없어야 좋다. 살집이 두텁고 평평하면서 매끄럽기가 간을 엎어 놓은 것 같아야 하고, 보각輔角과 천창골天倉骨이 솟아야 한다.

이마가 높은 사람

이마가 (상하로) 높은 자는 대체로 분석하고 추리하는 능력이 뛰어나다. 또한 비교적 객관적이어서 다방면의 의견을 잘 받아들여 분석한다. 이마와 눈썹 사이에 세 개의 손가락이 들어갈 정도의 높이면 표준이다.

이마가 낮은 사람

세 개의 손가락이 들어가지 않으면 이마가 낮은 것이다. 이마가 낮은 자는 분석 능력이 떨어지고 고집이 세다. 다른 사람의 의견을 잘 받아들이지 않고 자신만의 제한적 사고의 울타리 안에서 생활한다. 또한 일찍 사회에 발을 디딘다. 여성은 결혼운이 좋지 않아 일찍 결혼하고 일찍 헤어지기 쉽다. 감정적 혼인으로 인해 파란이 많다. 동갑이나 연하의 남자와 결혼하거나 늦게 결혼하는 것이 좋다.

이마 폭이 넓은 사람

이마 폭이 넓은 사람은 기억력이 뛰어나고 대체로 부귀한 집안에서 태어났을 가능성이 높다. 청소년기(10~16세 전후)의 운이 좋아 학업 성적도 대부분 뛰어나다.

이마가 높고 넓은 사람

이마가 높고 넓은 사람은 해외로 나아가 생활하는 데(유학이나 사업) 유리하고 환경에 잘 적응하고, 30세 이전에 일에서 큰 발전을 이룰 수 있다.

이마의 측면 폭이 넓은 사람

이마의 측면 폭이 넓은 사람은 지능지수가 높고 지성인이다. 임기응변이 뛰어나고 사고가 논리적이고 추리 판단 능력이 뛰어나다. 여성은 지나치게 일찍 결혼하면 결혼생활이 행복하기 어렵다.

이마가 넓고 태양혈이 풍만한 자는 대부분이 발제선과 눈썹꼬리 사이의 거리가 넓다. 귀 위쪽의 태양혈은 재테크를 의미하기 때문에 이런 이마를 가진 사람은 재테크에 뛰어나고 젊어서 대성大成한다. 만약에 앞이마가 아주 높지 않다면 그 사람은 개인의 물욕을 즐길 뿐 사회적 공익 활동에는 관심을 가지지 않는다. 높고 좁은 이마는 사상가, 이상주의자나 도덕주의자에게 많이 나타나는 형태이다. 생각이 고상하고 사회 활동 능력도 뛰어나다. 다만 좌우 태양혈이 관장하는 재테크에는 재능이 없다. ― 수민평, 『相學全集』

여성의 이마가 높고 네모반듯하고[方] 빛날 경우 사업운이 강하다. 그러나 혼인은 대부분 원만하지 않다. 이마가 빛난다는 것은 남편의 거울이 됨을 의미한다. 남편보다 능력이 뛰어나다 보니 종종 남편을 아래로 보게 된다. 이마가 높으니 활동력이 왕성하

이마의 측면 폭이 넓고 태양혈이 풍만하다.

복당福堂이 깎여 함몰되어 있다. 재테크에 약하다.

고 일이나 사업에 대한 의욕도 강하다. 그래서 현 상황에 만족하지 못하고 남편을 푸대접하기가 쉽다. ― 리잉차이李英才, 『額相大全』

이마 폭이 좁은 사람

이마가 폭이 좁으면 지력知力이 부족하고 고집스럽고 게으르다. 청소년기의 운이 별로고 체력도 보통이고 학문운 또한 보통이다. 중년이 되어도 노력을 해야만 운이 더해져 성과를 거둘 수 있다.

좁은 이마 중에서도 액각額角이 함몰되어 이마 윗부분이 좁고 아랫부분이 넓은 형상을 중국 관상서에서는 '두첨액착頭尖額窄'이라 표현한다. 중국 관상서에서 자주 쓰는 '額尖'이란 표현은 '額窄'와 같은 뜻으로 보면 된다. 복덕궁福德宮과 역마驛馬 부위가 좁아서 비스듬하게 깎인 형상도 이마가 좁은 것으로 간주한다.

남. 액각이 함몰되어 윗부분이 좁고 아랫부분이 넓은 형상

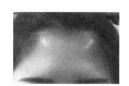
여. 이마 폭이 좁고 측면이 들어간 이마. 산림, 변지 부위가 깎여 빈약하다.

이마 가운데가 함몰된 사람

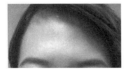

여. 이마가 지나치게 높고 가운데 사공司空 부위가 꺼졌다.

이마 가운데가 함몰된 사람은 청소년기의 운이 대체로 좋지 않다. 이마가 높고 넓어도 이것은 집안 출신이 좋다는 것만을 의미할 뿐, 성과를 내기는 어렵다.

17, 18세 – 일각日角, 월각月角

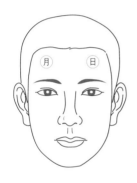

17, 18세에는 일각日角·월각月角을 본다. 이마 좌측의 튀어나온 부위를 일각이라 하고 우측을 월각이라 한다. 일각은 아버지를 나타내고 월각은 어머니를 나타낸다. 여자는 반대로 좌측을 어머니로 보고 우측을 아버지로 본다. 그러나 관상가들 중에는 이것이 적중률이 낮다하여 남녀 구분 없이 좌측을 아버지, 우측을 어머니로 보고 부모운을 판단하는 사람이 많다.[1]

포만飽滿하거나 약간 튀어나왔으면 이는 자신과 부모와의 인연이 좋고, 부모가 건강함을 나타낸다. 함몰되거나 지나치게 튀어나오거나 주름이나 점이 보이면 이는 모두 자신과 부모와의 인연

---

1 일각과 월각에 대해서는 고래로 여러 가지 설이 있다. 좌측을 일각, 우측을 월각이라 한다. 반대로 좌측을 월각, 우측을 일각이라 하기도 한다. 또 남자는 좌=일각, 우=월각이지만 여자는 좌=월각, 우=일각이다. 그러나 이러한 해석을 관상을 볼 때는 적용하지 않는다. — 장야오원張燿文, 『신상비급금면옥장神相秘笈金面玉掌』

이 약하고 부모의 건강이 그다지 좋지 못함을 나타낸다. 대부분의 사람들은 이마의 한쪽이 들어가거나 튀어나오고, 주름이나 점이 있다. 좌측에 결함이 있을 경우 아버지와의 인연이 없거나 아버지의 건강이 좋지 않고, 우측에 결함이 있을 경우 어머니와의 인연이나 없거나 어머니의 건강이 좋지 않다. 일각·월각이 포만하고 기색이 명윤明潤하면 17, 18세의 운세가 순탄하고 윗사람의 도움을 받을 수 있다.

일각 · 월각의 위치

관상서를 학습하다 보면 일각·월각의 위치가 이마 전체에서 특정 부위에 고정되어 있는 것으로 이해하기 쉽다.

① 부모궁父母宮은 이마의 천정天庭과 사공司空 부위 양쪽에 걸쳐 솟아 있는 뼈를 말한다. ─ 이정욱
② 일각은 천정의 좌측이고 월각은 천정의 우측이다. ─ 린궈슝
③ 부궁父宮은 이마 중간의 좌측에서 약간 위에 위치한 것으로 '일각'이라 하고, 모궁母宮은 이마 중간의 우측에서 약간 위에 위치한 것으로 '월각'이라 한다. ─ 위허팡

하지만 사람마다 일각·월각의 위치가 고정되어 있는 것은 아니다. 이마의 좌우상하의 폭과 형태가 서로 다르기 때문에 일각·월각의 위치도 달라질 수 있다. 얼굴 형태에 따라 표준적인 위치와 크기가 달라진다. 이 점에 있어서는 판삥탄范炳檀의 해석이 정확하고 자세하다.

일각·월각은 천정 부위의 바깥 측면이다. 약간 쏟은 둥근 뼈로 부모의 수명과 건강을 나타낸다. 그 밖에도 총명함과 사업의 성패, 혼인·애정의 좋고 나쁨, 자녀와의 인연 등을 나타낸다. 일각·월각이 천정天庭을 일직선상으로 해서 위아래로 기울지 않고 일치해야 한다. 그리고 양 눈동자 가운데에서 일직선으로 위쪽으로 그어 일각·월각의 위치가 눈동자 바깥으로 벗어나면 양 각의 거리가 먼 것이고 안으로 들어가면 양 각의 거리가 가까운 것이다. 약간 솟아오르되 뼈가 드러나지 않아야 된다. 지나치게 튀어나오거나 비스듬해 각이 없거나 꺼져서 평평함이 없으면 이는 모두 좋지 않은 것으로 해석한다. ─ 판뼹탄

일각과 월각의 거리가 멀다

일각과 월각의 거리가 지나치게 멀거나 튀어나온 것은 남녀가 모두 좋지 않다. 남자는 아내와 인연이 없어 이혼하거나 따로 떨어져 산다. 말년이 고독하다.

일각·월각이 발제髮際 부위에 가깝다

일각과 월각이 천중天中의 좌우에 위치하여 발제 부위에 아주 가깝다. 일각과 월각이 지나치게 위쪽에 위치하면 남자는 초년에 아버지를 극剋하고, 여자는 남편을 일찍 극한다.

일각·월각이 위아래로 차이가 크다

일각과 월각의 위치가 위아래로 현격히
차이가 나면 부모를 극剋하는 상이다. 천
중을 기준으로 일직선상에서 지나치게
낮은 각角은 흉凶함을 나타내고 먼저 형
극刑剋한다. 이마가 경사져 일각·월각이 없는 자는 일찍 부모를
여위거나 부모가 이혼한다. — 판삥탄,『駱駝相法秘笈』

다음 그림에서 천띵룽陳鼎龍이 규정한 일각·월각의 위치는 그
범위가 굉장히 넓어 거의 이마 전체를 가리킨다. 결국은 일각·
월각의 위치는 고정되어 있는 것이 아니라는 판삥탄의 견해와 일
치한다.

일각·월각의 위치에 대한 다양한 견해

천띵룽의 일각·월각 위치   小野十傳의 일각·월각 위치

일각·월각에 대한 관상가의 해석

일각·월각은 이마 정중앙이나 천정天庭 부위의 양 측면에 위치
한다. 일각·월각이 낮게 꺼진 형상이면 대부분 어려서 부모를
여의거나 초년에 부모가 이혼한다. 또한 부모 중 한 사람이 고향
을 떠나 타지에서 가정을 이룬다. 만약 이런 경우가 아니면 어릴

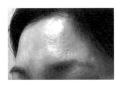

일각과 월각이 높게 솟고,
둥글면서 윤기가 난다.

때부터 어려움이 많거나 자주 아프다. —
리잉차이,『看面相之額相大全』

일각·월각이 지나치게 솟아 밤톨 같으면 부모에게 17~18세에 문제가 생기거나 본인의 학업운이 막힌다. 여자의 이마가 지나치게 발달하여 발제선이 높으면 양의 기운이 강하다. 여기에 일각·월각까지 발달하면 양의 기운이 넘쳐 남자 같은 성격으로 어린 시절에는 부모를 극하고 결혼 후에는 남편을 극하여 36~38세에 이혼할 수도 있다. 그러므로 여자는 일각·월각이 보일 듯 말 듯한 것이 좋다. — 이정욱

여성이 일각·월각이 지나치게 발달하면 지기 싫어하는 성격에 사업심事業心이 강하고, 결혼생활이 원만하지 않다. — 위허팡虞賀方

청소년의 얼굴에서 부모운을 판단할 적에는 일각·월각과 함께 귀 모양을 참작한다. 일각·월각이 잘생겼어도 귀 모양이 극도로 빈약하면(귀 위부분이 쪼그라졌거나 얇고 뒤집힌 귀) 부모 중 한 분은 14세 이전에 자신과는 인연이 없게 된다. 일각·월각만 발달하고 가장자리 복덕궁福德宮이나 천이궁遷移宮이 부실할 경우 부모가 장수한다 해도 실물 도움은 받지 못한다. — 최형규

20, 21세 – 좌우 보각輔角

『태청신감』에서는 천중天中의 가로줄 8자리 중에 7자리가 보각輔角이 위치한 자리로 규정하고 있다. 『상도비지相圖秘旨』에서는

"보각輔角은 일월각日月角 옆에서 일월日月을 보좌하기 때문에 보각이라 부른다"라고 했다.[2]

보각의 다른 명칭은 '보골輔骨'이다. 이 부위가 좋으면 타지에서 성공하고 귀인의 도움을 받는다. 이 부위가 좁거나 상처나 점이 있으면 외국 유학을 가서는 안 된다. 특히 30세 전이 더욱 좋지 않다.

22세 – 사공司空

사공司空은 고대 관직명이다.

23, 24세 – 좌우 변성邊城(변지邊地)

이 부위가 넓고 밝으면 해외 출장을 가도 일이 순조롭게 풀린다. 이 부위가 좁으면 해외지사로 파견을 나가거나 유학을 가도 여러 가지 어려움이 따르고 적응하기가 어렵다. 해외지사로 직원을 파견할 때는 변성邊城 · 역마驛馬 부위가 넓은 사람을 선택하는 것이 좋다.

---

2 그러나 주취에챠오는 『신이부神異賦』의 주석에서 말한 "눈썹머리 쪽이 보각 위치"라는 것을 근거로, 그리고 본인의 오랜 경험상 눈썹머리 바로 위쪽의 자리가 보각의 위치라고 단정하였다.

26, 27세 – 구릉丘陵 · 총묘塚墓

이 부위는 26, 27세의 운을 보는 것 외에도 조상 무덤 풍수의 좋고 나쁨을 본다. 이 부위가 뾰족하고 않고 눈썹과의 거리가 넓으면 소년기의 운이 좋고 용돈이 많다.

구릉丘陵은 좌측 눈썹꼬리 옆을 말하고, 총묘塚墓는 우측 눈썹꼬리 옆을 말한다. 이 부분이 부풀고 빛이 나면 조상의 음덕이 있음을 의미한다. 이 부위가 꺼진 사람은 결단력이 부족하여 발전할 가능성이 적다. ─ 린궈슝

28세 – 인당印堂

28세는 인당印堂을 본다. 미간(眉間, 양 눈썹 사이)을 가리키며, '명궁命宮'이라고도 한다. 양 눈썹 사이의 거리는 손가락 한 개 반이나 두 개, 혹은 눈 하나가 더 들어갈 정도의 거리면 넓은 것으로 간주한다. 양 눈썹 사이의 거리가 손가락 하나가 들어갈 정도가 안 되면 좁은 것이다.[3]

지나치게 좁으면 운이 늦게 찾아오는 것 외에도 자비심自卑心이 강하고 늘 우울하고 그릇이 좁고 많이 배워도 성과가 적다. 지나치게 넓을 경우에는 남녀의 운명이 다르다. 남자는 눈썹 사이의 넓이가 손가락 두 개 이상이면 마음이 넓고 시야가 넓고 도량

---

3 일부 관상서에서는 "양 눈썹 사이의 거리는 손가락 두 개가 들어갈 정도가 적당하다"라고 표현하고 있는데, 이것은 '넓은 것'으로 간주해야 한다. 일본 관상에서는 인당 부위를 명궁과 인당으로 구분하여 본다.

인당의 넓이에 대한 해석

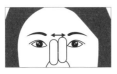

여자의 눈썹 사이 넓이가 손가
락 두 개 이상이면 우유부단하
고 남을 잘 믿어 손해를 본다.

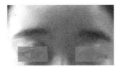

인당이 지나치게 넓다.

이마가 넓고 잘생겼어도 인
당에 큰 상처가 있으면 총명
해도 관운이 약하다.

이 있다. 여자는 우유부단하고 주관이 없고 다른 사람을 잘 믿어
늘 손해를 본다.

이마가 넓고 잘생겼어도 인당에 큰 상처가 있다면 총명해도 관
운이 약하다.

눈썹과 눈썹 사이가 좁다

결혼 초기가 좋지 않다. 30세가 지나서 결혼하면 장애가 없다.
눈썹과 눈썹 사이의 거리가 좁은 사람은 작은 일(원칙)에 집착을
잘 한다. 연미連眉처럼 심하지는 않지만 생각을 쉽게 떨쳐 버리지
못한다. 업무상 기분이 좋지 않았던 일을 집에까지 가져가므로
가정생활에도 영향을 미친다. 정서적인 측면에서도 쉽게 흔들리
며 자극을 쉽게 받아 충동적으로 일을 처리할 가능성이 있다.

눈썹과 눈썹 사이가 넓다

눈썹과 눈썹 사이가 넓은 사람은 낙천적이다. 일 처리도 작은
것에 얽매이지 않고 잘 따지지 않고 어려움에 부딪쳐도 자신을
풀어줄 줄 안다. 그러나 집안의 자질구레한 일은 못하기 때문에
거실이 어지럽다.

눈썹 사이가 지나치게 넓으면 성격이 유순하고 일 처리에서도

꼬치꼬치 따지지 않는다. 성취욕이 부족하고 대강대강 해치우려는 심리가 있다. 인간관계에 있어서도 판단력이 다소 떨어져서 다른 사람을 쉽게 믿는다. 성이 개방적이다.

현침문懸針紋

현침문이 산근山根까지 이어지면 매우 좋지 않다.

바늘 같은 깊은 선이 수직으로 인당을 지난 것을 말한다. 형극刑剋의 기호로, 아버지와의 인연이 없고 초년운이 불우하며, 어떤 일이든 일반인들에 비해 힘들다.

목형木形인 사람에게 현침문은 그다지 해가 되지 않고 사업에 장애가 되지도 않는다. 그러나 다른 오행격의 사람에게는 큰 장애가 된다. 그렇지만 목형인 사람도 일이 힘들고 바쁘게 일해야 하는 것은 마찬가지다. 인당의 현침문이 길어 산근山根을 지나면 감옥살이의 재앙이 있다.

현침문이 있는 사람은 고집이 있고 의지가 강하고 좋고 미워함이 분명하고 자아 관념이 강하고 좋을 때와 싫을 때의 감정이 강렬하고 잘난 체한다. 대인 관계가 원만하지 않고 관재수가 있기 쉽다. ─ 리잉차이, 『額耳玄機』

여성이 선명한 현침문이 있으면 이혼할 수도 있다. 부부 사이가 좋아도 난산의 고통을 겪을 경우에는 가늘고 선명하지 않은 현침문이 생길 수도 있다. 현침문에 대한 해석이 여러 가지 있을 수 있지만 남녀를 막론하고 선명하지 않은 현침문이 있으면 일생을 일에 얽매여 바쁘게 사는 것은 분명하다.

현침문이 뚜렷한 인물 중에 독립운동가 조봉암曹奉岩 선생이 있다. 그는 상하이에서 독립운동을 하다가 일본 경찰에 체포되어 국내로 송환되었다. 신의주 형무소에서 7년간 복역하고 출옥하였고, 출옥 후 지하 노동 단체를 조직, 비밀리에 활동하다가 다시 검거되어 수감 생활을 했다. 해방 후 대한민국 건국에 참여하

독립운동가 조봉암 선생

였으며 농림부장관과 국회 부의장을 역임하였다. 진보당 사건에 연루되어 사형선고를 받고, 교수형을 당하였다.

29, 30세 – 좌우 산림山林

산림山林의 위치는 관상가마다 다르다. 리잉차이는 눈썹 위, 이마 양 측면의 발제(髮際, 머리카락)에서 가까운 쪽이 산림이고 바로 인접한 안쪽을 구릉丘陵·총묘塚墓의 위치로 보았다. 수민평은 눈썹꼬리 옆이 산림이고, 산림 위쪽을 구릉·총묘의 자리로 보았다. 린궈슝은 "산림의 정확한 위치는 귀 위쪽 반 인치 발제가 꺾이는 지점, 즉 구릉·총묘 바로 위라고 했다. 고대 관상에서 말하는 '천창天倉' 부위에 해당한다. 산림은 큰 산이고, 구릉·총묘는 작은 산이다. 큰 산은 반드시 작은 산 위에 자리하니 산림은 구릉·총묘 위쪽에 위치한다. 이 부위가 포만하면 기억력이 좋고, 꺼지면 기억력이 나쁘다"라고 했다.

산림山林은 좌우 4개의 큰 창고(좌우 지고地庫 포함) 중 하나로 '30세 전의 재백궁財帛宮'이라고도 한다. 이 부위(태양혈)가 포만하다는 것은 재물을 축적하는데 뛰어나고 치밀하게 계획하고 계산한다는 것을 의미한다. 이 부위가 지나치게 포만飽滿하면 돈을 모을 줄만 아는 수전노이다. ― 수민평,『相學全集』

산림山林은 변지邊地, 교외郊外 등 별칭이 많다. 천창天倉 위(액각額角의 가장 위쪽, 발제 경계 부분)에 위치한다. 산림은 원래는 발제 부근의 머리카락이다. 머리가 무성하게 자란 것을 본떠 산림이라 이름 지었기 때문이다. 그러나 관상에서는 머리카락이 아닌 이마 가장자리 쪽이다. 산림이 풍만하고 넓다는 것은 속이 탁 트였다는 말이다. 산림과 변지가 결함이 있는 사람은 선천적으로 잠재된 우울증을 지니고 있다. 일 처리에서 자신감이 부족하고 자책하며 심리적으로 건강치 못하다. 변지에 결함이 있는 사람은 문제가정에서 태어났고 결혼생활 또한 원만하지 못하고, 30세 이전까지 사업운은 굴곡이 많다. ― 리잉차이,『額耳玄機』

이마의 형태와 해석

네모 이마〔方額〕

발제가 가지런하고 보각輔角 · 변성邊城 부위가 넓어 사각형 형태를 띤다. 대체로 부유한 가정에서 태어난 사람에게 네모 이마가 많다. 생각이나 행동이 현실적이고 공상에 빠지지 않는다. 구조적인 물건을 좋아하여 기계부품 조합과 같은 일에는 천부적인 재능이 있어 엔지니어로 손색이 없다. 여성이 이런 이마를 가졌으

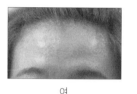
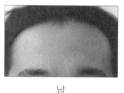

여   남

면 비교적 현실적이고 두뇌가 명석하고 남편보다 뛰어날 수도 있다. ㅡ 수민펑, 『相學全集』

양성陽性으로 실사구시實事求是의 성격을 가지고 있다. 남성은 일에서는 조금도 빈틈이 없다. 다만 지나치게 보수적이어서 변통을 잘 못한다. 명예와 재물 중 재물 쪽에서 중년 들어 운이 좋지만 명예를 얻을 기회는 많지 않다. 여성은 배우자 운이 약하고 직장 여성이 많다. 성격이 지나치게 강경하여 배우자에 맞서 물러나지 않는다. 남녀를 막론하고 네모 이마는 낮고 좁아서는 안 된다. 낮고 좁은 사람들 중에는 신경질적인 사람이 많다. 속이 좁고 시야가 좁아 큰 그릇이 못 된다. ㅡ 리잉차이, 『額耳玄機』

네모 이마의 여성은 주관이 강하다. 남편운이 약하므로 늦게 결혼해야 한다. 귀가 얇아 남자의 달콤한 말을 잘 믿고 끝까지 사랑한다. ㅡ 린궈슝

둥근 이마〔圓額〕

남성의 둥근 이마는 부귀의 상징이다. 또한 예술적 재능이 있다. 예술 직업에 종사하지 않아도 예술과 아름다운 사물에 늘 집착한다. 여성은 업무 능력, 그중에서도 특히 예술 방면의 능력은 출중하나 애정 방면에서는 원만하지 못해 이혼할 가능성이 많다. 결혼 당시에는 남편이 부유해도 결국은 재산도 날리고 사람도 떠난

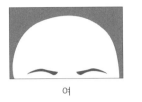

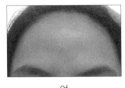

여 　　　　　　여

다. — 수민펑, 『相學全集』

둥근 이마는 이마와 발제의 경계 부위가 호형弧形으로 이마가 높고 풍만하며, 여성에게 많은 형이다. 지혜롭고 진취적이고 사회적 지위와 어느 정도의 부富를 지닌다. 하지만 애석하게도 원만한 결혼생활을 지속하기가 어렵고 결국은 대부분 헤어진다. 남성이 이런 이마 형태일 경우 대부분 부유한 가정에서 태어났지만 마찬가지로 결혼생활은 끝까지 유지하기 어렵다. — 수민펑, 『觀相知人』

일명 '과부액寡婦額'으로, 이 이마는 발제 부위가 반달형이다. 여성은 첫 번째 결혼이 오래 유지되지 않고 재혼하기 쉽다. 여자는 독립해서 생활한다. 남성은 인품이 있고 정직하지만, 결점은 웅대한 포부가 없다는 점이다. — 리잉자이, 『額耳幺機』

남성보다 여성에게 적합한 이마이다. 타인을 배려하고 일 처리가 중용적이며 미를 추구한다. 남성은 원하는 것이 많고 허풍을 떠는 경향도 있다. 일 처리에서도 가치 없는 일에 매달리다 기회를 놓친다. — 빠이허밍白鶴鳴, 『原來面相咁簡單』

튀어나온 이마〔凸額〕

주관적이고, 성격이 급하여 마음먹은 것은 금방 실행에 옮겨야 하고, 다른 사람의 잘못을 보면 바로 지적한다. — 빠이허밍, 『原來面相咁簡單』

여. 넓고 살이 두터운 이마. 이마는 살이 두터워야 좋다.

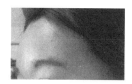

여. 둥글고 풍만하지만 튀어나오지 않은 이마.

여. 이마가 둥글면서 약간 튀어나왔다.

여. 이마가 지나치게 튀어나왔고 천중天中이 꺼졌다.

적극적이고 사교성이 뛰어나고 친절하다. 여성은 고집이 세고 늦게 결혼한다. ― 미야자와 미치宮澤美智

사고력, 이해력, 분석력이 뛰어나고 반응이 빠르다. 약간 급한 성격에 기억력이 뛰어나고 상상력이 풍부하다. 창작 표현에 재능이 있고 다소 오만하나 윗사람이나 귀인의 도움을 받는다. ― 청타오成濤

이마가 둥글고 튀어나온 사람은 창조성이 풍부하고 문학 기질이 있고 기억력과 상상력이 뛰어나다. 전문가나 학자가 될 수 있다. 대인 관계가 좋고 부모와 윗사람의 도움으로 자신의 일을 개척할 수 있다. ― 천저이陳哲毅

앞이마가 튀어나온 사람은 성격이 급하고 일 처리가 시원스럽고 빠르다. 총명하나 이기적이다. 여성의 이마가 돌출되면 양기가 지나치게 왕성하여 반드시 남편을 극剋[3]한다. 남성이 이러한 이마이면 사업에서 큰 성과를 내기가 어렵다. 여성은 반대로 총명하고 재간이 있고 사업에서 성과를 낸다. 여장부 타입이다. 그러나

결혼생활은 순탄치가 않다.[4] — 판뼁탄

낮은 이마

이마의 발제 부위에서 눈썹 부위까지의 사이가 좁다. 이런 사람은 지력智力이 떨어지기 때문에 사고하고 분석하는 일에 종사해서는 안 된다. 육체노동 쪽이 적합하고 전문적인 기술 계통의 일을 배우는 것이 좋다. 전문적 기술이 있을 경우 일생이 편안하고 40세 이후에 발전하지만, 그렇지 않을 경우 40세 이후의 삶이 갈수록 힘들어진다. 또한 아버지와의 인연이 없고 일찍 사회에 발을 디디고 30세 이전의 운이 순탄치 않다. — 수민평, 『觀相知人』

이마가 지나치게 낮은 사람은 우울증에 걸리기 쉽고 30세 이전의 운이 순탄치가 않다. — 리잉차이, 『額耳玄機』

이마가 낮고 폭이 좁고, 관록궁이 꺼져 있다.

---

3 고대 관상에서는 '극剋' 자를 안 좋은 것으로 인식하였다. 극剋은 '구박하다', '들볶다'의 뜻으로 강함과 부드러움이 조화를 이루지 못하고 의견이 부딪치고 성격이 맞지 않음을 나타낸다. 그러나 달리 보면 극剋하는 상相의 여성은 '개성이 강함'을 나타낸다. 그래서 지기 싫어하고 남편을 지배하려는 경향이 있다. 남편 되는 사람은 아내가 최고라고 인정만 해 주고, 아내 또한 상생을 위해 노력한다면 '극剋'을 '조助'로 바꿀 수 있다.

4 수민평은 『상학전집相學全集』에서 "이마가 튀어나온 사람은 생각이 느리고 어떤 한 가지 일을 결정하는데 일반인보다 더 많은 시간이 걸린다. 그러나 기억력이 뛰어난 장점을 가지고 있다. 이마가 튀어나온 여성의 기억력은 남성을 훨씬 능가한다. 오래 전의 사소한 일도 기억한다. 또한 공상에 잘 빠져 일에서는 그다지 현실적이지 못하다"고 했다. 실제로 둥글면서 튀어나온 이마를 가진 여성은 평소 성급하게 결정을 내리면서도 때론 어떤 한 가지 일을 가지고 오래 생각하는 경향이 있다.

경사진 이마

이마가 뒤로 경사지고 미골眉骨이 튀어나온 형태이다. 남성에게 경사진 이마가 많다. 생각이 빠르다. 그러나 생각만 빨라서는 안 되고 행동이 받쳐 주어야 성공한다. 경사진 이마의 사람 중에는 턱이 앞으로 나온 사람이 많다. 턱이 앞으로 나온 것은 행동이 느림을 의미한다. 빨리 생각하고 천천히 행동에 옮기기 때문에 정상적이라 할 수 있다. ― 수민펑,『相學全集』

모험 정신이 뛰어나기 때문에 '모험가의 이마'라 칭한다. ― 빠이허밍,『原來面相咁簡單』

고집이 세고 과단성이 있다. 모험심과 창업성이 강하여 일에서는 경쟁력이 있다. ― 천저이

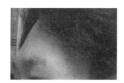

경사진 이마를 가진 사람은 대체로 미릉골이 발달했다. 초년운이 좋지 않고 부모와의 인연이 약하다.

미릉골이 발달했다. 추진력이 강하고 관찰력이 뛰어나다.

쪽박 이마

액면額面이 바가지 면을 닮았다 하여 이름 지은 것이다. 거기에 '복이 없다'라고 한 것은 이마 가장자리 복덕궁이 얼굴 측면으로 빗겨나 복덕궁 부재 현상이 빚어졌기 때문이다. 여성이 이런 이마를 가졌으면 머리는 영리하나 복이 없다. 가난을 벗어나기 어렵고 월말부부로 남편과의 동거 기회도 빼앗긴다. 몸은 건강하고 효성이 지극해 삶이 고달파도 부모를 각별히 섬긴다. 이마 가장

자리가 빗겨나 이마 가운데 부분만 발달하였다. — 최형규

　이마가 좁아도 살집이 두터우면(특히 사공과 중정 부위) 복록이 있어 사는 데 지장이 없다. 이마 중에서도 특히 관록궁 부위는 배우자 운을 판단하는 중요한 근거가 된다. 관록궁이 깨끗하고 명윤明潤해야 좋은 배우자를 만날 수 있다. 리잉차이는 지나치게 높고 튀어나온 이마를 '배우자를 비추는 거울[照夫鏡]'이라 했다. 이런 이마의 사람은 현실에 만족하지 못하고 특히 다른 사람과 비교하길 좋아한다.

　이마가 지나치게 높은 여성은 전업주부보다는 바깥에서 일하는 것이 더 적합하다. 그리고 성격이 오만하고 대부분 성욕이 강하다. 남성은 남에게 지기 싫어하고 뇌를 많이 사용하여 정서적 파동이 크다.

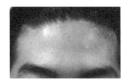

여. 이마가 지나치게 높다. 생각이 많고 감정 기복이 심하고 배우자를 극한다.

남. 이마의 좌우 폭이 좁고 양쪽 측면(사공 부위의 가로면 전체)이 꺼졌다.

　이마뼈가 둥글게 나와 있는 여성은 임기응변과 사교에 뛰어나고 친구가 많다. 여기다 큰 눈을 가졌으면 더욱 영민하다. 다만 결혼운은 좋지 않다. 이마는 '남편을 비추는 거울[照夫鏡]'이기 때문이다. 변화를 좋아하고 편안한 생활에 안주하지 않는다. 결혼 후 1~2년간은 부부 간에 냉전이 있다. — 리잉차이, 『額耳玄機』

　이마뼈가 둥글게 나온 남자는 초년운이 굴곡이 많다. 기억력이

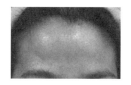

여. 이마뼈가 둥글게 나왔다.　　　남. 이마뼈가 둥글게 나왔다.

비상하다. 장수하나 평생 고독하다. 결혼을 해도 해로하기 어렵다. — 리잉차이, 『額耳玄機』

이마의 주름

이마의 주름을 볼 때 위의 첫 번째 주름[천문天紋]은 본인의 운세와 윗사람과의 관계를 나타내고, 가운데 주름[인문人紋]은 건강과 재운을 나타내고, 아래 세 번째 주름[지문地紋]은 가정운과 아랫사람과의 관계를 나타낸다. 주름은 길고 곧게 뻗어야 좋고, 짧거나 끊어지면 좋지 않다.

이마에 세 개의 끊어지지 않은 선명한 주름이 있는 사람은 대부분 지식인으로 생각이 주도면밀하고 한 번 훑어본 것은 잊어버리지 않는 재능이 있고 중년에 가서 운이 좋아진다. — 리잉차이, 『額耳玄機』

대체로 아버지와 인연이 없고 청소년기의 운이 좋지 않다. 일찍 사회에 발을 내디뎌야 한다. 눈썹과 눈이 잘 갖추어져야만 30세

아래로 세 번째 주름이 끊어져 있다. 가정운과 아랫사람과의 관계가 좋지 않음을 의미한다. 머리가 총명하고 학문적 성취를 이루지만 늘 삶이 고달프고 어렵다.

어느 은행장의 이마. V자 무늬(기러기 무늬). 귀하고 공명을 구함에 유리하다.

이후에 창업할 수 있다. ― 수민평, 『相學全集』

미인첨美人尖

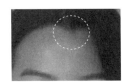

이마 한가운데 발제 부분이 닭부리처럼 뾰족한 형상을 미인첨美人尖[5]이라 한다. 미미한 미인첨은 운명에 영향을 미치지 않으나 모양이 크고 두렷한 금계탁인(金鷄啄印, 닭부리로 인당을 쪼는 형상)은 확실히 좋지 않다. 이 부위는 15세 화성火星에 해당하며 학업에 영향을 받는 때이다. 산림山林에 기운이 있고 금계탁인이면 부자집 자제로 노는 걸 좋아하여 학업 성적이 좋지 않고 유급할 수도 있다. 산림이 꺼지고 금계탁인이면 집안의 형세가 기울어 학비를 댈 여유가 없다. 학업을 중단하고 일찍 사회생활을 할 수밖에 없다. 공부를 계속한다 해도 독학을 하거나 낮에는 일하고 야간 학교를 다녀야 한다.

화성과 인당 사이에 위치한 천중, 천정, 사공, 중정은 초년운에 중요한 영향을 미치는 부위로, 부모, 상사上司, 직업 등을 관장한다.

---

5 여성의 얼굴에 이러한 형상이 있으면 외관상으론 예쁘기 때문에 '미인첨美人尖'이라 부른다.

이들 부위가 닭부리에 쪼인 형상이면 이
는 반항심이 강함을 나타낸다. 성격이 집
요하여 부모에게 대든다. 여자의 경우는
연인이나 남편에게 엄격하고, 다른 사람

여

의 사소한 잘못도 흠잡으려 하고 이유 없이 화를 낸다. 가시 돋친
장미의 형상이다. 또한 인당은 소원을 이루는 궁宮인데 이것이 쪼
이니, 이는 무슨 일이든 실현하기 어려움을 나타낸다. 미인첨美人
尖은 크고 뚜렷할수록 좋지 않다.[6] ― 주취에챠오

남녀를 막론하고 미인첨美人尖은 아버지와의 인연이 약하다. 소
년기의 운이 좋다 해도 청년기까지 이어가기 어렵다. 28, 29세는
인당의 운이 지배하므로 순탄하지 않다. 30세 이후에 새로운 길
을 찾을 경우 재기할 수 있다. 또한 남녀를 막론하고 성격상 집착
성이 좀 있다. 미인첨의 이마는 (위아래가) 좁을수록 발제의 뾰족
한 부분과 인당의 거리가 가깝기 때문에 장애가 많고 학업을 중
단할 가능성이 높다. ― 수민평, 『觀相知人』

화성구火星區. 마치 화산구의 모양과 같
다 해서 '후지산 이마'라고도 한다. 이
후지산 이마는 닭부리 모양의 이마보다
운이 더 좋지 않다. ― 주취에챠오

후지산 이마

남녀를 막론하고 미인첨이 있는 사람은 두통 증세가 있고 승부

---

6 이정욱은 '참치參差'라는 용어를 사용하여 다음과 같이 해석했다. "여자는 아버지와
인연이 없고, 반항심이 많아 남편에게 대들며, 손윗사람에게 반항을 잘하며, 사회에
대한 비판적 성향을 가지고 있다. 야당성 성향에 무신론자가 많다." 미인첨에 대한 해
석은 맞지만 이 '참치'라는 용어는 적합하지 않다. 참치 모양이란 '巖巇額암참액'을 말
한다.

욕이 강하고 호기심이 많고 관심 분야에는 적극적이다. 개운법으로 뾰족한 머리카락을 뽑거나 깎아 주는 것이 좋다.

암참액巖巉額[7]

'액각암참선상부額角巖巉先喪父'라는 관상 고서의 표현을 보면, "이마 모서리가 가지런하지 않으면 아버지를 먼저 여읜다"라고 했다. 이런 이마는 아버지와의 인연이 약하여 생사이별하거나 아버지와 의견 충돌이 있을 수도 있다. 또한 15~19세까지의 학업운이 좋지 않고, 30세 전까지는 열심히 일해도 성과를 거두기 어렵다. 눈썹 · 눈 · 관골 · 코가 잘 갖춰져 있으면 중년에 성과가 있으나, 눈썹이 흩어지고 안신이 없고 코가 작으면 일생 동안 성과가 없다. 게다가 이마가 낮으면 매사에 고집이 강해 일생 동안 시간을 사소한 것에 소비한다. 여성이 이러한 이마를 가지고 있으면 아버지를 그리워하는 마음으로 인해 커서도 자신보다 나이가 훨씬 많은 남자를 좋아하게 된다. 나이가 10세 연상인 남자나 연하의 남자가 좋다. 일찍 결혼할 경우 이혼하기 쉽다. ― 수민평

고대 상법의 해석인 '액각암참선상부額角巖巉先喪父'를 지금의 상법에서는 부모를 잃는 상으로 봐서는 안 된다. 대체로 부모 중 한쪽이 병이 잦거나 부모의 도움을 받지 못하는 것으로 해석해야 한다. 여성이 이마 모서리가 가지런하지 않으면 남편과 마찰이 많아 결혼생활에 영향을 미친다. 발제가 가지런하지 않으면 정신적으로나 육체적으로 힘들고, 늘 좌절이 있고 부모를 극剋한다.

---

7 '참암巉巖'은 '깎아지른 듯이 높이 솟은 바위'를 뜻한다. '巖巉'으로도 표현하고, '巉'자 대신에 '巚'자를 사용하기도 한다. '참치부제(參差不齊, 고르지 않아 가지런하지 않음)'라고 표현하기도 한다.

암참액의 여러 형태

  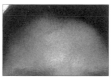

남 여

발제에 잔털이 있으면 성격이 완강하고 고집이 세서 부모를 극한
다. ─ 리잉차이, 『額耳玄機』

액각額角의 잔털〔寒毛〕

이마가 좁으면 15~20세까지의 운이 좋지 않다고 볼 수 있다.
액각額角의 자리에는 산림山林·변지邊地·종묘冢墓·구릉丘陵 등
이 있다. 이곳 부위는 조상의 묘를 상징한다. 일부 관상가들은 액
각에 잔털이 생기는 것을 "고향에 돌아가 조상의 묘를 돌봐라.
묘에 잡풀이 무성하거나 묘가 허물어져 있으면 앞길에 영향을 미
친다"의 의미로 해석하였다. 고향에 가서 묘제를 지내고 나면 효
험이 있다.[8]

액각의 잔털로 초년운을 보는데, 그중에서도 특히 부모와의 인연
이 박함을 본다. 여기서 '인연이 박하다'의 의미 해석은 부모 중
한쪽이 일찍 돌아가신다, 부모가 이혼하여 자신은 부모 중 한쪽
과 이별한다, 양자로 들어간다 등 폭넓다. 관상을 볼 적에 어느
것이 맞는지는 얼굴의 다른 부위를 참조해서 판단한다. 왜 액각
의 잔털로 부모와의 관계를 판단하는지는 설명하기 어렵다. 아마

---

8 김현남은 이마의 화성火星 주위에 짙은 색이 끼어 있으면 조상의 묘에 가서 제사를 지
내고 나면 이 짙은 색이 없어지고 운도 좋아진다고 했다.

액각의 잔털

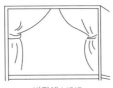

방장액方帳額

여

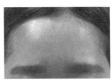

여

도 통계와 경험의 축적일 것이다. ― 주취에챠오

주취에챠오는 '한모생각(寒毛生角, 이마에 잔털이 생기다)'에 또 다른 명칭인 '방장액方帳額'을 부여했다. 이마 모양이 침대 양쪽의 사방 모기장 같기 때문이다. 방장액 이마를 가진 여성은 어머니의 순탄치 못한 결혼생활을 보고 자라 무의식중에 본인의 결혼생활도 그러하리라고 생각한다.

수민평은 '봉모액鳳毛額'이란 용어를 사용하면서 다음과 같이 해석했다.

"여성이 어린 시기에 액각에 잔털[봉모鳳毛]이 있으면 정상적이다. 그러나 16세 이후에도 잔털이 있다면 좋은 현상은 아니다. 늦게 결혼하지 않으면 이혼을 피하기 어렵다. 그렇지만 애석하게도 이런 이마를 가진 여성은 대부분 일찍 결혼하는 경향이 있어 숙명을 피해가기 어렵다. 남성이 이런 이마를 가진 경우는 드물고, 설사 있다 해도 특별한 영향을 미치지 않는다."

M자 이마
액각이 높고 넓어서 M자 형태를 띠며, 분석 능력이 다른 이마

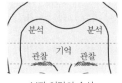
M자 이마의 속성

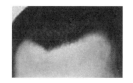
M자 이마

형태에 비해 뛰어나다. 예술적 감각이 있다. 이런 이마를 가진 사람은 대부분 사회에서 일정한 지위를 지니고 있다. 일생 동안 도화가 많다. 남성에게 많으며, 여성에게는 드물다.

남성은 일반적으로 미릉골眉骨이 튀어나왔는데, 이는 관찰력이 뛰어남을 의미한다. 또한 액각이 높고 넓으면 분석 능력이 뛰어나다. 여성이 이마 가운데 부위가 풍만하면 기억력이 남성에 비해 뛰어나다. M자 이마 형태에다 관찰 부위와 기억 부위가 좋으면 전문 분야에서 두각을 나타낼 수 있다.

M자 이마는 대부분 후천적으로 나이가 들어서 형성된다. 액각 부위의 머리카락이 빠져 넓어지는 것은 좋은 운이 오기 시작했음을 의미하고 사업에 발전이 있음을 의미한다. 그러나 정수리의 머리카락이 빠지는 것은 운세에 도움이 되지 않는다. 혹자는 운이 쇠퇴함을 의미한다고 하지만, 이것만 가지고서는 운이 쇠퇴한다고 단정할 수 없다.

이마가 넓고 크다. 액각인 천이궁遷移宮의 위치 또한 둥글고 넓다. 이런 이마는 사교 능력이 뛰어나고 친구 간의 정의情義를 중요시한다. 또한 새로운 사물에 대한 탐색과 연구를 좋아하고 창작력이 풍부하여 예술적 재능을 지닌 이마로 간주한다[M자 이마. 홍콩 영화배우 쩡즈웨이曾志偉]. ― 리잉차이,『額耳玄機』

M자 이마의 여성은 주관이 강하다. 결혼운은 좋은 편은 아니다.
― 린궈슝

여성이 M자 이마에 미인첨일 경우 고생하며 늘 바쁘게 산다. 남편과는 의견이 맞지 않아 다투거나 이혼하지 않으면 서로 따로 떨어져 산다. 자식을 방[妨, 세대 간의 갈등]한다. 고독한 운명이지만 사업심事業心은 강하다. ― 판삥탄

입벽형立壁形 이마

이마가 수직으로 평평하다. 튀어나오거나 함몰된 곳이 없다. 남성은 이마가 넓고 사각형이다. 흉터나 점이 없다. 평생 운이 좋고 부모는 장수하고, 처자식 모두 복록福祿이 있다. 그러나 여성은 이마가 지나치게 높거나 넓거나 네모나면 안 된다. 그럴 경우 남편을 剋한다. 일생 동안 삶이 빈궁하고 순탄치가 않다. ― 판삥탄

입벽형 이마

연구심이 왕성하다. ― 김현남

5. 눈썹[眉]

31~34세 - 눈썹의 유년 운세

눈썹은 31세에서 34세까지의 운을 나타낸다. 눈썹머리는 연인 간의 감정을 보는 곳이고, 눈썹꼬리는 형제나 친구 간의 감정을 보는 곳이다. 또한 눈썹은 심리 상태를 반영한다. 이전에는 눈썹 으로 형제 수를 판단했지만 현대사회에서는 대인 관계로 보기도 한다. 인기 있는 강사나 연예인들을 보면 대체로 남녀 모두 눈썹 이 수려하다.

눈썹 유년도

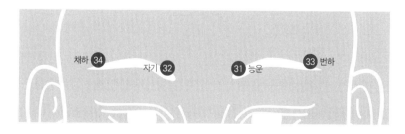

눈썹의 유년도에서 31세 '능운凌雲', 32세 '자기紫氣'는 기색을

의미한다. 능운은 윤백潤白의 기운을 띤 것을 말하고, 자기는 분색粉色을 띠면서 윤택한 것을 말한다. 33세 '번하繁霞'와 34세 '채하彩霞'는 운하雲霞처럼 아름답고 빛남을 의미한다. 이를 통해 알 수 있는 것은, 눈썹의 형태가 어떻든 그리고 눈썹이 희박하든 진하든 가장 중요한 것은 눈썹이 광채를 띠고 있어야 한다는 점이다.

눈썹 간의 거리와 높낮이

눈썹과 눈썹 사이의 거리가 좁을수록 그만큼 집착성도 강하다. 그러나 그 정도가 연미連眉처럼 심하지는 않다. 이런 사람은 사소한 일이나 원칙에 얽매여 잘 벗어나지 못한다.

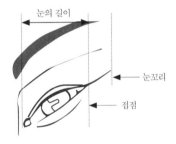

눈썹이 눈의 길이를 넘어섰다. 이때 눈의 길이 기준점은 눈꼬리 어미선 쪽이 아니라
그 안쪽의 눈의 위아래가 이어지는 접점을 말한다.

좌우 눈썹의 높낮이가 현저히 차이가 날 경우 친부모가 아니거나 배다른 형제일 수가 있다. 눈썹운(31~34세)에서 운세 굴곡이 심하다. 눈썹이 긴 사람은 판단이 느리지만 심사숙고한다. 눈썹이 짧으면 형제 수가 적다는 해석은 현대사회에서도 여전히 유효하다. 눈썹이 눈보다 짧으면 형제 수가 적고, 눈썹의 길이가 눈의 절반 정도에 이르면 대부분 독자이거나 형제가 없다. 있다고 해도 서로 왕래하지 않는다.

눈썹의 여러 형태와 해석

굵은 눈썹

'눈썹이 굵다[粗]'라는 표현에는 눈
썹 형태가 굵은 것과 눈썹털이 굵은(뻣
뻣한) 것의 두 가지 의미가 있다. 눈썹
이 거칠면 마음도 거칠어 섬세함이 부

눈썹 형태도 굵고 눈썹털도 굵
다.

족하고, 눈썹이 연하면[幼] 마음도 가늘어 정교함을 요구하는 일
을 잘한다. 눈썹은 연한데 눈썹 형태가 굵으면 아주 세심한 사람
으로 향유형享有形이 많다. 눈썹은 굵은데 눈썹 형태는 굵지 않은
사람은 세부적인 것에 얽매이지 않고 전반적인 분석에 뛰어나고
결단력이 있다. 눈썹과 눈썹 형태가 모두 굵은 사람은 성격이 급
하고 꼼꼼하지 못하다. 이런 눈썹의 남자는 눈에 안신이 있고 흑
백이 분명해야 남자다운 기질이 있다. 그렇지만 눈썹이 굵은 남
자의 대부분은 눈에 안신이 없고 겁이 많다. 여성이 눈썹이 거칠
면(가늘고 부드럽지 않으면) 고집이 세고 승부욕이 강하여 일에서는
남자 못지않다.

짙은 눈썹〔濃眉〕

자존심이 강하고 체면을 중시한다. 야
심이 커서 눈앞의 성과에 만족하지 못
한다. 책임감이 강하고 모든 일을 직접
해야 한다. 계획을 지나치게 많이 세워
감당을 못하고 궁극에는 일에 지장을
초래한다. 조급한 성격에 준비가 부족해

일에 착오가 생길 수도 있다.

옅은 눈썹〔薄眉〕

눈썹이 옅은 것은 관상에서 영향을 미치지 않는다. 옅되 중간에 끊어지거나 흩어지지 않고 이어져 있으면 좋은 눈썹이다. 형제나 친구와의 운세가 좋고 마음이 섬세하고 생각이 명확한 사람이다. 그러나 눈썹이 지나치게 옅은데다 이어지지 않았다면 좋은 상이 아니다. 남자는 심성이 독하고 보복성이 강하다. 여자는 부부의 인연이 약하다. ― 수민평,『相學全集』

애정운이 얕은 눈썹이다. 이혼자의 대부분은 눈썹이 옅은 사람이다. ― 정무더鄭穆德

눈썹이 진하든 연하든 간에 둘 다 좋은 점도 있고 나쁜 점도 있다. 눈썹이 진하고 새까만 기름처럼 윤기[빛]가 나고 안신이 좋으면 군이나 정치 쪽이 적합하다. 눈썹이 진해도 윤기가 없고 말랐으면 천한 상相이다.

부드러운 눈썹〔柔眉〕

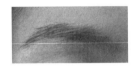

눈썹이 가지런하면서 부드럽고 가늘다. 한 올 한 올 눈썹 살이 보인다.

성격이 유순하고 친절하고 세밀하다. 충동적이지 않고 일을 계획적으로 한다. 문학과 예술에 재능이 있다. 일부종사하며 결혼생활을 잘 유지한다. 남성이 이런 눈썹을 가졌으면 도화桃花가 끊이질 않는다. ― 리잉차이,『千眉譜』

눈썹이 흩어지거나 가지런하지 않으면 형제 간의 감정이 좋지 않아 내왕이 적고 형제의 도움을 받지 못한다. 또한 눈썹이 흩어진다는 것은 재물을 모으기 어려움을 의미한다. 이런 눈썹의 사람은 투기 성향이 강하지만 결과는 늘 실패를 본다.

산란한 눈썹

눈썹이 희박하고 산란散亂하면 생각이 복잡하고 조직에 잘 적응하지 못한다. 비교적 민감하고 비관적이 되기 쉽다.
— 수민평,『相學全集』

소추미

눈썹 앞부분은 짙고 눈썹꼬리는 희박하다. 눈썹머리 부분은 좁으면서 뾰족하고 눈썹은 굵고 탁하면서 거꾸로 자란 것도 있다. 눈썹꼬리는 넓으면서 흩어져 듬성듬성한 것이 빗자루의 형상이다. 고서에서는 이런 눈썹을 '소추미掃帚眉'라고 했다.

눈썹꼬리가 흩어지면 재산을 모으기가 어렵다. 대체로 눈썹이 흩어진 사람은 투기성이 강하다. 본인의 능력 밖의 일을 벌여 손실을 본다. — 수민평,『相學全集』

의지와 인내력이 부족하다. 계획은 많아도 실천력이 약하다. 일을 오래 지속하지 못한다. 여성의 경우 늘 마음이 편치 않고 즐겁지가 않다. 부모의 보살핌으로 초년운은 좋으나 운세가 오래 지속되지 못하므로 일찍 은퇴 준비를 하는 것이 좋다. 신앙 생활을

하면 좋다. — 리잉차이,『千眉譜』

눈썹이 곡선을 이루면서 눈썹꼬리가 흩어지면 투기로 인해 재산을 잃는다. 성격상 한곳에 전념하지 못한다. — 수민평,『相學全集』

눈썹이 희박하고 흩어지고 아래로 처진 형태이다. 실천력이 약하고 한 가지 일을 꾸준하게 하지 못하고 결과는 늘 실패한다.

눈썹머리만 짙다. 일의 시작은 좋지만 늘 마무리를 못하는 용두사미의 눈썹이다.

눈썹머리가 역방향

눈썹머리는 연인 간의 감정을 보는 곳이다. 눈썹머리가 역방향(인당 쪽)으로 나 있는 것은 감정 처리의 미숙함을 나타낸다. 이런 사람은 성에 이끌려 취사신택이 이럽다. 결혼을 늦게 하면 이혼할 가능성을 줄일 수 있다. 31~32세 때 감정의 변화 — 결혼, 헤어짐 등 — 가 생기기 쉽다. 눈썹은 31~34세까지의 유년운을 나타낸다. 하지만 눈썹이 빈약하여 듬성듬성하거나 눈썹의 상相이 좋지 않은 사람은 40세를 넘어 결혼하는 것이 좋다. 35세 이전에 결혼할 경우 부부 간에 자주 다투고 이혼할 수도 있다. — 리잉차이,『千眉譜』

관상에서는 이런 눈썹의 형태를 '눈썹머리에 화살이 있다[眉頭帶箭]'라고 표현한다. 이 '화살눈썹'은 뽑아 주는 것이 좋다.

눈썹털이 아래로 자람

눈썹털이 길면서 아래로 자란다. 음상陰相으로 인정이 있으나 유약하고 우유부단하고 피동적으로 산다. 남자는 대체로 공처가이다. ― 수민펑,『相學全集』

일을 겁내고 보수적이다. 생각이 느리나 마음씨는 착하다. ― 리잉차이,『臉臉俱玄』

끊어진 눈썹

형제 간의 감정에 이롭지 않다. 남자는 팔뚝 부상을 입기 쉽고 사업에 실패하기 쉽다. 부富와 귀貴를 유지하기 어렵고 대부분이 고생한다.

어려서는 책과 인연이 없다 보니 커서도 무력으로 문제를 해결하려 한다. 게으르고 성격이 난폭하고 우유부단하다. 이성을 사귈 때 상대가 쉽게 변심한다. 부부 간에 자주 다투고 자식과는 인연이 약하다. ― 리잉차이,『千眉譜』

신월미新月眉

여

초승달처럼 눈썹이 부드러우면서 가지런하고 눈썹 바닥이 보인다. 관상 고서에서는 신월미新月眉와 유엽미柳葉眉를 구분하여 해석했지만 외견상 실로 구분하기가 어렵다. 혹자는 둘 다 비슷한 형태이지만 눈썹의 굵기에서 신월미보다 조금 더 굵은 것을 유엽미로 본다. 어쨌든 신월미와 유엽미는 그 형태와 해석을 동일하게 해도 무방하다.

마음씨가 착하고 부드럽고 친절하고 인연人緣이 좋다. 문학과 예술에 대한 느낌이 발달했고, 어려서부터 소질을 나타낸다. 언행이 신중하고 세심하고 계획대로 일을 추진한다. 결점은 의존성이 강하고 계산적이지 않아 다른 사람 말을 잘 믿는다. 신월미는 주로 여성에게 해당되는 눈썹이다. 신월미의 남성은 마음이 연약하고 우유부단하고 소극적이고 다소 신경질적이나 예술적 재능이 있다. 여성은 평생 도화가 따른다. 일一자 눈썹의 남성과 궁합이 맞고, 자식과의 정이 깊다. — 리잉차이, 『千眉譜』

팔八자 눈썹

팔자눈썹에 관한 고서의 해석은 다음과 같다.

남

형제가 없으나 재물은 있다. 눈썹머리는 드문드문하고 눈썹꼬리는 흩어져서 간문을 누른다. 평생 처를 여럿 맞이하나 인연을 맺지 못한다. 재물은 일생 동안 쓸 만큼 충족하다. 자식은 끝내 양자에 의지한다.[兄弟無。財帛有。: 頭疎尾散壓奸門，到頭數妻結不成。財帛一生足我用, 子息終須依螟蛉。] — 『마의상법』

자식이 없으나 장수하고 재물은 있다. 팔자눈썹머리는 형상(刑傷, 소송이나 부상)을 나타낸다. 간문이 압박을 받아 처가 여럿 죽는다. 평생을 옹졸하게 살지만 재물은 늘 풍족하다. 양자를 들이면 이들이 어머니, 아버지라 부를 것이다.[孤壽有財。八字眉頭主刑傷, 奸門受壓妻數亡。平生碌碌財恆足, 恐抱螟蛉叫爹娘。] —『상리형진』

리잉차이는 팔자눈썹을 성격, 부모형제, 사업, 재물, 애정혼인, 자식, 인연 등으로 분류하여 상세하게 설명하였다. 이중에서 성격과 사업, 재물에 관해서만 소개하겠다.[1]

눈썹 형태
눈썹머리는 높고 눈썹꼬리는 낮다. 눈썹머리는 눈썹 숱이 적고 눈썹꼬리는 숱이 적고 흩어졌고 여덟 팔八자 형태를 하고 있다.

성격
① 그릇이 크고 마음이 넓고 타인의 고충을 잘 이해하고 사소한 일로 타인을 난처하게 하지 않는다.
② 남을 돕기 좋아하고 정의감이 넘친다.
③ 재테크 능력이 뛰어나고 일을 계획성 있게 처리한다.
④ 일을 직접 해야 하고 타인의 손을 빌리지 않는다. 다만 적극성이 좀 떨어져 용두사미격이 될 수도 있다.
⑤ 결점은 좀 비관적이라는 점이다. 뜻하지 않은 일에 부딪혔을 때 우울하게 된다.

사업
⑥ 언변이 뛰어나 변호사, 정치가, 외교가, 판매원 등의 직업 분

---

1 리잉차이李英才의 여러 해석 항목이 팔자눈썹을 가진 모든 사람에게 맞게 적용되는 것은 아니다. 얼굴의 다른 부위를 참조해서 종합적으로 판단해야 한다.

야에서 능력을 발휘한다.

⑦ 문화적 소양이 뛰어나 출판이나 문화 사업에 종사한다. 그러나 명예와 부는 따르지 않고 힘든다.

⑧ 정책이나 방법을 정할 줄은 알지만 실천력이 부족하다. 그래서 참모의 도움을 받아야만 이상을 실현할 수 있다.

⑨ 마음이 여리고 지나친 융통성으로 인해 아래 사람을 과보호하다 보니 도리어 일을 망친다.

재물

⑩ 금전 관념이 약해 사소한 돈은 따지지도 않는다. 특히 집안사람이나 사랑하는 사람에게는 인색하지 않다.

⑪ 성격이 호탕하고 씀씀이가 커 돈이 모이지가 않는다.

⑫ 일생을 바쁘게 일하지만, 다행히도 수입이 좋아 말년에는 부동산이 있어 편안히 살 수 있다.

정치가나 명의名醫에게 팔자눈썹을 많이 볼 수 있다. 속내가 유약한 비관주위자다. 눈썹은 감정을 의미한다. 눈썹꼬리가 아래로 처졌다는 것은 음이 왕성하고 양이 쇠퇴한 상相이다. 그래서 남자들 대부분이 공처가로 집안의 대소사는 부인이 주도적으로 한다. 여성이 팔자눈썹인 경우 좋은 현상은 아니다. 여성은 음에 속하는데 여기다 팔자눈썹을 더했으니 훨씬 더 비관적이고 내향적이다. 눈의 흑백이 분명하면 좋으나 그렇지 않을 경우 결혼생활이 원만하기 어렵다. ― 수민평, 『相學全集』

성격은 호쾌하고 진솔하다. 일 처리에서도 핵심을 잘 파악하고 임기응변에 뛰어나다. 동점심이 있어서 타인을 잘 도와준다. 팔자눈썹의 대부분은 영민하고 재간이 있으나 밖으로 잘 드러내지 않는다. 대체로 정치가에게 많이 나타난다. 남자는 정치적인 머리를 가지고 있으나 공처가이다. 여자는 혼인이 순탄치 않다. — 화이보華藝博,『相理衡眞』

팔자눈썹인 사람은 정치인이나 브레인트러스트에 적합하다. 그밖에도 문학 연구나 예술 쪽으로도 적합하다. 단 팔자눈썹이되 눈을 압박하는[眉低壓目] 형상이어서는 안 된다. — 주췌에챠오

일一자 눈썹

여

결단력이 있고 현실적이다. 로맨틱한 사람은 아니지만 처자식은 책임지고 돌본다. 여자가 이런 눈썹이면 남성적이고 일 처리가 시원시원하다. — 수민평,『相學全集』

성격이 급하고 구속을 싫어하고 흥미가 많아 넓게 섭렵한다. 사람됨이 솔직하고 정의감이 있다. 겉으론 마음이 넓어 보이지만 속은 고집이 세고 강권强權에 굴복하지 않는다. 윗사람 앞에서도 자신의 원칙을 견지한다. 자존심이 강하여 자기 아집에 빠지기 쉽다. 여성은 기질이 강한 전형적인 사업가 스타일이다. — 리잉차이,『千眉譜』

삼각 눈썹

남

무협 영화에서 많이 볼 수 있는 눈썹이다. 눈썹이 각이 진 것이 사나이다운 기개가 있어 보이지만 그건 일반인들의 주관적인 오해일 뿐이다. 실은 성격이 비교적 낙천적이고 역경에 부딪쳐도 빨리 적응한

다. 때론 강경하나 화를 내도 오래가지 않고 금방 풀어진다. ― 수
민펑, 『相學全集』

에너지가 넘치고 집중력이 강하고 삶의 도전에 강하다. 의지가
강하고 결정한 일에 대해서는 물러나지 않는다. 사교에 뛰어나고
리더의 자질이 있다. 실천형으로 개척 정신이 뛰어나다. 결점은
자신감이 지나쳐 자기중심적이 되어 타인과 협조를 하지 않는다
는 점이다. 숫자에 민감한 편이기 때문에 경제 · 금융계에 종사하
면 적합하다. 결혼운은 약하다. 배우자가 권위적인 성격을 견디
기 어려워 이혼으로 치달을 수도 있기 때문이다. 여러번 좌절을
맛보지만 35세 이후로는 순탄하다. 재물이 나갔다 들어왔다 하지
만 생활은 풍족하다. ― 리잉차이, 『千眉譜』

검미劍眉

님

눈썹이 일자형이지만 길고 짙고 눈썹이
위로 산림山林 방향으로 향해 있다. 문무
文武를 겸비하고 리더십이 있고 남에게
지기 싫어한다. 관찰력이 뛰어나고 적극
적이고 책임감이 있다. 정의감이 강하지
만 성격이 조급하다. 때론 지나친 열정과 호의 때문에 오히려 일
을 망칠 때도 있다.[2]

여성은 소유욕과 질투심이 강하고 남성이 할 수 없는 일도 해낸

---

2 일부 관상서에서는 형태가 일자형이라는 이유 때문에 검미를 일자눈썹으로 간주하기
도 하는데 이는 잘못된 것이다.

다. 여성은 따르는 이성이 많고 결혼 후 행복한 가정을 이룬다. ―
리잉차이, 『千眉譜』

남자는 상격上格의 눈썹으로 업무 능력이 뛰어나다. 그러나 여자
는 사업에서는 성과를 얻지만 마음에 드는 배우자를 만나기는 어
렵다. ― 빠이허밍, 『原來面相咁簡單』

단심미斷心眉

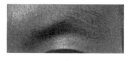
남

눈썹머리가 좁고 눈썹꼬리가 넓다. 눈썹
머리 쪽 눈썹은 굵고 진하지만 눈썹꼬
리 쪽으로 갈수록 눈썹이 희박하다. 위
로 치켜든 형세다. 소추미掃帚眉와 잘 구
분해야 한다.

자존심과 자신감, 모험 정신이 강하다. 부
모와의 인연과 자식운이 약하고, 투기심이 심하다. 착실히 노력
하면 부를 축적할 수 있다. ― 리잉차이, 『千眉譜』

갈고리 형태의 눈썹

남

생각이나 의중을 밖으로 드러내지 않는
다. 사소한 것도 잘 따지고 매사 이익을
챙기길 좋아하나 직접으로 표현하지는
않는다. 주변의 자원을 이용하여 유리한
국면을 만들 줄 아는 모략가의 한 유형이
다. 물실을 중시하고 조건이 좋은 대상만
골라서 사귄다. ― 천저이

눈썹이 눈을 짓누르는 형상〔眉低壓目〕

여. 눈썹이 청수淸秀하나 안신
眼神이 탁하고 눈썹이 눈을 짓
누르는 형상이다.

눈썹이 눈을 압박하는 형상에 눈언저리가 밑으로 들어가지 않고 눈에 안신이 부족한 사람은 식구들과의 정을 중요하게 생각하지 않고 현실적이고 담이 작다. 바깥사람에게는 화를 못 내고 식구들을 괴롭힌다. 도벽이 있을 수도 있다. — 수민평, 『相學全集』

눈썹 중간 부분에서 두 갈래로 나눠진 형태

개인의 이익만 챙기고 타인의 감정에 개의치 않는다. 매사 득실을 계산한다. 결단력이 부족하고 원칙이 없다. 의심이 많고 속이 좁다. 감정 기복이 심하고 충동적이다. 어려서 부모의 사랑을 받지 못하고 스스로 돌봐야 한다. 중년에 들어서면 운세가 급격히 떨어진다. 도박이나 투기를 해서는 안 된다. 남자는 아내와 자식이 떠나고 늙어 의지할 데가 없다. — 리잉차이,『千眉譜』

백호미白虎眉

눈썹 끝 부분이 희박하여 눈썹이 없는 것 같고[3], 멀리서 보면 눈썹머리만 있고 눈썹 꼬리는 없는 것 같다. 성격이 급하고 계획성이 부족하다. 일을 해도 용두사미식이고, 인내심이 부족하다. 개인의 이해득실만 따지고 타인의 득실을 고려하지 않는다. 눈썹 끝이 희박하다는 것은 이성보다 감정이 앞서 일을 처리한다는 것을 의미한다. 일을 해도 충동적이고, 사소한 일에도 화를 내고 자신의 감정을 통제하지 못한다. 남성이 눈썹 끝이 희박하면 호색을 의미하고, 여성은 결혼생활이 순탄치 않다. 재혼을 해도 마찬가지다. 자식에게 이롭지 못하고, 자식 수가 적거나 자식을 늦게 본다. 간장肝臟 기능이 약하다. ― 리잉차이, 『千眉譜』

대부분의 관상서에서는 눈썹꼬리가 산란散亂한 자는 근심이 많다고 했다. 눈썹이 산란한 것으로 치자면 백호미가 으뜸이다. 일부 관상서에서는 백호미를 가진 여성은 음탕하다고 했다. 그러나 내 경험으론 이 말은 근거가 없다. 내가 아는 한 여자는 자궁외임신이고 또 다른 한 남자는 교통사고를 당했는데 둘 다 사경을 헤매다 살아났다. 나는 백호미를 질병과 혈상血傷의 범주에 넣고 싶다. ― 주취에챠오

미련眉連

수민펑은 양 눈썹 사이에 잔털이 많은 형태와 양 눈썹이 맞닿아 있는 형태[미련眉連]을 구분하여 해석하였다. 그러나 리잉차이는 이 두 형태를 같이 묶어 해석했다.

미련眉連 형태의 눈썹을 가진 이들의 내심內心은 비관적이다. 겉으론 살기를 느낄 정도로 강한 것 같지만 내심은 연민을 느끼는

---

3 눈썹 끝부분이 희박하여 그 색이 흰 눈썹 같다 하여 중국어에서는 '白眉백미', '백호미 白虎眉'란 표현을 쓴다.

성정이다. 그래서 이런 사람과 사귈 때는 내심의 착한 면을 보도
록 해야 한다. 여성이 미련의 형태일 경우 연민의 정은 남성보다
더 심하고, 생활의 세세한 면을 중시한다. 양 눈썹 사이에 잔털이
많은 형상이든 양 눈썹이 맞닿아 있는 형상이든 간에 이 둘은 모
두 그 집착하는 성격 때문에 결벽증을 가질 확률도 높다. — 수민
평

내성적이고 걱정이 많고 말수가 적다. 행동력이 뛰어나지만 주관
적 느낌으로 일을 처리하다 보니 불필요한 오해를 사기도 한다.
그릇이 작고 매사를 잘 따진다. 질투심과 의심이 많고, 겉으로 말
한 것과 속으로 생각한 것이 다르다. 일 처리에서 자신감이 부족
하고 득실得失을 걱정한다. 남자는 다소 호색이고 남녀 모두 배우
자와의 감정이 소원하다. — 리잉차이, 『千眉譜』
양 눈썹이 이어지고 이마가 깎였을 경우 어머니의 수명을 단축시
킨다. '인印'은 '모母'를 일컫기 때문이다. 양 눈썹이 이어진 사람
은 대부분 모발이 짙고 아래로 이마를 잠식하기 때문에 가난한
집에서 태어나고 소년 시기의 운세도 나쁘다. 부잣집에 태어나도
가세가 기울고 결혼 후에는 아내가 병이 잦다. 28세와 41세의 운
세에 영향을 미친다. 양 눈썹 사이의 털이 무성할 경우에는 유년
流年 41세인 산근山根에까지 영향을 미치기 때문이다. 그리고 군
정계軍政界로 가서는 안 된다. 인당은 관록궁을 의미하는데 그 인
당이 눈썹에 의해 잠식당하기 때문이다. — 주취에챠오

미릉골眉稜骨

미릉골眉稜骨(미골眉骨)은 주로 '관찰'을 의미한다. 대체로 남자가 여자보다 미릉골이 더 튀어나왔다. 그래서 남자는 사람을 처음 볼 때 상대를 자세히 관찰한다. 미릉골이 편평한 사람은 느낌이 우선이라 낯선 사람을 자세히 관찰하지 않는다.

지나치게 돌출된 미릉골

남녀를 막론하고 미릉골이 많이 튀어나온 사람은 관찰력이 뛰어나고 약간의 오만함도 있고 매사에 남을 리드한다. 그러나 미릉골이 지나치게 튀어나온 사람은 흉상으로 그 성격이 충동적이고 물러날 줄을 모른다. 미릉골이 편평한 사람은 그다지 진취적이지 않고 다른 사람과 다투길 원치 않는다. 미릉골이 들어간 사람은 음상陰相으로 속내를 감추고 뒤에서 계략을 쓴다. 보복성이 강하다. ─ 수민평, 『相學全集』

일을 효율적으로 처리하고, 재간이 있고 적극적이며 진지하다. 약속을 반드시 지키고, 감정을 쉽게 드러내지 않는다. 지적 욕구가 강하며 자신은 늘 다른 사람보다 뛰어나다는 생각을 한다. 성격이 급하고 오만하고 지기 싫어한다. 여자는 유행을 좇아 치장하길 좋아한다. 직업 여성으로 적합하다. 미릉골이 들어간 사람은 생각은 많으나 담이 작고 유약하여 큰 지기志氣는 없다. 피동적이고 원칙이 부족하고 일을 끝까지 견지하지 못한다. 득실得失에 민감하고 타인의 평가에 개의치 않고 이기적이고 편협한 쪽으로 간다. 속이 좁고 자기비하가 심하고 복수심이 강하다. ─ 리잉

적당하게 튀어나온 미릉골

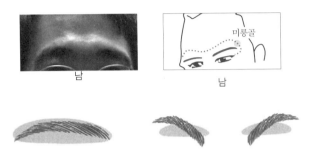

눈썹과 미골의 위치가 동일해야 좋다(좌측). 미골의 위치와 눈썹이 놓인 위치가 다를 경우는 운세가 나쁘다(우측).

차이, 『千眉譜』

눈썹의 색[彩]은 눈썹의 색만을 말하는 것은 아니다. 눈썹바닥의 살색을 포함한다. 눈썹 바로 위 1cm 되는 지점의 피부색을 보아야 한다. 이곳은 교우궁交友宮이라 하고 눈썹머리 위쪽은 내복당内福堂이라 하고 눈썹꼬리 위쪽은 외복당外福堂이라 한다. 형제지간의 감정과 대인 관계를 본다. 이 부위의 색이 윤택하고 눈썹이 빛이 나면 귀인이 많고 만사가 순조롭다. — 주취에챠오

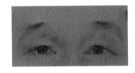

눈썹이 인당에서 물러나는 형태는 관官이 안정되고 장수하고 부귀한다. — 리잉차이, 『臉臉俱玄』

눈썹이 만곡彎曲하고 수려하다. 언변이 뛰어나고 손님 접대를 잘하여 서비스업에 종사하면 능력을 발휘한다. — 리잉차이, 『臉臉俱玄』

'호미虎眉' 형태에 가까운 대귀大貴할 눈썹이다. 눈썹머리는 좁고 눈썹 가운데가 유난히 넓고 눈썹꼬리가 한데 모이면서 기세가 있다. 행정 고위 관료 출신에게 많이 나타나는 눈썹 형태로, 행정의 수장이 될 수 있다. ─ 리잉차이,『臉臉俱玄』

국내 전직 장관의 눈썹. 위의 그림과 동일하게 해석할 수 있다.

눈썹꼬리가 아래로 처진 것은 보수적이며 쉽게 흥분하지 않고 마음씨가 착하다는 것을 의미한다. 일을 서서히 한 단계씩 준비하는 유형으로, 장수의 복을 타고났다.

6. 눈[眼]

35~40세 – 눈의 유년 운세

좋은 눈은 흑백이 분명해야 하고(눈동자는 검고 흰자위는 희어야 한다).[1] 안신眼神이 있어야 한다(눈이 반짝이는 것이 빛이 반사되는 것과 같다).

눈의 형태는 그 다음이다. 눈이 흑백이 분명하고 안신이 있으면 그 사람은 결단력이 있고 총명하고 에너지가 넘치고 몸이 건강하고 일에서도 성공한다. 눈이 흑백이 분명하지 않고 안신이 없어 자거나 취한 형상으로 항상 기운이 없어 보이면 그 사람은 우유부단하고 체력이 약하고 오장의 기능이 문제가 많다.

눈은 중정中停에 속하며, 유년流年 운세로는 35~40세까지 6년 간의 운을 나타낸다. 남성의 유년 운세는 35세 좌측 눈머리, 36세 우측 눈머리, 37세 좌측 눈동자, 38세 우측 눈동자, 39세 좌측 눈꼬리, 40세 우측 눈꼬리이다. 중국이든 한국이든 관상서에서는

---

1 외국인의 눈은 눈동자가 藍色이든 녹색이든 커피색이든 간에 흰자위가 희어야 좋은 것으로 해석한다. — 수민평蘇民峰

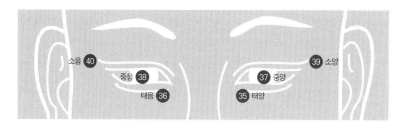

하나같이 남좌여우男左女右의 관점에서 여성의 유년 운세는 남성과 달리 우측 눈머리부터 35세로 보았다.

그러나 린궈슝은 눈의 유년 부위는 남좌여우의 방식이 아니고 여성과 남성이 동일하다고 했다. 41세 산근山根을 지나 그 다음부터 다시 남성은 42세 정사(精舍, 좌측 눈과 산근 사이), 43세 광전(光殿, 우측 눈과 산근 사이)이고 여자는 그 반대이다. 수민펑도 홍콩의 한 TV 프로그램의 관상 강의인 「峰生水起面相篇」에서 "눈썹이 지배하는 운은 31~35세이다. 남자는 좌측 눈머리 부분을 31세로 보고, 여자는 우측 눈썹머리 부분을 31세로 보는 것이 통설인데 지금 이 부분이 잘못됐다"라고 말했다. 남좌여우의 구분 없이 좌측, 우측 동일하게 눈썹머리 부분을 31세로 보아야 한다는 것이다. 그는 "홍콩에서는 이미 10년 전부터 이것을 사실로 받아들이고 있으며 나도 이전에 내 저서에서 이같이 잘못 쓴 내용을 수정해야 한다"라고 했다. 주취에챠오도 본인의 경험에 비추어 눈썹과 눈의 운을 남좌여우로 구분하지 않는다고 했다.

눈 부위가 좋지 않으면 눈의 운세 기간(35~40세) 동안 운이 좋지 않고 투자에 불리하고 도화로 인한 화를 당한다. 그러나 눈에 안신이 있으면 눈의 형태가 어떻든 눈의 운세에 영향을 받지 않고 기껏해야 생각이나 행위에 영향을 받을 뿐이다.

눈의 형태가 길다

눈의 형태가 긴 사람은 부드러운 성격에 느린 편이다. 어울리기 쉽고 귀티가 나고 속내를 잘 담아 둔다.

눈의 형태가 짧다

눈의 형태가 짧은 사람은 성격이 급하고 결정이 빠르고 속내를 감추지 않고 밖으로 드러낸다.

큰 눈

눈이 큰 사람은 감정 표현이 뛰어나다. 감정을 중시하고 천진하고 착하다. 동정심이 많아 금전이나 애정 문제로 남에게 쉽게 이용당한다. 애정에서는 종종 우유부단하고 주저하여 결정을 내리지 못하는 경우가 있고, 심지어 양다리를 걸치는 상황도 생긴다. 눈에 안신이 없는 사람은 더욱 조심해야 한다.

눈이 큰 사람은 시야도 넓다. 명랑하고 외향적이며 사교와 단체 생활을 좋아한다. 관찰력이 예리하고 반응이 민첩하다. 색채 분별력이 뛰어나고 음악이나 회화 쪽으로 재능을 발휘할 수 있다. 그러나 목표를 이루기 위한 의지와 집중력이 부족하기 때문에 전문 분야로 성과를 거두기가 어렵다. 남자가 큰 눈에 울리는 목소리를 가졌다면 영업 판매나 PR을 맡을 경우 쉽게 성과를 낼 수 있다. 언변이 좋아서 이성의 환심을 산다.

둥근 눈(눈의 길이가 짧은 눈)

눈의 좌우 길이가 짧을수록 성격이 급하다. 말한 것은 금방 실천한다. 때론 지나치게 충동적이어서 난관에 부딪친다. 그러나 계

둥근 눈

여. 둥근 눈

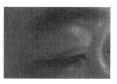

남. 눈두덩이 튀어나오면 갑상선이 좋지 않다.

략을 꾸밀 줄 모르고 천진하여 속내를 쉽게 간파당한다. ― 수민평

민감하고 직관이 발달하여 신귀가 들린 느낌을 준다. 긍정적이고 적극적이어서 주변 사람들의 사랑을 받는다. ― 미야자와 미치

둥근 눈은 흡사 안구가 돌출된 것 같다. 여성의 눈이 붕어눈 같은 특징을 가지고 있으면 갑상선 호르몬의 과다 분비일 가능성이 높다. 갑상선 질환을 앓고 있는 사람은 남녀를 막론하고 안구가 눈 언저리 밖으로 돌출된 정도가 뚜렷하게 보인다. 여성이 안구가 지나치게 돌출되어 있으면 결혼생활에도 파란이 많다. ― 리잉차이, 『眼相心鑑』

가는 눈

눈이 가는 사람은 속마음을 잘 드러내지 않고 세밀하다. 눈이 가늘면서 안신이 있고 눈썹이 산란하지 않은 사람은 계산에 능하고 작전을 잘 짠다. 눈이 가늘고 안신이 없는 사람은 그릇이 작고 잘 따지고 포부가 없고 분함을 마음속에 담아두고 잊지 않는다.

가늘고 긴 눈

가늘고 긴 눈은 부귀한 눈이다. 이런 눈을 가진 사람은 진취적이어서 일생 동안 다른 사람 밑에 있길 원치 않는다. 남자는 아름다운 아내를 얻는다. 통찰력이 뛰어나고 충분히 생각한 후에 행

동에 옮긴다. 얼핏 차가운 느낌을 주나 실은 정이 많고 착하다.

돌출된 눈

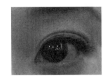

안구가 지나치게 큰 데 반해 안검眼瞼의 살집이 엷어 눈이 눈언저리 밖으로 튀어나온 눈을 말한다. 금붕어 눈과 유사하다. 안구 뒤쪽에서 위쪽 방향은 언어신경 계통을 주관하는 중추가 있는 곳이다. 언어 능력이 뛰어난 사람은 안구 뒤쪽의 위치가 유난히 팽창하여 안구를 밖으로 밀어내 안구가 튀어나온 형상이 된다. 이런 이유로 눈이 튀어나온 사람은 대부분 말하기를 좋아한다. 잠시라도 말을 하지 않으면 고통스럽기 때문에 늘 종달새처럼 핵심 주제도 없이 조잘거린다. 이런 사람은 비밀을 지키기가 어렵다. 또한 충동성이 강하고 기질이 거칠기 때문에 주위 사람에게 반감을 사기 쉽다. 그러나 장점도 있다. 예민한 관찰력으로 상대의 말이나 행동을 통해 그 사람의 사람됨이나 생각을 읽어 낸다. 이런 사람은 매니저 같은 일을 하면 사람을 적재적소에 쓰는 장점을 발휘할 수 있다. 또한 손재주가 뛰어나 조각이나 회화 등의 예술 계통에서 성과를 낼 수도 있다. 그러나 상품 매매나 판매 등과 같은 금전과 직접적으로 연관된 직종에 종사해서는 안 된다. 금전적 관념이 희박하고 재테크에 약하기 때문이다. 창업을 할 경우 35~40세에 크게 패한다. — 리잉차이, 『眼相心鑑』
이러한 안상은 여성이 대부분이다. 남자가 둥근 얼굴에 이러한 눈을 가졌으면 잘 웃기고 유머가 넘친다. 그러나 야윈 얼굴형에 눈빛마저 안 좋으면 뜻밖의 상해를 입는다. — 수민평

들어간 눈

눈썹의 미골眉骨이 튀어나왔고 눈썹과 눈 사이 눈두덩이 좁고 살이 없고 눈이 안으로 들어간 형태이다.[2]

이런 눈을 가진 사람은 성격이 급하고 다소 신경질적이고 늘 긴장상태에 있다. 원인은 가슴이 넓지 않고, 늘 의심과 우려로 다른 사람을 잘 믿지 않기 때문이다. 그래서 인연人緣이 그다지 좋지 않다. 이런 사람은 일도 직접 하는 걸 좋아하고 다른 사람이 대신 하길 원치 않는다. 다른 사람이 대신 처리해도 안심이 않되 다시 한 번 확인해야 한다. 경계심이 많고 관찰력이 뛰어나다. 지극히 이성적이어서 일의 본질을 간파하는 능력이 뛰어나다. 또한 한번 결정한 일은 끝가지 밀고 나가는 끈기와 의지가 있다. 그래서 과학 연구나 전문적인 학문 연구처럼 고도의 인내와 정신 집중을 필요로 하는 직업에 적합하다. 홀로 지내길 좋아하고 사교를 그다지 좋아하지 않는다. 이성 교제가 쉽지 않아 만혼이 많다.

눈이 많이 들어가고 눈의 형태가 짧고 둥글고 눈썹의 형태마저 안 좋으면 단명할 상이다. 들어간 눈에 곧은 눈썹을 가진 사람은 생각이 다른 사람에 비해 앞서기 때문에 현대의 빠른 생활 리듬에 적응을 잘한다. ― 리잉차이, 『眼相心鑑』

---

2 서양 관상에서는 다음과 같이 해석한다. "눈썹과 눈 사이가 좁고 눈이 들어간 사람은 남과 쉽게 가까워지고 작은 것에 구애받지 않는다. 또한 질문에 돌려서 말하지 않고 솔직하게 답한다. 자신을 꾸미거나 감추지 않고 일 처리도 깔끔하고 시원시원하다. 자신감이 있고 분석 능력이 뛰어나다."

가족과의 인연이 박약하다. 눈에 안신이 있는 사람은 현실을 중시하고 의지력이 강하다. 눈에 안신이 없으면 그 사람은 포부가 없어 성과를 내기가 어렵다. ― 수민평, 『相學全集』

두 눈 사이의 간격이 넓다

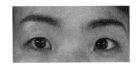

여. 두 눈 사이가 넓다.

두 눈 사이의 정상적인 거리는 눈 하나가 들어갈 수 있는 거리이다. 이보다 넓은 사람은 형상에 대한 기억력이 뛰어나다. 어떤 사람(사물)이든지 한 번 보기만 하면 오래 시간이 지나도 사진을 찍은 것처럼 기억한다. 많은 화가들이 이 같은 눈을 가지고 있다. ― 수민평

눈 사이가 넓은 사람은 흥에 따라 살아간다. 물질생활을 추구하지 않고 매사에 되는 대로 살아가려는 심리 상태를 가지고 있다. 사람들과 소통을 잘하는 편이며 꼬치꼬치 따지지 않는다. 그러나 판단력이 부족하고 영리함과 재간이 모자라 때때로 타인에게 이용당할 수 있다. ― 천저이

호기심이 많다. ― 미야자와 미치

두 눈 사이가 좁다

두 눈 사이의 거리가 좁은 사람은 관찰력이 뛰어나서 다른 사람의 마음을 꿰뚫어 본다. 인성人性 연구나 탐정 등과 같은 업무에 뛰어난 능력을 발휘할 수 있다. ― 수민평

두 눈 사이의 거리가 좁은 사람은 마음이 탁 트이지 않았다. 항상 걱정하고 매사에 자신감이 없다. 다른 사람을 잘 믿지 않고 민감하게 반응하여―경계심이 강하여 친구와의 접촉도 많지 않다. 일

처리가 조급하고 앞뒤를 살필 줄 모른다. — 천저이

두 눈의 높낮이가 맞지 않다

대부분의 사람은 두 눈의 높낮이가
대칭을 이루지는 않지만 차이가 많이
나는 사람은 눈의 유년운(35~40세)에
풍파가 많다. 40세를 넘겨야 안정된

눈동자 한가운데를 기준으로 봤
을 때 두 눈이 수평이 아니다.

다. 여성은 이 기간에 부부운이 좋지 않아 자주 다툰다. — 리잉차
이, 『眼相心鑑』

눈의 여러 형태와 해석

자웅안雌雄眼

좌우 눈의 크기가 현저히 차이가 나
는 사람은 아버지가 둘이거나 어머니가
둘일 가능성이 높다. 과거에는 아버지가
첩을 두는 것을 의미하지만 지금은 부
모가 이혼 후 재혼함을 의미한다.

좌우 눈의 크기가 현저하게 차
이가 난다.

　남자의 좌측 눈은 자신을 나타낸다. 좌측 눈이 작고 우측 눈이
크면 공처가이다. 반대로 좌측 눈이 크고 우측 눈이 작으면 가부
장적이어서 아내를 못살게 굴고 의심이 많다. 여자는 우측 눈이
자신을 나타낸다. 좌측 눈이 크면 남편을 돕는 운이시만 일찍 결
혼해서는 안 된다. 좌측 눈이 작고 우측 눈이 크면 남편보다 기가
세서 남편을 힘들게 한다.

성격이 변덕스럽고 우유부단하다. 부모님이 사이가 좋지 않을 확률이 꽤 높다. 성격상 소극적이면서 어두운 면이 있다 보니 남다른 관찰력과 예민한 직감력을 갖고 있다.

음양陰陽의 두 가지 특징을 가지고 있다. 자존심이 강하지만 유약한 면도 가지고 있다. 인생 굴곡이 많다. — 미야자와 미치
활동적이고 야심이 있고 부를 축적한다. — 김현남

쌍꺼풀과 외꺼풀

쌍꺼풀의 사람은 감정 표현에 뛰어나고 열정적이다. 외꺼풀의 사람은 감정을 잘 표현하지 못하거나 표현하길 좋아하지 않는다. 한쪽 눈은 쌍꺼풀이고 다른 한쪽 눈은 외꺼풀인 사람의 경우에는 좌측 눈은 30세 전으로, 우측 눈은 30세 후로 판단하면 된다. 외꺼풀과 쌍꺼풀을 모두 지닌 사람의 특성에 대해 빠이허밍은 다음과 같이 설명하고 있다.

사람과의 교제에서 그는 가장 먼저 의식적으로 외꺼풀의 특성을 사용한다. 냉정하게 관찰한 후 상대를 친구로 사귈 것인가 말 것인가를 판단한다. 충분히 관찰하고 나서 친구로 사귀어도 좋겠다는 결론을 내린 후에야 경계심을 완전히 푼다. 이때부터 그는 쌍꺼풀의 특징을 가지고 열정적으로 상대와 사귄다. — 빠이허밍

삼백안三白眼

삼백안은 상삼백안上三白眼과 하삼백안下三白眼으로 나뉜다. 상삼백안은 눈동자가 아래쪽으로 자라 눈의 좌우와 윗부분의 흰자

삼백안

하삼백안下三白眼   상삼백안上三白眼   하삼백안

위가 드러난 눈이다. 하삼백안은 눈동자가 위쪽으로 자라 눈의 좌우와 아랫부분의 흰자위가 드러난 눈이다. 상삼백안과 하삼백안은 둘 다 개성이 강하여 어떤 목적을 이루기 위해서는 어떠한 대가도 기꺼이 지불하는 백전불굴의 정신을 가지고 있다. 그래서 사회에서 어느 정도 성취를 얻는다. 그러나 이들은 일생 동안 부딪치는 위험 — 특히 관재, 시비, 싸움, 교통사고 — 이 보통사람보다 많다. 이런 일이 발생하는 나이는 14, 17, 23, 26, 32, 35, 41세이며, 특히 35세가 더욱 심하다. 삼백안의 남성은 영웅호걸의 심리를 가지고 있다. 그러나 영웅은 미인의 관문을 넘기 어렵다. 남녀관계로 인한 시기 · 질투로 손해를 보거나 모든 것을 잃게 된다. 삼백안의 여성은 애정 방면에서는 주동적이어서 상대의 모든 것을 수중에 장악한다. 삼백안은 육친六親과의 인연이 박한 눈이다. 조상은 어느 정도의 재산을 가지고 있지만 조상의 공덕이 부족하여 후손들은 삼백안의 눈을 가지게 된다. — 수민평

삼백안의 특징은 이기적이고 민감하고 끝까지 밀고나가고 총명하고 집착하고 의심하는 것이다. — 정무더
삼백안은 총명하고 의리가 있으나 이기적이고 의심이 많고 감정 기복이 심하고 승부욕이 강하고 야심이 크다. 태어날 때부터 삼백안을 가진 아이에 대해서는 부모가 정성을 다하여 잘 교육하

여 바른 길로 가도록 해야 한다. 직업은 해부나 외과의사와 같은 피를 보는 정당한 업종에 종사하는 것이 좋다. 범죄학 통계 및 경험에 의하면 지능형 경제사범의 대부분이 삼백안의 눈을 가졌다. 삼백안은 담량이 있고 모험을 즐기는 장점도 가지고 있다. 소통 능력과 인내심을 키우고 수양을 많이 하여 장점을 옳은 쪽에 사용하고 정당한 직업을 선택한다면 성공할 수 있다. — 위허팡

리잉차이는 삼백안을 먼저 해석하고 다시 상삼백안과 하삼백 안을 구분하여 해석하였다.

압력에 굴하지 않는 강한 성격으로 쉽게 승복하지 않는 특징을 가지고 있다. 스스로 대단하다고 여기고 사람을 대하는 것이 거만하다. 타고나길 총명하고 기지가 넘친다. 야심이 있어 큰 뜻을 품고 강한 의지로 일생 동안 권위와 명성을 얻는다. 그러나 보복심이 강하다. 이런 눈을 가진 자는 어려서부터 교육을 잘 받으면 좋은 방향으로 성장하여 발전 가능성이 무한하고 일의 성과가 아주 높다. 뛰어난 정치가, 군사가, 유명 디자이너, 의학계의 실력자 중에 삼백안이 많다. 원세개袁世凱, 나폴레옹이 해당된다.

상삼백안

겉과 속이 다르다. 평소 말수가 적어 외견상 성실하고 돈후敦厚해 보이지만 개인의 이익이 침해당했을 경우에는 이기적인 본성이 나타난다. 충동적이고 공격성이 강하다. 질투심이 강하고 의심이 많고 자비감自卑感이 강하다. 주관이 강하고 의지와 인내력이 대단하다. 그러나 사업에서는 좌절이 많아 35~40세에 관재

수와 사업 실패가 따른다.

하삼백안

기질이 강하고 야심이 크다. 승부욕이 강하여 절대로 패배를 인정하지 않는다. 자존심이 강하고 고집이 세다. 속이 좁고 보복심이 강하다. 남성은 이성의 유혹에 약하기 때문에 사업에서 파산하지 않으려면 여성과 동업을 해서는 안 된다.

상삼백안이든 하삼백안이든 간에 눈에 안신이 있되 지나치게 드러나지 않으면 그 사람은 생각이 냉정하고 기회를 잘 잡기 때문에 난세에 성과를 낼 수 있다. 현대사회에서는 시장동향을 잘 파악하여 부를 이룰 수 있다. 흰자위가 눈동자보다 많은 사람은 간장肝臟의 기능이 약하다. 부모의 건강이 그다지 좋지 않고 어려서부터 부모의 사랑을 받지 못해 부모와의 관계가 친밀하지 않다.
— 리잉차이, 『眼相心鑑』

삼백안의 사람은 예체능계에 종사하면 빛을 볼 수 있다. — 김광일

항일 투쟁을 위해 의열단에 가입한 박재혁 의사(영화 '암살'의 실제 주인공)는 26세 때 부산경찰서에 폭탄을 던졌으며, 이 일로 투옥되어 27세의 젊은 나이에 감옥소에서 순국한 독립운동가이다. 그의 눈은 하삼백안이다. 삼백안이 가진 기질을 국가를 위해 정의로운 곳에 사용하였다. 범죄자에게 유독 삼백안이 많은 것은 그

박재혁 의사. 부산 초량 이바구길 담장갤러리

기질을 나쁜 곳에 사용하였기 때문이다.

사백안四白眼

청도군 덕사德寺 누각 아래 벽면에 그려진 사대천왕 중 지국천왕. 눈이 사백안이다.

눈동자가 아주 작아 눈의 위아래와 좌우의 흰자위에 둘러싸인 형태를 말한다. 사백안은 삼백안보다 성격이 더 강하고 파괴성을 가지고 있다. 마음이 독하고 보복심이 아주 강하여 어울리기가 어렵다. 삼백안이든 사백안이든 둘 다 에너지가 지나치게 넘치고 색욕이 강하고 시작한 일은 끝까지 관철시키는 극단적인 성격의 소유자다. ― 수민평,『觀相知人』

냉혹하고 개인의 이익을 위해서는 수단방법을 가리지 않는다. 머리가 잘 돌아가고 반응이 빠르다. 야심이 커서 일을 했다 하면 끝까지 관철시키기 때문에 큰 성과를 내는 장점도 있다. ― 리잉차이,『眼相心鑑』

삼각형 눈

IQ가 높고 관찰력이 뛰어나고 세밀하다. 자신감과 자존심이 강하여 자신의 가치관이 타인에 의해 비평받는 것을 용납지 않는다. 마음이 좁고 어떠한 경우에도 손해를 보려 하지 않는다. 보복심이 강하다. 계책에 뛰어나고 아주 현실적이고 선악의 관념이 자신을 기준으로 정해진다. 다른 사람 편을 들어 주는 정의감이

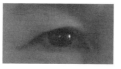

남(좌), 여(우). 상삼각형 눈 　　　　　　　하삼각형 눈

있다. 일에 대한 욕구도 강하고 일 처리 능력도 뛰어나고 냉정하다. 애정 방면에서는 집착과 진지함을 가지고 있어서 상대를 끝까지 사랑한다. 집에서 가장 뛰어난 아이임에도 부모의 사랑을 못 받다 보니 부모에게 불만이 많은 성격으로 자란다. — 리잉차이, 『眼相心鑑』

민첩, 집착, 냉혹, 시비(是非, 문제를 일으킴), 경쟁, 충동, 공격 등이 이 안상의 특징이다. — 정무더

심성이 나쁘고 남을 잘 속이지만 궁극에는 본인이 속게 된다. 특히 35~36세 때이다. — 수민펑, 『觀相知人』

겉으론 남을 도와주길 좋아하나 내심으론 질투심이 강하여 늘 다른 사람이 가진 것을 파괴하고 싶은 마음을 지니고 있다. — 빠이허밍, 『原來面相咁簡單』

상삼각형 눈은 부와 권세를 쫓는 눈이다. 하삼각형 눈은 예술적 재능이 있고 떠받침을 받길 좋아한다. 그러나 상삼각형 눈과 마찬가지로 부와 권세를 쫓고 사소한 것도 잘 따지고 반목反目하기 때문에 깊이 사귀면 안 된다. 눈꺼풀이 상삼각형인지 아닌지는 40세 전을 기준으로 삼아야 한다. 나이가 들면 눈꺼풀이 아래로 처져 삼각형 모양을 띠기 때문이다. — 주쮀에챠오, 『帶眼識人』

팔八자 눈 / 눈꼬리가 아래로 처진 눈

여성의 눈은 이혼할 상이다. 눈꼬리는 부부의 감정궁感情宮이기 때문에 눈꼬리가 아래로 처졌다는 것은 부부의 감정이 좋지 않다는 것을 의미한다. 특히 39, 40세에 이혼할 확률이 높다. 만약 이 부위가 흠이 없거나 점이 없거나 낮게 꺼지지 않았다면 부부 애정에 장애가 없음을 의미한다. 팔자 눈썹에 팔자 눈을 가진 사람은 정치 활동을 하는 사람들 중에 많이 볼 수 있다. 팔자 눈을 가진 남자는 대부분 공처가다.

수민펑은 자신을 찾아온 내담자를 실례로 들면서 마음먹기에 따라 눈꼬리는 변한다고 했다. 눈꼬리는 생각이 비관적이면 아래로 내려가고 낙관적이면 위로 향한다.

팔八자 눈   눈꼬리가 아래로 처진 눈

눈꼬리(안체)가 위로 향한 눈

눈꼬리의 위치가 눈머리보다 높은 형태로, 성공을 추구하는 눈이다. 이것은 안체가 올라간 형태로 눈꼬리만 올라간 형태와는 구분해야 한다. 성격이 예민하고 반응이 빠르고 결단력이 있고 시기를 놓치지 않는다. 그러나 자존심과 승부욕, 소유욕이 강하고 의심이 많은 것이 단점이다. 여성의 경우는 직장여성으로서 가정의 무거운 짐을 책임져야 한다.

안체가 위로 향한 눈

여. 눈썹과 안체가 모두 위로 향한 눈

눈의 형태는 평정平正한 것이 좋다. 그러나 눈꼬리는 좀 위로 향하는 것이 운세에 장애가 없을 뿐만 아니라 보기에도 품격이 있어 보인다. 그러나 지나치게 높으면 좋지 않다. 다른 관상가의 해석을 보자.

눈가가 위로 올라간 사람은 두뇌 회전이 빠르고 총명하다. 항상 예상 밖의 아이디어를 가졌기에 사람들 눈에는 영리하게 보인다. 앞에 나서서 남의 어려움을 해결해 주므로 인복이 많다. 애정 문제에서도 주도권을 잡고 자신을 적극적으로 어필할 줄 알아서 사귐이 순조롭다. — 천저이

남을 돕기를 좋아하고 일에서 앞을 내다보는 능력이 있고 점유욕과 지배욕이 강하다. 매사에 자신만의 생각을 가지고 있고 새로운 생활방식을 시도해 보기를 좋아한다. 행위는 개방적이나 속마음은 여전히 보수적이다. — 싱쥔邢筠

봉황눈〔鳳眼〕

눈이 수려하면서 길고 눈꼬리가 위로 향한 형태이다. '봉안鳳眼' 혹은 '단봉안 丹鳳眼'이라 한다. 리잉차이는 『안상심 감眼相心鑑』에서 '봉안鳳眼'과 '단봉안丹鳳眼'을 구분하여 해석하였

다. 봉황눈에 대한 그의 해석은 다음과 같다.

눈의 형태가 길고 수려하고 눈동자가 크고 흑백이 분명하다. 눈
머리는 대체로 아래로 굽었고 눈꼬리는 위로 들렸다. 이 눈은 남
자보다는 여자에게 더 좋은 눈이다. 충성심이 강하고, 좋고 싫음
이 분명하고 은혜를 입으면 반드시 갚아야 한다. 그러나 이전에
자신을 해롭게 한 사람은 쉽게 용서하지 못한다. 약속한 것은 반
드시 지킨다. 관찰력이 뛰어나고 결단력이 있고 세심하고 기백이
있다. 목표를 정하면 반드시 관철한다. 학습 능력이 뛰어난데다
청수淸秀한 눈썹을 가졌다면 한번 본 것은 잊어버리지 않는 비상
한 기억력의 소유자다. 여성은 애정운이 좋아 많은 이성의 사랑
을 받을 수 있지만 함부로 마음을 주지 않는다. 결혼 후에는 오직
배우자와 자식에게만 정성을 다한다. 그러나 이런 눈의 남자는
일생 도화기가 많다. ─ 리잉차이,『眼相心鑑』

귀상貴相으로, 여성에게 많고 남성에게는 드물다. 남성이 이런 눈
을 가졌으면 성향이 여성적이다. 고대에는 이런 눈을 가진 여성
의 남편은 대부분 사회적 지위가 있으나 첩을 여럿 두었다. 그래
서 결혼생활은 원만하나 남편이 풍류를 즐겼다. ─ 수민평,『相學全
集』

도화안桃花眼

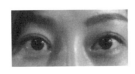

촉촉이 젖어 있는 눈이다. 여성의 경우
일생 동안 감정이 불안정하고 다른 사람
에 의해 감정이 쉽게 흔들린다. 이혼하
기가 쉽고 늘 삼각관계에 연루된다. 30세 후에 결혼하면 감정이

좀 안정된다. 일찍 결혼할 경우 해로하기 어렵다. 남자의 경우 색정의 문제가 아니면 관재수가 발생한다.

눈꺼풀이 아래로 쳐져 눈의 절반을 덮은 형상도 도화눈의 하나로 본다. 대부분 여성에게 나타나는데 일생 동안 애정에서 행복을 얻기 어렵다. 중년과 말년에 독신으로 지내는 사람이 많다. 눈이 수려하면서 길고 눈물을 머금고 있으면 그 사람은 풍류를 즐긴다. 남성에게 많이 나타나고 정을 한곳에 주지 않는 사람이다.
— 수민평, 『相學全集』

눈의 형태가 길고 눈꼬리가 약간 위로 올라가고 눈썹이 길고 흰자위가 조금 탁하고 흑백이 불분명하고 눈에 물기를 머금은 것 같다. 미소를 머금은 것 같고 안신은 취한 듯 취하지 않은 듯하다. 성정性情이 낭만적이다. 어려서 집안사람들의 사랑을 받아서 제멋대로이고 감정기복이 심하다. 남달리 총명하나 의지와 결단력이 부족하고 일을 해도 용두사미로 끝난다. 정이 많고 이성에 대해 개방적이고 언행이 대담하다. — 리잉차이, 『眼相心鑑』

애기눈

어른임에도 불구하고 눈동자가 유난히 커서 아기의 눈과 같은 것을 말한다. 어른이 되어도 순진무구하고 착하지만 어린애처럼 유치하다. 때론 잘 웃다가 투정하는 것이 어린애 같다. 이런 여성은 본인보다 강하고 나이가 많은 남자를 배우자로 선택하는 것이 좋다[홍콩 배우 장만위張曼玉 참고].

안신眼神[눈빛]

눈을 볼 적에는 안신眼神을 보는 것이 중요하고, 그 다음이 눈의 형태이다. 눈의 형태는 주로 서로 다른 성격을 반영할 뿐이지 성공과 직접적인 관계가 있는 것은 아니다.

남. 강하지 않은 그윽한 눈빛

여. 안신이 기운이 있다.

남. 안신이 강하게 드러난다.

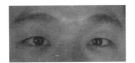

남. 재테크에 밝은 눈빛

여. 빛나고 총명한 눈빛

여. 눈과 마음이 선하나 음탕한 눈빛

안신은 건강을 반영한다. 흑백이 분명하고 안신이 있으면 오장이 건강하다. 안신이 약한 사람은 오장이 그다지 건강하지 않기 때문에 오장을 튼튼히 하는 운동을 해야 한다.

안신이 충족한 사람은 결단력이 있고 민첩하다. 눈에 안신이 없는 사람은 일생 동안 우유부단하고 일 처리가 명쾌하지 못하기 때문에 전문적인 일이나 큰 조직에서 일하는 것이 좋다. 사업을 할 경우에는 안신이 충족한 사람과 같이 하는 것이 좋다.

안신에는 밖으로 드러나는[露] 강한 눈빛과 그윽한 눈빛-깊은 눈빛[藏]이 있다.

두 눈이 형형炯炯하게 빛나고 급急하면서 사람을 압도하는 느낌을 주는 눈빛을 '드러나는 눈빛'이라 한다. 이러한 눈빛을 가진 사람은 성격이 급하고 성과를 내는 데 급급하다. 군인들의 눈빛

은 대체로 강한 편이고, 문학가와 예술
가, 경제 전문가들의 눈은 대부분 눈빛
이 그윽하다. 또한, 강한 눈빛은 위엄이
있는지 살기가 있는지 등으로 구분된다.

남. 평소에도 화난 상태의 눈빛

관상 공부를 시작한 지 얼마 되지 않은 사람은 이 둘을 구분하기
가 쉽지 않다. 구분을 제대로 하려면 먼저 사람들의 눈을 많이 보
아야 하고, 그 다음으로는 유명인들의 사진이나 영상물을 많이
보아야 한다.

전택궁田宅宮[눈두덩]

  눈 부위는 성 기능과 밀접하게 관련되어 있다. 눈 부위의 누당
淚堂은 신장腎臟이 주관한다. 신장 기능의 강약은 눈의 외형에 직
접적인 영향을 미친다. 그래서 고대 관상에서는 상안검上眼瞼 부
위를 전택궁田宅宮이라 하고, 하안검下眼瞼 부위를 자녀궁子女宮,
눈꼬리 부위를 처첩궁妻妾宮이라 했다. 정력이 왕성한지 약한지는
상안검이 풍후豐厚한지 얇은지로 판단할 수 있다. 남녀가 서로 사
랑하고 가정을 이루고 자식을 낳기 위해서는 가정이라는 울타리
가 필요했다. 그래서 관상에서는 눈과 그 주변 부위를 가택으로
본 것이다.

  고대 관상서에서 말한 전택궁에는 눈이 포함되어 있다. 『마의
상법』과 『유장상법』에서도 "田宅者, 立居兩眼, …"라고 기술했다.
그러나 현대 관상서에서는 눈썹과 눈 사이의 눈두덩 부위만을 전
택궁의 위치로 본다.

여. 50대 초반. 전택궁이 넓고 풍만하면서 깨끗하다. 대만에서 차 전문 매장 운영. 대만과 미국에 집이 있고 배우자운도 좋다.

전택궁이 풍광豐廣하고 살이 두터운 사람은 초년의 운세가 좋고, 고정 자산의 운기를 가지고 있어서 조상의 유산을 받고 전답과 집을 가진다. 또한 언변이 좋고 사교를 좋아하고 인간관계가 뛰어나다. 전택궁이 넓다는 기준은 눈썹과 눈 사이에 손가락 하나가 들어갈 정도의 간격을 말한다. 그러나 전택궁이 지나치게 넓으면 주관과 향상심向上心이 부족하여 부유한 가정에 태어나도 중년 이후로는 운세가 서서히 나빠진다. 여성이 전택궁이 지나치게 넓으면 정조 관념이 희박하다.

전택궁의 살집이 두텁고 턱이 둥글고 두터운 사람은 말년에 복을 누린다. 전택궁이 좋고 눈이 흑백이 분명하고 안신이 좋은 사람은 부동산 매매에서 쉽게 이윤을 얻는다. 전택궁이 좁고 살집이 없는(눈두덩이 들어간 것 같은) 사람은 부동산 매매에 재주가 있어도 거래 과정에서 여러 가지 어려움에 부딪치고 금전적 손실을 본다. 따라서 부동산 매매 일을 해서는 안 된다.

전택궁이 좁은 사람은 총명하고 행동이 민첩하다. 그러나 성격이 급하여 마음먹은 일은 당장 해야 하기 때문에 자신보다 반 박자 느린 사람을 기다리고 포용하기가 어렵다. 그래서 PR(public relation, 퍼블릭 릴레이션)나 판매 등과 같이 대인 관계를 통해 사업을 개척해야 하는 직업에는 맞지 않다. 사람들과 많이 접촉할 필요가 없는 컴퓨터 프로그래머, 그림, 노래, 연예계 사업이나 과학 연구 등의 직업이 상대적으로 적합하다. 개인의 이익을 중시하는 이기주의적인 성향이 있다. 또한 재테크 능력이 약하고 수입에 맞지 않게 지출이 많다.

가족이나 친척 관계의 친밀
도를 보는 곳이다. 그래서
동양인은 전택궁이 넓고, 서
양인(특히 미국인)은 전택궁
이 좁다. 동양인 중에서도
여성이 남성보다 전택궁이
넓다. 왜 딸들이 아들보다
부모와 연락을 자주 하는지
는 전택궁을 보면 알 수 있
다. — 수민펑,『相學全集』

여(좌), 남(우). 전택궁이 넓은 편은 아니지만
쌍꺼풀이 있어 부동산운을 가지고 있다.

남. 전택궁이 넓고 눈썹이 미골 위에 위치한다.
마음이 넓고 온후하다. 통찰력이 있고 사소한
것에 집착하지 않는다.

전택궁의 거리가 지나치게 좁으면, 즉 눈썹이 눈을 억누르는 형
상이면 성격이 조급하고 대인 관계를 잘하지 못한다. 전택궁의
넓이는 둘째손가락[食指] 정도의 넓이가 좋다. 지나치게 넓으면
성격이 온순하고 자기주장을 제대로 하지 못하며 투지鬪志가 없
다. — 천시晨曦

전택궁의 범위가 좁아도 쌍꺼풀 선 위쪽에 선명한 선이 하나 더
있을 경우 부동산운을 가지고 있다. 또한 쌍꺼풀이 있는 사람은
같은 면적의 외꺼풀을 가진 사람에 비해 전택궁이 넓은 것으로
간주해야 한다. 연예인 중에도 전택궁이 좁은 사람이 많은데, 이
들은 재산이 많다. 이것은 부동산운은 없으나 건물 임대업에서는
좋은 운을 가지고 있음을 의미한다. — 김현남

어미魚尾 · 간문奸門

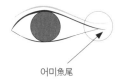

어미魚尾

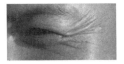

남. 어미 선이 많다.

관상에서는 눈을 물고기에 비유했기 때문에 눈꼬리를 '어미魚尾'라 칭했다.

눈꼬리 형태가 위로 향하는 사람은 적극적이고 낙관적이고 긍정적이다. 운기가 상대적으로 좋아서 어떤 일을 하든 성공할 가능성이 높다. 여장부 스타일의 여성은 눈꼬리가 위로 향해 있다.

눈꼬리 형태가 아래로 향하면 부정적이고 비관적이다. 일에 임하는 태도도 적극적이지 않다. 남자가 눈꼬리 형태가 아래로 향해 있으면 매사 좋은 게 좋다는 식이다. 성격이 좋아 친해지기 쉽지만 피동적이고 적극성이 부족하다. 평범한 삶을 추구하고 명리名利를 추구하지 않는다. 어미가 아주 많이 아래로 내려간 남자는 일을 해도 늘 열정이 부족하고 그럭저럭 살아가면 된다는 식이다. 이런 남자가 이성에는 관심이 많아 나이가 들어도 식을 줄 모른다.

어미선은 성욕의 강약을 반영한다. 하나의 어미선이 아주 길면서 뚜렷하게 간문奸門 안으로 가로질러 있으면 성욕이 왕성함을 나타낸다. 어미선이 아래로 처져 있으면 성 능력이 부족하거나 감퇴하는 단계에 들었음을 나타낸다. 어미선이 두 개면 그 사람은 강한 성격으로 긴장형에 속한다. 일 처리에서도 자신이 기준이 되고 다른 사람들은 이것을 따라야 한다. 실수를 인정하지 않는 것이 가장 큰 문제이다.

『帶眼識人』. 어미·간문에 상처가 있거나(왼쪽) 십+자 무늬가 있거나(가운데) 주름이 교차하는 것(오른쪽)은 배우자를 극剋하는 기호이다.

어미선은 나이가 들면서 늘어나는 것이 정상이다. 그러나 젊어서 어미선이 여럿 생기는 사람은 무슨 일을 하든 다른 사람의 손을 빌리지 않고 직접 해야만 되는 성격이다. 이런 사람을 상사로 모시면 아랫사람이 힘들어 한다.

고대에는 좌측 눈꼬리를 처궁妻宮으로 보고 우측 눈꼬리를 첩궁妾宮으로 보았다. 그러나 일부일처제인 현대에는 좌측 눈꼬리를 첫 번째 아내로 보고, 우측 눈꼬리를 이혼 후 재혼한 아내나 바깥의 연인으로 본다.

어미·간문에 대한 관상가들의 해석

어미선은 지나치게 길어서도 안 된다. 지나치게 길면 성욕이 왕성하여 절제할 줄 모르는 것을 의미한다. 또한 일생을 늘 바쁘게 일해야 하는 운명이다. 어미선이 가위 형이나 일자 형이면 남자는 아내를 극하는 상이고 여자는 남편에게 이롭지가 않다. 어미선이 지나치게 많으면 일생을 바쁘게 일해야 한다. 소득이 많아 생활과 관련한 걱정이 없음에도 타고나기를 일 광狂이다. 하루라도 일이 없으면 그 사람에게는 견디기 힘들다. 열심히 일을 해야만 편안함과 즐거움을 느낄 수 있다. 어미선이 위로 향하고 그 길이가 천창天倉에 미칠 정도이면 일생 동안 적극적이고 진취적으

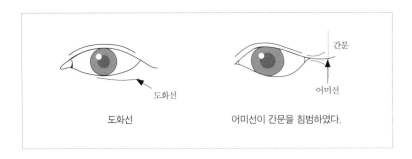

도화선

도화선

어미선이 간문을 침범하였다.

간문

어미선

로 일을 한다. — 리잉차이, 『眼相心鑑』

여성의 얼굴에서 눈꼬리 밑에 여러 갈래의 잔주름이 있으면 남편
운이 없거나 원만한 부부생활을 유지하기 어렵다. — 최형규

어미선이 지나치게 깊거나 4개의 어미선이 있는 사람은 혼인에
문제가 있고, 심할 경우 재혼, 삼혼을 할 수도 있다. — 빠이허밍,
『教你看相快而準』

어미선이 없는 눈은 난자(알)에 비유된다. 미성숙을 의미한다. 기
술 계통의 일은 가능하나 경영은 어렵다. 어미선이 1~2개가 있
는 것이 정상이다. 한 개의 어미선은 약간 성숙한 올챙이에 비유
되고 두 개의 어미선은 청개구리에 비유된다. — 천따요우陳大有

어미에 주름이 있다는 것은 부부궁을 침범하는 것으로 배우자를
극하거나 '이혼'의 표시로 볼 수 있다. '도화'의 표시로 봐서는 안
된다. 단 30세 전에 나타나는 것으로만 판단해야 한다. 나이가 들
어 생기는 것은 '표정선'으로 반드시 이혼을 의미하는 것은 아니
다. 진정으로 도화를 의미하는 것은 눈 아래 한 줄 가로선이 눈꼬
리까지 이어진 것이다. 이 선이 있는 사람은 남녀를 막론하고 일
생 동안 도화가 끊어지지 않고 주동적으로 이성을 쫓는다. — 수민
펑, 『觀相知人』

어미선이 깊고 많으면 배우자를 극한다. 어미 · 간문은 부부 간의

감정과 건강을 보는 곳이다. 어미선이 곧게 간문으로 뻗었으면 배우자는 필연적으로 몸이 약하여 병이 잦거나 부부 간에 애정이 없다. ― 수민펑, 『相學全集』

어미선이 길고 깊이 패였다. 배우자에게 이롭지 못하다. 배우자가 병이 날 수도 있다. 여기다 도화눈이면 풍류를 즐기는 성격이다.

어미·간문에 금이 있거나 마른 색에 나쁜 점이 있으면 결혼을 늦게 하는 것이 좋다. 일찍 결혼할 경우 결혼생활이 평탄치가 않다. ― 리잉차이, 『眼相心鑑』

눈꼬리(어미)와 간문 부위에 짙은 커피색이 나타나면 현재 배우자와 다툴 일이 생겼음을 나타낸다. 눈꼬리 부위가 암흑색을 띠고 콧대가 꺼졌으면 결혼생활에 문제가 있어 이혼할 상이다. 대부분 35~41세 사이에 일어난다. ― 수민펑, 『觀相知人』

남자가 간문이 지나치게 넓으면(그 넓이가 손가락 세 마디를 넘어서면) 부부 사이가 좋지 않다. 여자가 간문이 지나치게 넓으면 결혼생활이 좋지 않으나 상대적으로 남자만큼 나쁜 것은 아니다.

어미선이 (짧고) 깊으면 이혼 확률이 높다. 귀와 눈(물기가 있는 도화눈)을 함께 참조해서 판단한다. 귀가 좋으면 부부 사이가 원만하지 않아도 이혼까지 가지 않는다.

처첩궁妻妾宮은 눈꼬리에서 귀밑머리까지의 부위로, 어미·간문을 포함한다. 그런데 대부분의 관상서에서는 어미와 간문을 같은 위치의 명칭으로 보고 "처첩궁은 어미 혹은 간문이라 칭한다"라고 표현하고

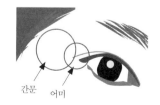

간문   어미

있다. 왜 그럴까? 그것은 실제 관상을 볼 적에 이 두 부위를 같이 묶어 판단해도 가능하기 때문이다. 또 다른 원인은 고전 관상서의 해석 영향이 크다.

『유장상법』에서는 처첩궁을 "처첩은 어미의 자리로 간문이라 부른다[妻妾爲居魚尾, 號曰奸門]"라고 설명하였다. 1960년대의 저서인『상해비전 상법전서』에도 "처첩궁은 두 눈 끝에서 두 귀까지의 사이를 가리키는데 이곳을 어미 또는 간문이라고 한다"라고 해석했다. 그러나 13부위도部位圖를 보면 어미는 산근부山根部에 속하고 외양外陽 뒤, 간문 앞에 위치한다. 간문도 산근부에 속하고, 어미 뒤 천창天倉 앞에 위치한다. 따라서 13부위도에 근거한 정확한 해석은 "처첩궁의 위치는 어미와 발제 사이로 어미와 간문 두 부위를 포함한다"이다.

처첩궁妻妾宮을 일부일처제인 현대에는 '부부궁'이라 칭하기도 한다. 또한 '처첩궁'이라 칭한다고 해서 이 부위가 여성과 무관한 것은 아니다. 처첩궁은 피부 살이 풍만한 것이 좋다. 그러나 지나치게 풍만해서는 안 된다. 남자가 처첩궁이 지나치게 풍만하여 돌출된 모양은 이롭지 않다. 아내의 성격이 지나치게 강하다 보니 사소한 일로 늘 다투게 되고 궁극에는 이혼의 도화선이 된다.

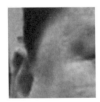
처첩궁 부위가 많이 돌출되었다.

미혼의 남녀가 처첩궁 부위의 기색이 명윤하면 좋은 배우자를 만나 결혼할 수 있다. 곧 결혼하게 될 남녀의 처첩궁의 기색이 약간의 홍색을 띠면 경사스러운 일이 잇달아 생긴다는 것을 나타낸다. 결혼 후에도 기색이 이전처럼 명윤하다면 이는 부부 사이가 좋음을 나타낸다. 어두운 청색이 나타나면 배우자의 몸이 약해졌음을 나타낸다(심신불안). 기색이 검어졌으면 병세가 더 악화되었음을 나타낸다. 남자의 좌측 눈꼬리는 처를 나타내고 우측 눈꼬리는 애인을 나타낸다. 부

여. 처첩궁 부위가 깨끗하고 풍만하다.

여. 처첩궁 부위가 좁고 꺼졌다.

남. 어미 부위가 꺼지고 잔주름이 깊이 패였다.

남. 어미 부위가 꺼진데다 깨끗하지 않고 점이 있다.

부 사이를 관찰할 때는 이 둘을 잘 구분해야 한다.

처첩궁 부위만을 가지고 남자의 결혼운을 판단할 경우에는 그 적중률이 높지만, 여자의 경우는 적중률이 높지 않다. 나의 경험에 따르면 여성의 결혼운을 판단하려면 반드시 코를 살펴보아야 한다. 여자에게 코는 '부성(夫星, 남편 자리)'이기 때문이다. 코가 잘 생긴데다 관골까지 잘 받쳐 주면 화목한 결혼생활을 보낼 수 있다. 코가 비뚤거나 마디가 지거나 관골이 적절하게 받쳐 주지 않으면 결혼생활에 문제가 발생한다. 여자는 코를 중점으로 보고 그 다음에 처첩궁을 보아야 적중률이 높다. — 린전, 『林眞面相學-經驗談』

자녀궁子女宮(와잠臥蠶 · 누당淚堂)

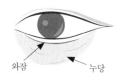

와잠   누당

자녀궁子女宮의 위치는 하안검下眼瞼으로, 와잠臥蠶과 누당淚堂 부분을 포함한다. 아래눈꺼풀 눈썹을 따라 도톰하게 일어난 곳으로, 잠자고 있는 누에를 닮았다 하여 '와잠'이라 한다. 그 아래 부위인, 손끝으로 눌렀을 때 뼈가 닿지 않고 움푹 들어간 곳을 '누당'이라 한다. 이 두 곳을 가리켜 12궁宮 중의 하나인 '자녀궁子女宮'이라 한다. 자녀궁은 '남녀궁男女宮'이라 칭하기도 한다. 리잉차이는 이 부위를 자손子孫과의 인연이나 자손의 복록을 보는 '자손궁子孫宮'이라 칭했다.

자녀궁은 자율신경이 모인 곳으로 신장 · 생식기 계통과 밀접한 관련이 있다. 또한 유전자를 나타내는 부위이다. 이 부위를 통해 수태, 출산 기능을 가늠한다. 그래서 고대 관상서에서는 후손이 있고 없고를 이 부위를 보고 판단했다. 자녀궁이 풍만하고 살이 있고 기색이 명윤明潤하면 후손이 번창함을 나타낸다. 이 부위가 살이 없고 마른 색깔이면 대를 잇기가 쉽지 않은 안상眼相이다. 자식이 있다 해도 박복하여 자식과의 인연이 없다.

이 와잠 부위는 도톰하게 일어나는 사람도 있고 편평한 사람도 있다. 평소 이 부위가 편평한 사람도 웃을 때는 도톰하게 나타난다.

신경쇠약이나 수면 부족으로 호르몬 분비가 균형을 잃거나 방사房事 과다로 신장이 피곤할 경우 다크서클이 생긴다. 과거 선한 일을 하여 음덕을 쌓았을 경우에도 이 부위에 황명黃明하고 윤택한 색이 나타난다. 이것을 '음즐문陰騭紋'이라 한다.

현대 관상서의 대부분은 와잠과 누당의 위치를 구분하지 않고 같은 위치로 보았다. 이 역시 처첩궁의 어미·간문과 마찬가지로 고서의 해석 영향이 크다.

와잠 부위가 도톰하게 드러나는 눈(좌)과 드러나지 않는 눈(우). 눈 아래 속눈썹 자리를 따라 살집이 볼록하게 일어난 부위이다. 한 마리의 누에가 누워 있는 형상이다.

눈 아래에 위치하고 '누당' 혹은 '와잠'이라 한다.[俱在眼下, 名淚堂, 又名臥蠶.] ―『유장상법』

남녀궁은 두 눈 아래에 위치하고 '누당'이라 부른다.[男女者, 位居兩眼下, 名曰淚堂.] ―『신상전편』

남녀궁은 눈 아래 와잠의 자리에 위치한다.[男女宮者, 在眼下臥蠶之位.] ―『상리형진』

그러나 리잉차이와 최형규는 이 둘을 구분하여 설명했다.[3]

누당은 와잠의 아래에 위치한다. 즉 남녀궁의 위치로 …. ― 리잉차이, 『臉臉俱玄』

아래 눈꺼풀 눈썹을 따라 도톰하게 일어난 곳이 와잠(臥蠶, 누에의 형상)이다. 와잠 아래 부위를 손끝으로 눌러 뼈가 닿지 않는 곳을 누당이라 한다. ― 최형규

---

3 실제 관상을 볼 적에는 와잠과 누당의 위치 구분 없이 하나로 묶어서 봐도 무방하다. 즉 자녀궁의 위치로 본다.

자녀궁에 대한 관상가들의 해석

결혼한 여성이 자녀궁 부위의 근육이 부풀어 오르고 색이 황윤黃潤하면 잉태한 아이가 아들일 확률이 높다. 이 부위가 옅은 청색이면 딸일 확률이 높다. ─ 리잉차이, 『眼相心鑑』

와잠이 풍부함은 수태 기능이 왕성함을 말한다. 남성은 왼쪽 와잠에서 아들 운을 보고 오른쪽 와잠에서 딸 운을 본다. 여성은 반대이다. 남성은 왼쪽 와잠이 발달하면 남아 출산율이 높고, 오른쪽 와잠이 발달하면 여아 출산율이 높다. 산모의 오른쪽 눈머리 쪽 와잠이 견실하면 첫아들을 낳는다. ─ 최형규

자녀궁은 멀리서 보면 반원의 물주머니 형태를 띤다. 임신을 했을 때 자녀궁은 부풀어 오른다. 살집이 와잠과 같고 색깔이 깨끗하고 맑다. 임산부의 좌측 눈에 홍색이 보이면 남자아이를 낳고 우측 눈에 홍색에 청색을 띤 색이 보이면 여자아이를 낳는다. ─ 화이보華藝博

여성의 눈 아래 그물 무늬가 있으면 남편을 극하는 상이다. 만약에 부부가 모두 이 무늬가 있다면 둘 다 개성이 강하여 충돌할 수밖에 없고 궁극에는 이혼으로 치닫는다. 눈 아래 우물 정井 자의 무늬가 있으면 생각이 비관적이어서 우울증에 걸리기 쉽다. … 눈 아래 한 줄기 수직 무늬가 있으면 자녀를 극하는 상이다. 자식을 낳아 키울 수 없거나, 자식을 낳아 키워도 자식의 도움을 받기가 어렵다. 예를 들면, 자식이 몸이 허약하고 병이 잦을 수도 있고, 그렇지 않으면 자식과 친밀한 관계를 유지하기 어렵고 말년에는 자식이 없는 것과 마찬가지로 고독하다. ─ 리잉차이, 『眼相心鑑』

눈꼬리 아래쪽으로 잔주름이 많은 여성은 대부분 부부생활이 원

여(좌), 남(우) 자녀궁이 풍만하고 깨끗하여 자식복이 많다.

자녀궁에 잔주름이 어지럽게 있고 점이 많다. 자식과 아내를 극한다.

만하지 못하다. 남성에게 같은 잔주름이 있을 경우에는 성기능이 쇠퇴함을 의미한다. 누당이 힘이 없으면 와잠 역시 건강할 수 없다. 그래서 둘을 동일하게 봐도 무방하다. 와잠의 아이라인 화장법은 엄격히 금한다. 자녀를 잃은 어미의 와잠이 거무스레하기 때문이다. 누당이 빈약한 여성은 맞벌이를 하는 경우가 많다. 또한 자궁 질환을 조심해야 한다. 자식복의 유무 판단은 세 부위를 같이 보고 판단해야 한다. 즉 와잠과 누당을 통해 잉태와 출산을 판단하고, 인중을 통해 성장 과정을 판단하고 턱을 통해 자식의 존재를 판단한다. ― 최형규

자녀궁의 검은 점은 '눈물점'이라 한다. 자식 때문에 고생할 상이다. 여자는 우측, 남자는 좌측에 점이 있으면 남자아이 때문에 고생한다. 여자는 좌측, 남자는 우측에 점이 있으면 여자아이 때문에 고생한다. 여성은 선천성 자궁질환이나 비뇨기 계통 질환이 있고, 남성은 전립선염이나 비뇨기 계통 질환이 있다. ― 화이보

7. 코[鼻]

41~50세 – 코의 유년 운세

코는 41~50세의 운을 지배한다. (46, 47세 관골의 운세도 참조한다).

코 유년도

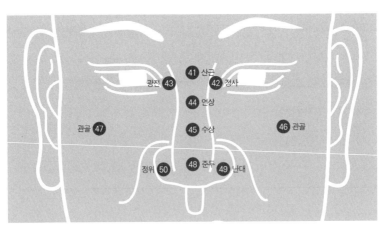

산근山根 41세(인당印堂 아래 두 눈 사이) 정사精舍 42세(콧대의 좌측) 광전光殿 43세(콧대의 우측)
연상年上 44세(산근山根 아래 손가락 하나 정도) 수상壽上 45세(연상年上 아래 손가락 하나 정도) 준두準頭(코끝) 48세 난대蘭台 49세(좌측 콧방울) 정위廷尉 50세(우측 콧방울)

코는 콧대가 곧고 두텁고 콧방울이 넓고 콧구멍이 드러나지 않으면 부귀한 상이다. 코는 토성土星으로, 만물의 어머니이다. 토[흙]가 없으면 만물이 자랄 수가 없다. 그래서 코는 오관五觀 중에서 재성財星이며, 12궁 중에서 재백궁財帛宮이다. 콧대는 돈을 버는 능력을 뜻하고, 코끝은 들어오는 돈이 많고 적음을 나타낸다. 콧방울은 재테크 수법을 뜻하고 콧구멍은 소비 태도를 의미한다. 코는 또한 부성夫星이라 하여, 여성의 코를 보고 남편운을 판단한다. 고대에는 여성이 사회활동을 하지 않고 남편에 의존해 살았기 때문이다. 콧대 부분은 산근山根, 연상年上, 수상壽上으로 분류한다.

41세 – 산근山根

41세는 산근山根의 운에 해당한다. 산근의 위치는 두 눈 사이, 콧대의 시작점이고 위로는 인당印堂과 이어진다. 상정上停의 기운이 중정中停으로 이어지는 곳이다. 그래서 산근은 평만平滿하고 넓어야 하고 선이나 점이 있어서는 안 된다. 산근이 낮고 주름이나 점이 있으면 청소년의 운기가 직접 중년의 운기로 이어지지 못하고 41~43세에 사업, 건강, 결혼생활 등에 장애가 있게 된다. 따라서 이마가 높고 넓어도 콧대가 낮고 편평하거나 좁으면 청소년기의 왕성한 기운이 순조롭게 산근을 거쳐 중년의 운기로 이어지기 어렵다.

산근의 위치

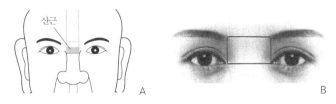

A   B

관상가에 따라서는 산근의 위치 폭을 넓게 잡기도 한다(그림 B).

산근이 높다는 것은 자신감과 자존감이 강하다는 것을 나타
낸다. 산근이 낮으면 자신감이 부족하여 큰일을 해내지 못한다.
얼굴이 둥근 형을 제외하곤 다른 사람에게 기대어 성과를 얻는
다. 남자의 산근은 대체로 여성보다 높다. 그래서 남자의 자신감
과 자존감이 여자보다 강하다. 여성이 산근이 매우 높으면 자신
을 지나치게 높게 평가한다. 관골의 도움을 얻지 못하면 다른 사
람과 어울리기 어렵고 결혼을 못하거나 결혼생활이 나쁠 수도 있
다. 또한 산근이 높으면 인생역경에 도전하는 의지가 강하고, 산
근이 낮으면 저항하는 능력이 약하다. 소극적으로 받아들이고 인
내한다.

산근은 건강을 판단하는 곳이기에 '질액궁疾厄宮'이라 한다. 이
곳에 가로 주름이 있을 경우 만성 위장병을 가지고 있다고 본다.
또한 연상·수상과 함께 건강을 판단하기도 한다. 산근이 높은
사람은 낮은 사람에 비해 체질이 상대적으로 강건하다.[1] 산근이
낮은 사람은 폐, 목, 기관지에 탈이 나기 쉽다.

---

1 서구 사람들은 대체로 산근이 높은데, 이것은 민족적 특성이기 때문에 그들 모두가 체
질이 강건하다고 판단해서는 안 된다.

산근과 콧대는 부부궁으로 산근이
높으면 배우자의 도움을 받을 수 있
다. 코의 형태가 길면 더욱 좋다. 산
근에 주름이나 점이 있으면 혼인에
이롭지 못하다. 남녀 모두 동일하

여. 산근이 높다 남. 산근이 낮다.

다. 혼인에 장애가 생기는 나이는 20, 29, 38, 41세이다. ― 수민평,
『觀相知人』

산근에 점이 있으면 병이 잦다. 신장腎臟 계통 질병에 주의해야
한다. ― 리잉차이, 『臉臉俱玄』

여성의 산근·인당이 높고 두텁고 넓으면 남자의 상이다. 여자는
이러한 상을 가장 기피한다. 여장부로 외향적이다. 젊어서 남편
을 극剋하지 않으면 노년에 반드시 극剋한다. ― 판뼁탄

여성의 산근이 평만平滿하거나 조금 높으면 결혼생활이나 사업이
원만하다. 산근이 높으면 조상의 가업을 잇거나 윗대의 음덕을
받는다. ― 린궈슝

42, 43세 ― 정사精舍·광전光殿

콧대에서 산근의 좌측 부위가 정사精舍이고 우측 부위가 광전
光殿이다. '정사精舍·방광膀胱'이라고도 칭하며, 신장腎臟을 보는
곳이다. 이 부위가 암흑색을 띠면 신장과 체력이 약함을 의미한
다. 또한 이 부위는 남녀관계를 보는 곳
으로, 정사精舍는 부좌夫座 즉 남편자리
이고, 광전光殿은 처좌妻座 즉 아내자리
이다. 이곳에 상처나 점이 있으면 부부
사이가 좋지 않아 자주 다툰다. 산근의

가로줄 위치 전체가 애정과 남녀관계를 보는 곳이다.

44, 45세 – 연상年上 · 수상壽上

산근 아래쪽 비골鼻骨과 연골軟骨이 있는 곳을 말한다. 비골의 위치가 연상이고 연골의 위치가 수상이다. 이 부위를 합쳐 '질액궁'이라 한다. 이 부위는 질병과 재액을 보는 곳이다. 이 부위가 풍융豐隆하고 빛나면 장수한다. 산근을 포함해 연상年上 · 수상壽上도 남녀 간의 애정을 보는 곳이다. 산근에 점이 있으면 연인 간의 애정이 원만하지 않고, 늙어서도 외로울 가능성이 아주 크다. 미세한 반점이라도 애정이 순탄치 않음을 나타낸다. 45세를 넘겨야 사이가 좋아진다.

웃을 때 연상 · 수상에 세로선이 나타나면 남편에게 의지하기 어려움을 나타내고, 웃지 않아도 이 선이 나타나면 생활이 힘들고 자식과의 인연이 약함을 의미한다. 남자가 연상 · 수상에 마디가 생기는 것은 별 문제가 안 되지만 여성이 이런 코일 경우에는 양기가 과하여 배우자와 성격상 충돌을 피하기가 어렵다. 콧대가 낮고 성격이 부드러운 남성과 궁합이 맞다.

48세 – 준두準頭 (코끝)

준두準頭는 코끝을 말한다. 정재正財의 대표 부위로 토성土星이다. 준두는 그 형태가 두텁고 살이 견실하게 붙어 있어야 하며 기색이 명윤明潤하고 상처나 점이 없어야 한다. 그래야만 재운이 좋고 부를 축적할 수 있다.

준두에 홈이 팬 것 같은 흔적이 있는 사람은 묻길 좋아하고 의심이 심하고 다른 사람이 내린 답을 믿지 않는다. 코는 재성財星

준두　　　　　　남. 준두가 둥글고 크다.　　　준두에 누조가 있다.

이다. 코에 구덩이 있는 것은 재물 손실이 많아 본인이 감당할 수 없음을 의미한다. 『수경집水鏡集』에서는 '누조(漏槽, 통이 새는 것)'로 묘사했다. 준두에 흠집이 있어도 재운에 장애가 있다고 본다.

49, 50세 – 난대蘭台 · 정위廷尉(콧방울)

좌측 콧방울을 '난대蘭台', 우측 콧방울을 '정위廷尉'라 한다. 난대 · 정위는 고대의 관직명으로 난대는 사법을 관장하는 관명官名이고, 정위廷尉는 문건을 관장하는 관명官名이다. 오늘날에는 난대와 정위를 사법관의 의미로 받아들여 법관을 지칭할 적에 사용하기도 한다. 또한 난대를 '금궤金匱', 정위를 '갑궤甲匱'라고도 한다. 이 둘을 합쳐 '금갑金甲'이라 한다.[2]

코는 재백궁財帛宮이다. 콧대(콧등)는 돈을 버는 능력을 나타내고, 준두는 수중에 들어오는 재물의 많고 적음을 나타낸다. 콧방

---

2 금궤金匱는 13부위도에서 수상壽上 바로 옆자리의 명칭이다. 금궤는 '금을 담아 두는 궤짝'의 의미로, 갑궤甲匱는 제일 중요한 것 즉 땅문서 등을 보관하는 '궤짝'의 의미로 볼 수 있다. 혹자는 "사람의 코는 용기와 자신감의 상징이다. 콧방울은 담량과 역량을 나타내므로 '금갑金甲'이라 한다. '금갑'이란 장수가 입는 갑옷을 말한다"라고 해석하기도 한다. 중국의 고대나 현대 관상서에서는 '蘭台'를 '蘭臺'로 표기하기도 하였다. 『고금도서집성도집古今圖書集成圖集』에서도 '蘭臺'로 표기했다. 그러나 이 명칭이 관직명에서 유래했다면 '蘭台'로 표기해야 한다. 국내 관상서 중에는 '蘭臺'의 우리 음을 '란태'로 표기하였는데, 이는 틀린 것이다.

울은 돈을 저축하는 능력(재테크 능력)을 나타내고, 콧구멍은 소비 태도를 나타낸다. 또한 준두는 정재正財운을 나타내고 콧방울은 편재偏財운을 나타낸다. 정재운이 있는 사람은 코끝이 둥글고 윤기가 나고, 편재운이 있는 사람은 콧방울이 뚜렷하다.

콧방울은 살이 있고 두텁고 견실한 것이 좋다. 콧방울은 붉은색을 금기시 한다. 일생 동안 파재破財를 입을 일이 많음을 의미하기 때문이다. 콧방울의 살이 두터우면 정재正財코로 저축으로 부를 축적하고 안정된 직종에 종사한다. 콧방울에 살이 없으면 편재偏財코로 재물의 변동이 많기 때문에 부동산을 많이 사서 손실을 줄여야 한다. 좌우 콧방울의 높낮이나 크기가 서로 다른 사람은 도박을 해서는 안 된다. 콧구멍에 점이 있으면 궤짝에 구멍이 난 것과 같다. 많은 현금을 손에 쥐고 있어서는 안 된다. 콧구멍이 드러나는 사람은 돈을 모으기 어렵다. 말년을 생명보험이나 주식 이자에 의존해 살아야지 투기를 해서는 안 된다.

콧방울의 형태와 해석

콧방울이 바깥으로 퍼지면서 살집이 풍부한 사람은 재테크에 뛰어나다. 재정을 이런 사람에게 맡기면 문제가 생기지 않는다(그림 A).

콧방울에 살이 있고 힘이 있으면 재운이 있다. 난대蘭臺는 편재운을 보는 곳이고 정위廷尉는 창고로, 튼실하면 재물이 흩어지지 않는다(그림 B).

콧방울에 살이 없고 좌우 크기가 다르고 콧대가 기울었다. 콧방울이 위아래 균형이 맞지 않거나 크기가 다르면 재운의 기복이 심하고, 물질적 욕망을 채우기 위해 위험한 투기를 한다(그림 C).

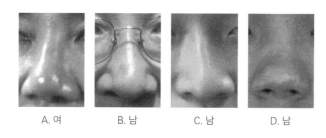

| A. 여 | B. 남 | C. 남 | D. 남 |

콧방울이 빈약하고 우측으로 기울었고 콧구멍이 보인다. 재물을
모으기 어렵다(그림 D).

코의 여러 형태와 해석

코의 길이와 넓이

코의 길이는 한 개인의 이해력과 사고력, 도덕성을 반영하는
표식이다. 코의 표준 길이는 얼굴의 1/3이다. 이보다 길면 긴 코
에 해당한다. 코의 길이가 표준인 사람은 두루 생각하고 충분히
준비하여 차근차근 일을 진행한다. 신중하고 충동적이지 않다.
코가 표준보다 긴 사람은 매사 주저하고 확실히 결정을 내리지
못한다. 소극적이고 침울하다. 반대로 코가 짧은 사람은 생각이
얕고 일 처리가 대충이고 경솔하고 자제하며 기다리지 못한다.

코는 얼굴 길이의 3분의 1이 가장 좋고 아름답다. 서양 관상에
서는 상대적으로 긴 코를 '우려감'의 상징으로 보았으며, 어떤 사
안에 대해 지나치게 긴장하여 스스로를 힘들게 하고 우울한 상
태에 빠지기가 쉽다고 했다. 해리 벨킨Harry H. Balkin은 '변통성變
通性'으로 정의하고, "코가 현저히 긴 사람은 일 처리에서 변통성

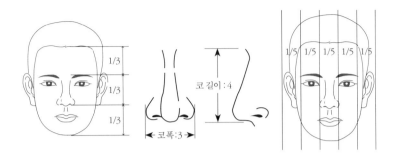

이 부족하여 지나치게 진지한 결점이 있다. 그러나 고상한 기질에 졸렬하고 속된 행동은 하지 않는다"라고 해석했다. 리잉차이는 코가 긴 여성은 천성적으로 의심이 많다고 했다.

코의 넓이는 활동력과 정력의 징표이고 활동 범위의 넓고 좁음을 나타낸다. 코의 넓이는 두 눈동자 사이의 거리를 표준으로 해서 대략 얼굴 넓이의 1/5이다. 이 거리보다 크면 큰 코이고 이 거리보다 작으면 작은 코이다. 코의 길이와 넓이의 표준 비율은 4 : 3이다. 즉 코의 길이가 4cm이면 코의 표준 넓이는 3cm이다. 코가 넓은 사람은 왕성한 체력에 공격력을 가지고 있다. 권투나 유도 선수 등이 여기에 속한다. ― 리잉차이, 『觀鼻匯』

중정中停이 현저히 짧고 둥근 얼굴형에 코가 (길이가) 짧은 자는 주변 사람의 도움을 받을 수 있다. 마른 얼굴에 코가 짧은 자는 인연이 좋지 않아 일생 동안 큰 성과를 내기 어렵다. … 코가 높다[高]는 것은 콧대, 즉 양 눈 사이의 산근山根의 위치가 높다는 것을 말한다. 준두가 높은 것은 포함되지 않는다. 코가 높은 사람은 우월감과 자존감이 높다. 오만함도 있고 자신과 타인에 대한 요구가 높다. 그러나 이러한 성격 요소가 성공을 밀어붙인다. 코가 낮다는 것은 콧대의 산근 부분이 편평扁平하거나 꺼진 것을 말한다. 출발점이 좋지 않기 때문에 코가 길거나 커도 마지막 성과는 떨어진다. 코가 낮은 사람은 확실히 자신감이 부족하기 때문에 준두가 높아도 그 자신감은 가장된 것이다. 남성은 코가 낮으면 사업 성과가 낮고 여성은 남편에게 의존하기 어렵다. ― 수민평, 『相學全集』

희랍코〔直鼻〕

희랍코는 콧대가 곧으면서 길고 코끝이 뾰족하면서도 둥글다. 코의 형태가 희랍의 여신상 코처럼 아름다워서 예술적 기질이 있는 코라고도 한다. 이런 코를 가진 자는 완벽주의자로 일생을 완미完美함을 추구하다 보니 배우자를 힘들게 할 수도 있다. 결혼 후 나이가 들어 살이 찌고 주름살이 많아지고 대머리가 될 경우 희랍코의 아내는 견디기 어려워할 것이다. 버림 받지 않기 위해서는 남편이 외모에 신경을 많이 써야 한다.

희랍코

여. 희랍코

희랍코의 여성이 자기만족도가 높으면서 보다 적극적인 사회생활을 하기 위해서는 코에 상응하는 관골이 뒷받침되어야 한다. 여성의 관골은 코(남편)를 지키는 울타리이기도 하다. 코만 유달리 높을 경우 바람막이가 없는 외로운 고봉孤峰 신세가 된다. 희랍코에 반이反耳 형태의 귀를 가진 여성은 성향이 비판적이다.

복서비伏犀鼻

산근이 높게 솟아 콧대가 곧게 인당印堂 아래로 이어져 길고 높은 코 모양을 이룬다. 이것을 '복서비伏犀鼻'라 칭하고 고서에서는 '산근관인山根貫印'이라 표현한다. 부귀富貴한 코의 형태이다.

애기코

애기코삼는 코가 짧고 산근이 꺼졌고 콧등이 낮으면서 넓고 준두가 약간 위로 향하면서 콧구멍이 보인다. 코가 덜 자란 어린애코 형상이다. 어린

애기코   여. 애기코

애처럼 천진난만하고 단순하고 호기심이 많아 묻기를 좋아한다. 90%가 여성이고 남성에게는 드물다. 남성이 이러한 코를 가지고 있으면 대체로 큰일을 이루기 어렵다. 애기코의 여성은 자기보다 나이가 한참 많은 남성에게 시집가는 것이 좋다. 천진한 마음을 지니고 있기 때문에 예술 계통에 종사하면 좋으나 상업에 종사할 경우 계산하고 방법을 꾀하는 데 서툴기 때문에 벽에 부딪치기 십상이다. 또한 여성은 호기심이 많기 때문에 추리극이나 역사물을 좋아하고 수사관 같은 직업에도 관심이 있다.

감정 기복이 심하고 늘 자신도 모르게 사소한 짜증을 부린다. 매

---

3 이 밖에도 여성에게 많이 나타나는 코의 형태로는 후처코[繼室鼻]와 첩코[二奶鼻]가 있다. 이 둘은 코의 형태와 특징이 상당히 유사하다. 이 두 코에 대한 자세한 설명은 리잉차이, 『관비회觀鼻匯』 참고.

사를 기분 내키는 대로 결정한다. 가까운 사람에게는 자신에게 맞춰주길 원하면서 정작 본인은 원래 가졌던 생각을 잘 바꿔버려 상대를 감당하기 어렵게 만든다. 콧등이 편평扁平하다는 것은 자신감과 진취성이 부족하다는 것을 의미한다. 일을 해도 투지나 의지가 없어 큰 성과를 내기는 어렵다. 애기코에 준두가 크고 둥글면 감정이 풍부하여 잘 웃고 잘 운다. 자식운이 좋다. 자녀는 품격이 있고 건강하고 효심이 있다. ― 리잉차이,『觀鼻匯』

콧대가 휜 코

콧대가 좌측으로 휜 사람은 투기를 좋아하고, 늘 노력하지 않고 결과를 얻을 생각을 한다. 늙어 재물이 모이지 않는다. 콧대가 우측으로 휜 사람은 인색하여 돈을 쓰지 않고 종일 돈 벌 궁리만 한다. 부부가 해로하기 어렵다. ― 리잉차이,『臉臉俱玄』

우측으로 휜 코

일이 발생해도 직접적으로 반응하지 않고 생각을 정리한 후에 표현한다. 그런 것이 계략적이거나 심사가 나쁜 것을 의미하는 것은 아니라 할지라도 직접적이고 솔직한 사람은 아니다. 코가 좌측으로 비뚤어진 사람은 대부분 아버지가 먼저 세상을 떠나고 우측으로 비뚤어진 사람은 어머니가 세상을 먼저 떠난다. 여성의 코가 심하게 비뚤어져 있으면 결혼생활이 원만하지 않다. ― 수민핑,『相學全集』

내 경험상 코가 기울거나 꺾인 사람은 대부분 관새소송이나 상해傷害를 당했다. 고서에서 말한 "마음이 바르지 못하다心術不正"에 동의하기 어렵다. 내가 아는 몇 사람은 열심히 일하고 법을 어긴

적이 없다. 오히려 지나치게 청렴해서 화를 자초했다. 주관이 강하고 성격이 강직한 면은 있다. — 주취에챠오, 『帶眼識人』

절통비截筒鼻

정면에서 봤을 때 원통圓筒을 갈라서 엎어놓은 것 같은 형태이다. 살이 두텁고 콧구멍이 작거나 안 보인다. 고서에서는 큰 부자의 상이라 했지만 살이 두텁고 콧구멍이 작기 때문에 씀씀이가 인색하다. 현대적 관점에서는 작은 부자의 상일뿐이다. 코 기둥이 높고 둥글다는 것은 남녀 모두 결혼생활이 원만함을 의미한다. — 수민평, 『相學全集』

마늘코〔蒜鼻〕

산근, 연상, 수상은 조금 낮고 작으나 곧다. 준두와 콧방울이 풍융豊隆하고 마늘 세 조각 같은 형태를 띤다. 마늘코에는 준두가 풍융하면서 콧구멍이 드러나지 않는 형태와 드러나는 형태 두 가지가 있다. 마음씨가 착하고 어질다. 남과 다투기를 원치 않는다. 낙천주의자로 사소한 것에 구애받지 않고 활발하다. 근검절약형이고 타인의 부탁에 민감하고 최대한 들어주려 한다. 부귀장수를 누릴 상으로 재테크와 투자에 뛰어나다. 중년과 말년의 재운이 좋고 복록福祿을 가졌다. 콧구멍이 드러난 마늘코는 물욕이 많고 돈을 많이 벌기도 하지만 쓰기도 많이 쓴다. 콧구멍이 드러나지 않은 코가 길상으로 물욕이 과하지 않고 보통의 삶을 추구한다. 표준적인 '왕부상旺夫相'으로 남편의 사업이 어려움에 처해도 잘

되도록 만든다. 자식운도 좋다. 고생을 하지만 남편과 자식을 도와 가정을 지키는 전형적인 현모양처형이다. 마늘코인 남성은 운동형으로 극한 도전을 즐기다 보니 식구들을 걱정하게 만든다. — 리잉차이, 『觀鼻匯』

유태인코

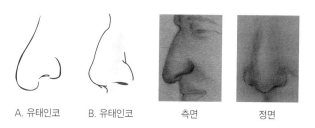

A. 유태인코   B. 유태인코   측면   정면

준두가 둥글면서 살이 있고 약간 아래로 처졌다. 준두가 둥글면서 살이 있는 것은 정재正財이고 준두가 아래로 처진 것은 계산에 밝음을 나타낸다. 유태인 대부분이 이런 형태의 코를 가졌다(그림 A). — 수민펑, 『相學全集』

코가 크고 높다. 콧대는 호형弧形의 형태이고 중간 부분이 약간 넓다. 준두는 둥글면서 크고 살이 있다. 콧방울은 높으면서 좁다. 양쪽으로 법령과 콧구멍이 안 보인다. 이런 코는 유태인에게 많이 나타나므로 '유태인코' 또는 '상인코'라고 한다. 의지가 강하고 부지런하다. 기억력과 사고력이 뛰어나고 담이 크다. 책임감이 강하고 신용을 중시한다. 자기중심적 성향이 강하고 재물을 목숨처럼 여긴다(그림 B). — 리잉차이, 『觀鼻匯』

코끝이 늘어진 코

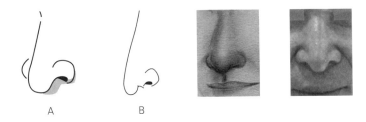

A   B

코끝이 풍만하고 둥그나 아래로 늘어져 인중의 절반을 덮을 경우이것은 토성土星이 수성水星을 극剋하는 형상이다. 코끝이 풍융豊隆하나 소용이 없다. 말년이 쓸쓸하고 처를 형刑한다. 장수하나복록福祿이 없다(그림 A). ― 리잉차이

매부리코, 유태인코와 형태가 유사하다. 그러나 측면에서 보면구분이 가능하다. 코끝이 늘어진 코는 준두의 살이 아래로 늘어졌지만 이 살이 두터운 것은 아니다. 그리고 콧대와도 이어지지않고 코끝의 살이 약간 아래로 처졌다. 탐욕스럽고 인색하다. 장사로 치면 생산에서 판매까지 본인이 다 하려고 한다. 성실함이없는 건 아니지만 자신의 능력을 과대평가하는 것이 문제다(그림A). ― 수민평,『相學全集』

돈을 잘 벌지만 모으지를 못한다. 예술적 기질이 있고 꽤 낭만적이어서 여러 명의 이성에게 동시에 정을 준다. ― 싱쿤

코끝이 늘어져 인중을 누르면 재물이 늘어진 것으로 욕심이 많고음흉하다. 인중은 자녀로 비유하니 자식에 해가 있다. ― 이정욱

매부리코〔鷹鼻〕

매부리코는 콧대가 약간 아치형이다. 코끝이 뾰족하면서 아래로처져 매의 입을 닮았다. 이런 코를 가진 사람은 은혜와 원한을 분

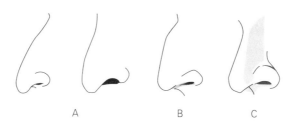

A　　　　　B　　　　　C

명히 나누는 성격이라서 그렇지 세간에서 말하는 만큼 그렇게 나쁜 코는 아니다. 유태인코와 형태도 비슷하고, 둘 다 책략과 계산에 뛰어나다. 그러나 유태인코는 정재 正財코이나 매부리코는 편재偏財코이다. 아무도 관심을 갖지 않는 인기 없는 직종이나 모험적인 직종에 종사한다. 또한 매부리코는 아치형코의 성격을 가지고 있다. 진취적이고 아치형코보다 적극적이다. 목적을 위해서는 어떠한 대가도 기꺼이 치른다. 난세에 성공할 가능성이 더 크다(그림 A). ─ 수민평, 『相學全集』

코끝이 뾰족하면서 갈고리 형태를 띠고 코끝이 아래로 굽은 것이 매의 부리 형상과 같다. 콧방울은 짧으면서 오그라들었고 콧대는 높고 콧등이 드러난다. 총명하고 실무적이고 적극적이고 진취적이다. 그러나 이기적이고 간교하고 현실적이고 탐욕스럽고 다소 극단적이다(그림 A). ─ 위허팡

리잉차이는 매부리코를 7종류로 분류하였다. 그중 2가지를 보자.

총명하고 새로운 지식을 습득하기를 좋아하고 단시간에 새로운 정보나 기술을 장악하는 능력이 있다. 자신의 이익만 챙기고 점유욕이 강하다(그림 B).

리우더화의 코는 가짜매부리코로 본다.

가짜 매부리코 : 콧대가 높고 살이 있고 천중으로 뻗었다. 코끝이 처져 갈고리 형태를 띠나 살이 있다. 좌우 콧방울도 살이 두텁고 기운이 있고 콧구멍이 안으로 닫혔다. 관골도 힘이 있다. 가짜매부리코는 사람됨이 정직하고 총명하고 의지력이 강하다(그림 C). ― 리잉차이, 『顧鼻匯』

홍콩의 관상가들은 영화배우 리우더화劉德華의 코를 '가짜매부리코'로 예로 많이 든다. 형태는 매부리코이나(준두가 처졌으나) 준두에 살이 많고 콧방울이 넓고 기氣가 있다. 또한 콧등이 솟았고 살이 있고 기세가 있다. 매부리코는 뾰쪽하고 살이 없다.

아치형코〔拱鼻〕

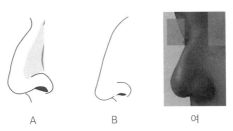

A   B   여

아치형코는 로마코와 비슷하다. 전자는 콧대가 아주 높으면서 아치형 모양을 띠고, 준두의 살이 아래로 처지지 않았다. 후자는 코뿌리 위치에 마디가 지면서 곧바로 준두까지 쭉 뻗었고, 준두가 약간 아래로 처진다. 콧대가 유난히 높다는 것은 낙천적 · 외향적이지만 자존심이 센 것을 의미한다. 승부욕이 강하고 체면을 중시한다. 무슨 일이든 다른 사람보다 잘 해야 한다. 성공할 가능성이 높다. 숙명론을 믿지 않는다(그림 A). — 리잉차이,『顴鼻匯』

책임감이 강하고 실패를 해도 딛고 일어선다. 운명을 그다지 믿지 않고 자신의 노력을 믿는다. 사업에서 어느 정도는 성과를 이룬다. 수입이 불안정하거나 인기 없는 직종에 종사할 가능성이 상대적으로 많다(그림 B). — 수민펑,『相學全集』

로마코

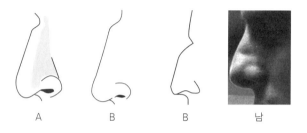

A   B   B   남

코가 길고, 코뿌리 가까운 곳의 뼈가 돌출되어 마디를 이루고 나서 콧대가 곧장 준두까지 곧게 뻗었으며, 준두는 조금 아래로 처진다. 코 전체의 골기骨氣가 솟았다. 로마인들의 코가 이런 형태가 많아 '로마코'라 하며 '무사코'라 하기도 한다. 성격이 명랑하고 진취적이다. 에너지가 넘치고 활동력이 왕성하다. 리더의 기질이 있다. 사유논리가 뛰어나 매사에 생각이 치밀하다. 일 처리에 주관이 강하지만 기질이 강하고 정서가 불안정하다보니 타인과의 협조가 부족하다. 소유욕이 강하다. 중년운이 기복이 심하고, 특히 44~45세에 타인과의 다툼과 언쟁이 자주 발생한다(그림 A). — 리잉차이,『顴鼻匯』

연상·수상 부위가 아치형 곡선으로 튀어나왔다. 튀어나온 것은 양이고 들어간 것은 음이다. 이런 코를 가진 자는 양기가 왕성하

여 진취적이고 물러설 줄 모른다. 여성이 이런 코를 가지면 기질
이 강하여 배우자와 애정을 유지하기가 어렵다(그림 B). ― 수민펑,
『相學全集』

코의 형태가 크고 콧등은 아치형코에 속한다. 침착하고 고집이
세고 현실적인 성격으로 권력 표현의 전형이다. 정치가, 군인, 기
업가에게 이런 코가 많다. 여성은 남성적 기질이 있다. ― 수랑티엔
蘇朗天

사자코

 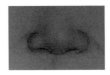 사자의 코를 닮았다. 콧방
울이 옆으로 퍼졌고 살이
두텁다. 보기만 해도 정재

코임을 알 수 있다. 고집스러우나 마음씨는 착하다. 기꺼이 남을
돕지는 않지만 해는 끼치지 않는다. ― 수민펑, 『相學全集』

사자코는 횡재운이 있다. 여자가 이런 코일 경우 결혼생활이 순
탄치 않을 수도 있다. ― 빠이허밍, 『原來面相咁簡單』

사자코의 특징은 준두가 둥글면서 크고 콧방울이 옆으로 퍼지면
서 두텁다. 관상서에는 없지만 내 경험상 사자코의 대다수는 큰
콧구멍을 가지고 있었다. 쓸 줄만 알지만 쓰고 나면 돈이 또 들어
온다. ― 주춰에챠오

산근 쪽 콧대가 낮고 콧방울이 옆으로 퍼졌다. 물질적 욕망이 강
하여 돈을 모으지만 낭비벽이 있어 저축과는 인연이 없다. 야성
적이고 급하고 이기적인 성격에 배려심이 약하다. ― 구로카와 가네
히로黑川兼弘

고봉孤峰코

준두가 높으나 관골이 없는 상을 가진 남자는 치부致富를 할 수는 있으나 가정에 형극刑剋이 있다. 대를 잇는 자식운이 약하고, 일생 동안 도화가 많고 의심이 많다.

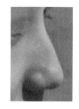

코가 발달한 것에 비해 관골이 약하다. 자존심이 세고 명예를 중시하지만 본인의 의지와 끈기는 약하다. 여기다 이마가 잘생겼을 경우 자아가 강하고 경제적 · 사회적 능력이 부족한 배우자와 살기가 어렵다.

일자코

콧구멍이 드러나지 않고 준두와 콧방울이 일자一字 모양으로 평행선을 이룬다. 꼼꼼하게 계획하고 따지기 때

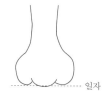

일자

문에 돈을 모으는 재주가 있다. 안신이 좋으면 안정적인 투자를 잘한다. — 빠이허밍, 『原來面相咁簡單』

콧등에 마디가 진 코

연상 · 수상 위치에 뼈가 조그맣게 튀어나온 형태와 이 부위가 약간 굽은 형태가 있다. 콧등에 마디가 지면 애정에 이롭지 않다. 여성이 더 심하다. 대부분 의심이 많다. 특히

A: 여. 콧대 중간 부분이 높되 드러나지 않았다.

B: 여. 콧대 중간 부분이 약간 굽은 형태이다.

남의 속을 꿰뚫어 보는 안목과 예측 능력이 있다. 수사관, 정보원 등의 직업이 좋다.

년상·수상은 낮으나 준두와 콧방울이 발달했다. 편재운이 있다.

20, 29, 38, 41, 44세에 주의해야 한다. 마디가 굽은 형태의 코는 이혼할 가능성이 크다. 일생 동안 애정이 순탄치가 않고 늦게 결혼해도 배우자와 해로하기 어렵다. ─ 수민펑, 『相學全集』

오만하고 고집이 세고 독단적이고, 자신과 무관한 일에도 잘 나선다. 중년 이후의 운세가 좋지 않다. 결혼생활은 순탄치가 않고 사업은 실패가 많다. 44, 45세에 특히 주의해야 한다. 콧등 마디가 심하게 튀어나오고 코에 살이 없으면 더욱 건강에 주의해야 한다. ─ 위허팡

콧등에 수직의 주름이 있는 자는 현 상황에 불만이고 반항적이고 늘 상반되게 주장한다. 콧방울에 실핏줄 같은 것이 있는 자는 돈이 자신도 모르게 새나가고, 외상값을 떼이기도 한다. 코끝에 금이 나 있는 자는 의심이 많고 현실을 마주하길 두려워한다. 이런 성격 때문에 사업을 하기가 어렵고 정신질환을 앓을 수도 있다. ─ 싱쥔

남자는 간문奸門을 처궁妻宮으로 보고 여자는 코를 부성夫星으로 본다. 코가 곧으면 남편은 사자師字 전문직에 종사하며 대부분 몸이 살쪘다. 코가 편평하면 남편은 비인기직종에 종사하며 수입이 불안정하다. ─ 린궈슝

린궈슝은 "배우자운을 볼 때 남자는 간문奸門을 보고 여자는 코를 본다"라고 말했지만 정확도를 높이기 위해서는 남자는 어미·간문, 코, 턱을 보고 배우자 운을 판단하고, 여자는 어미·

간문, 이마(관록궁), 코, 관골을 보고 판단해야 한다. 김현남은 여성의 배우자운 판단에서 이마의 관록궁 부위를 굉장히 중요시하였다.

콧구멍이 드러나면 재물이 샌다. 코가 두툼하고 살이 있고 준두가 힘이 있으면 재원이 끊어지지 않아 들어오는 돈이 나가는 돈보다 많다. 술친구가 많다. 콧등에 뼈가 없으면 의지가 박약하여 남에게 휘둘리기 쉽다. 코가 약하면 마음도 약하다.

콧구멍이 보이고
콧등이 꺼졌다.

부모와의 인연이 없고 이혼을 하거나 사별한다. 또한 여성은 히스테리하고 신경질적이며 의심이 심하다. 남녀 모두 도화기가 끊이지 않는다(그림 A). — 판뻥탄

A

콧대 가운데 부분이 옆으로 확장되어 있고 산근과 준두 부위가 협소한 모양이거나 연상·수상 부위의 좌우 코뼈가 옆으로 확장되어 튀어나온 모양. 이런 코를 가진 남성은 큰돈을 벌기가 어렵고 재물이 쌓였다 흩어졌다 한다. 처자식을 극剋

B

한다. 부부가 화목하지 못하고 이혼하는 경우가 많다. 수공업과 기술직에 적합하고 투자 사업에는 반드시 손해를 본다(그림 B). — 판뻥탄

호리병 형태[葫蘆形]의 코

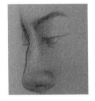

호리병 모양의 코

코가 길고 짧은 것은 성격과 관련 있고 성패에 영향을 미치지는 않는다. 코가 짧든 길든 발전하는 사람이 있기 때문이다. 그러나 콧대는 곧아야 한다. 콧대가 곧지 않으면 기가 샌다. 호리병 형태는 좋지 않다. 호리병 형태란 산근은 좁고 연상은 넓고 수상은 좁고 준두는 넓은 것을 말한다. 호리병 형태가 뚜렷한 코는 반드시 중년운이 순탄치 않고 불우하다. 약간만 호리병 형태를 띨 경우에는 그다지 큰 기복이 생기지는 않는다. 평범한 운이다. ─ 주쿼에챠오,『帶眼識人』

큰 코는 자신감이 강하고 대담함을 나타낸다. 산근이 높다. 초기 사업(출발점)이 뜻대로 된다는 것을 의미한다. 만약 산근에 가로주름이 있거나 움푹 들어갔으면 배우자와 불화가 있거나 배우자의 건강이 좋지 않다.

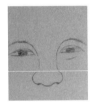

콧대가 넓은 코로, 인당이 넓고 산근에서 연상·수상까지가 평평하고 넓은 모양이다. 여성은 십중팔구 이혼하며, 남성은 현명한 아내를 얻는다. 여성은 성격이 오만하고 지길 싫어하는 여장부 타입이다. 사교 폭이 넓고 집안일을 좋아하지 않고 이기적이다. ─ 판뼁탄

산근을 포함한 코 전체(연상, 수상, 준두 부위)가 높이 솟았으나 콧

대가 길지는 않다. 이런 코의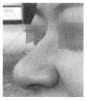
성격은 큰 코의 성격과 동일
하게 해석할 수 있다. 대부분
지력智力이 발달했고 개척정
신이 강하고 어떤 속박에서 벗어나 문제를 사고하고 과감하게 실
천한다. 그러나 성격이 급해서 무엇이든 빨리 판단하고 속마음이
쉽게 노출된다. 자기애가 강하고 자존심이 강하다.

8. 관골(顴骨, 광대뼈)

46, 47세 – 관골

좌우 관골은 46, 47세의 유년 부위이다. '관顴'은 '권權'을 의미한다.[1] 관골은 관리 능력, 사회적 지위, 대인 관계, 야심과 권력 등을 판단하는 부위이다. 관골을 통해 그 사람의 욕망이 얼마나 강한지를 본다. 관골이 높고 살이 있는 사람은 지기志氣가 남다르다.

관골 유년도

관골 47   46 관골

---

1 '顴'과 '權'의 중국어 발음은 모두 [quan]으로 동일하다. '顴'은 우리 음에서도 '관'과 '권' 두 개의 음이 가능하나 광대뼈를 지칭할 때의 음은 '관'이다.

관골은 권력이고 코는 지위를 말한다. 코가 발달했으나 관골이 빈약한 사람은 지위가 있되 아랫사람이 없고, 있다고 해도 말을 듣지 않아 도움을 받지 못한다. 평생 직접 일을 해야 하며, 재능이 있어도 수고로움을 면하기 어렵다. 관골이 발달하고 코가 빈약한 사람은 지위가 없어도 권력을 남용하길 좋아한다. 고대의 어의御醫나 현대의 비서 또는 수행원이 이에 속한다. 그래서 코에는 관골이 잘 받쳐 주어야 평생 부귀하고 권력과 지위를 가지고 금전적으로도 여유가 있다.

관골의 높낮이 표준과 해석

수민평은 "관골의 표준은 관골이 콧등의 중간 부분보다 위쪽에 위치하면 높은[高] 관골이고 이보다 낮으면 낮은[低] 관골로 본다. 관골이 눈꼬리 쪽에 가까울수록 높은 것이고 준두에 가까울수록 낮은 것으로 본다"라고 했다.

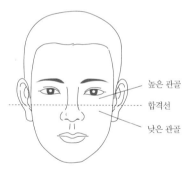

수민평이 제시한 관골의 표준. 이 그림에서 정한 합격선의 기준은 관골의 뼈를 말하는 것이지 뼈를 감싸고 있는 살을 말하는 것이 아니다.

---

2 관골이 '높다[高]'는 것은 두 가지로 분류된다. 하나는 관골의 위치가 일반사람보다 좀 높다는 것이고, 다른 하나는 관골이 튀어나온(솟아오른) 것을 말한다. 중국의 관상서에서는 둘 다 '顴高', '顴低'로 표현한다. 원전 번역이나 독해에서 주의해야 한다. 리잉차이는 『臉臉俱玄』에서 관골이 솟아오른 것을 '고용高聳'으로, 관골이 꺼진 것을 '저함低陷'으로, 그리고 관골의 위치(고도)가 높은 것을 '관고顴高'로, 위치가 낮은 것을 '관저顴低'로 구분하여 표현한다.

그리고 그는 앞으로 튀어나온(솟은) 것을 관골의 좋고 나쁜 기준으로 보지 않았다. 바이위스거사白玉石居士는 관골의 가장 솟은 부분이 준두와 일직선이 되는 것이 표준이라고 했다. 두 관상가의 관골 표준이 다른 것은 수민평은 관골의 뼈를 가지고 논한 것이고 바이위스는 뼈를 감싸고 있는 살점을 두고 논했기 때문이다.[2]

관골의 표준 높이[高度]는 코의 1/2에서 1/3이고, 관골자루[顴柄]는 눈 모서리 높이·눈꼬리 아래 약 3cm를 표준으로 한다. 관골이 높은 모양의 특징은 관골이 코의 1/2보다 높고, 눈꼬리를 압박하고[3] 눈꼬리 아래 위치에서 돌출되었다. 고집이 세고 타협과 소통을 모른다. 집착하고 조급하고 충동적이다. 이성적 사고가 부족하고 뒤(결과)를 돌아보지 않는다. 개인감정을 통제할 줄 모르고 사소한 일로 화를 잘 낸다. 경각심과 의심과 방어심이 많다. 자존심이 강하고 체면을 중시하고 지는 것을 싫어한다. 앞에 나서길 좋아하고 비평을 잘한다.

관골이 낮은 모양의 특징은 관골이 코의 1/3보다 낮아 준두 내지는 입가 위치에까지 내려온 것을 말한다. 겁이 많고 주관이 없다. 의지와 투쟁정신이 약하다. 소극적이고 책임감이 약하다. 확고한 입장이 없고 이해력이 부족하다. 관골이 솟아 있지 않은 사람은 계산적

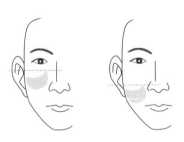
높은 관골(좌)과 낮은 관골(우). 색으로 표시한 부분은 관골의 살이 가장 높게 솟아오른 것을 의미한다.

---

3 관골의 높이가 눈꼬리에 가까운 것을 관상서에서는 '관골과 눈이 서로 싸우다[顴眼相鬪]'라고 표현했다.

이지 않고 착하지만 마찰이 생길 경우 힘 있는 쪽에 선다. — 리잉차이,『觀鼻匯』

관골이 높은 사람은 용기와 지략이 있다. 관인(官印, 눈, 인당)의 도움이 있으면 반드시 큰 권력을 가진다. 그러나 살이 올라 감싸 주어야 한다. 그래야만 오랫동안 자리를 지킬 수가 있다. 관골이 높되 뼈가 드러나면 부침이 잦아 지극히 안정되지 못하다. 관골이 낮은 데다 살이 감싸 주지 않으면 권력을 손에 쥐어도 사람을 제어할 능력이 없다. 그래서 아랫사람들을 관리하는 일에 종사해서는 안 된다.

사람들의 얼굴은 대체로 좌우가 평형을 이루지는 않는다. 어떤 사람은 좌측면이 좀 높고 어떤 사람은 우측면이 좀 튀어나왔다. 얼굴의 좌측면은 30세 전을 나타내고 우측면은 30세 후를 나타낸다. 따라서 좌측 관골이 우측보다 좀 높으면 30세 전의 권세와 지위가 좀 더 좋음을 나타내고, 우측 관골이 좌측보다 좀 더 높으면 30세 후의 권세와 지위가 더 좋음을 나타낸다. 양쪽 관골이 심하게 불균형을 이루는 사람은 대부분 정서가 불안정하고 이중적인 성격이 잘 드러난다. — 수민펑,『相學全集』

좌측 관골이 높고(고도를 말하며, 앞으로 솟은 것을 말하는 것이 아니다) 우측 관골이 낮다. 관골의 높낮이가 맞지 않으면 내심內心이 평형을 이루지 못하고 권력욕에서 방향을 잃기 쉬움을 나타낸다. 좌측 관골이 높으면 아버지를 극剋한다. 아버지가 병이 잦기나 일찍 세상을 떠남을 의미한다. — 진후거사金湖居士,『把榕樹頭掌相帶進課程』

관골이 높고(고도) 커서 두 눈 쪽으로 지나치게 가까이 붙어 압박
감을 주면 눈에서 내리는 기세를 막는 것이기 때문에 눈의 운에
서 길이 힘들게 된다. 관골은 유년운에서 46, 47세를 가리키지만
그 파급 효과는 눈의 운인 35세에서 40세까지 미친다. 좌우 관골
의 높낮이가 다른 사람은 일 처리가 공정하지 않고, 내심 평형을
유지하지 못하고, 가정이나 사업이 안정되지 못한다. 고대 상법相
法에서는 좌를 정正으로 보고 우를 부副로 보았다. 좌가 낮고 우
가 높으면 이 사람은 일 처리가 불공정하고 이성 간의 사귐에서
도 진실성이 부족하다. 눈썹마저 높낮이가 다를 경우 이성 간의
관계에서 그 적중률은 더욱 높다. ― 이티앤성易天生,『命相百達通』
남성은 관골이 앞을 향하고 여성은 관골이 가로로 생기는 것이
정상이다. 관골이 앞으로 튀어나왔다는 것은 공격에 뛰어남을 나
타내고 옆으로 생긴 것은 방어에 뛰어남을 나타낸다. 관골이 앞
으로 튀어나온 사람은 여건이 순조로울 때는 잘나가지만 역경에
부딪쳐서는 방어력이 부족하여 재기하지 못한다. 관골이 가로 형
태인 사람은 여건이 순조로울 때는 크게 나아가지 못한다. 그러
다 보니 상업에서의 성과는 한계가 있다. 그러나 역경을 만났을
때는 기회가 다시 찾아올 때까지 오랫동안 버틸 수 있다. 관골이
앞을 향하든 옆을 향하든 간에 살이 없어 뼈가 드러나는 사람은
인내력이 부족하다. 평소에는 온화하지만 자극을 받으면 기질이
폭발하여 통제하기 어렵다. ― 수민평,『相學全集』

관골의 기색이 명윤明潤하면 사회적 명성을 얻고 있음을 말한
다. 색이 어두우면 주변 사람의 도움을 얻기가 어렵고 관재수가
있다. 점이 있거나 눈꼬리의 주름이 아래로 관골을 침입하면 46,

47세에 아랫사람의 반목反目이 있다.

관골로 남편운을 본다

여성에게 있어 코는 부성(夫星, 남편)을 의미하지만 관골 또한 중요하다. 여자가 관골이 잘생겼으면 남편을 도와줄 수 있다. 관골이 툭 튀어나온 여자는 남편을 극하기 쉽다. 게다가 앞이마가 높고 튀어나왔으면 '삼관면三顴面'이라 하여 남편을 극하고 재혼을 면하기 어렵다. 자기만 옳다고 우기기 때문에 혼인에 문제가 발생한다. 이런 여성은 비정상적인 혼인이 좋다. 서구西歐 쪽으로 시집을 가면 행복하게 잘살 수 있다. 그리고 연하의 남자나 열 살 이상 차이가 나는 남자 혹은 이혼 경력이 있는 남자와 결혼할 경우에도 남편을 극하는 액을 면할 수 있다. ― 수민평, 『相學全集』

관골의 상이 좋으면 남자는 처의 도움이나 처의 재산을 얻을 수 있다. 여자는 남편을 성공시키고 집안을 일으킨다. 여성의 관골이 꺼져 있으면 남편을 도울 운이 없다. 그러나 관골은 양에 속한다. 여성의 관골이 지나치게 튀어나오면 남편과의 인연이 나쁘거나 남편이 없다. 여성의 관골은 둥글고 수려하면서 감추어진 듯해야 한다. 뼈와 살이 있어야 한다. 여기다 눈썹이 청수하고 눈이 아름다우면 현모양처형으로, 복록이 있고 남편을 성공시키고 집안을 일으킨다. 관골이 높은 여성은 관골이 높은 남성과 결혼해서는 안 된다. 다툼으로 가정이 편안할 날이 없다.

관골에 대한 해석

관골의 고도高度가 높은 것은 좋지만 누당의 위치에까지 이르면 불길한 격국格局이다 ― 관골과 눈이 싸운다. 조급하고 승부욕이 강한 성격으로 격투기나 운동을 직업으로 하는 분야에 종사하는 것이 좋다. 관골이 평평하게 처졌거나 꺼진 사람은 성격이 유약하고 평생 큰일을 이루기 어렵다. 관골자루가 낮아도 게으른 사람이다.

관골이 풍만하고 둥근 사람은 강인한 성격에 인내심과 책임감이 있고 일 처리가 융통성이 있다. 관골이 콧대에 지나치게 가까우면 보수적인 성격에 마음이 좁고 향상심向上心이 부족하다. 반대로 지나치게 바깥으로 향해 있으면 자기중심적 성향이 강하여 늘 자신이 옳다고 생각한다. 특히 다른 사람에 대해 평하거나 흠잡는 것을 좋아한다. 관골이 바깥으로 뾰족하게 생긴 사람은 성격이 포악하고 이기적이고 소유욕이 아주 강하다. 여기에 미골까지 튀어나왔으면 더욱 포악하다.

관골은 큰데 얼굴이 작은 사람은 대부분 정신적으로 긴장하고 마음이 편치 않아 학업이나 사업에 전념할 수 없다. 뛰어난 관리 능력을 갖추려면 좋은 관골 외에도 넓은 이마를 갖고 있어야 한다. 관골에 점이 있는 사람은 대인 관계가 좋지 않고 구설口舌이 많다.

관골에 점(돌출된 점과 사마귀, 평평한 점)이 있는 자는 의지가 강하여 목표가 정해지면 전력하고 경쟁력도 있다. 방향 감각이 떨어지기 때문에 운전에 조심해야 한다. 또한 관골의 점은 그 사람이 건강하지 못함을 의미한다. 간장肝臟이 탈이 나기 쉽고 심장이나 혈액순환 계통으로도 문제가 생길 확률이 높다. 권력을 박탈당하거나 직권이 없는 상태나 마찬가지다. 37, 38, 46, 47세에 사업에서 소인배를 만나고 일에 장애가 자주 발생하고 상사의 질책을 받고 직책을 잃기까지 한다. 또한 점이 있는 자는 부부 사이가 화목하지 못하고 자식운 또한 좋지 않다. 정성을 다해 자식을 돌보아도 자식은 간섭을 받는다 생각하고 불만을 가진다. ― 리잉차이, 『觀鼻匯』

여자도 관골이 크거나 솟으면 권력 갖기를 좋아하며, 부동산에 관심이 많고 부동산운도 좋다. 성욕도 왕성하며, 활동가로서 사회에 공헌하나, 이때는 코가 또렷하고 착하게 생겼을 때이다. 코가 작아도 관골이 풍만하여 코를 잘 감싸 주면 40세부터 재물복이 들어온다. 관골이 옆으로 퍼지고 뼈가 뾰족하게 드러나면 양기가 지나쳐 성격이 불 같고 고집이 세고 자기중심적이고 공격적이어서 범법 행위를 자주 저지른다. 그러나 이런 관골에 살이 있으면 용맹스러워 탐험가나 특공대원 등의 직업에 적합하다. ― 이정욱

리더십은 관골과 턱을 함께 보아야 한다. 관골이 지나치게 발달하고 턱이 작고 뾰족하고 살이 없으면 다른 입장을 헤아리지 않고 매사 자신의 기분에 따라 끌고 나간다. 턱은 자신과 아랫사람과의 관계를 보는 곳이다. 턱이 작고 살이 없으면 아랫사람의 감정을 헤아리지 못한다. 아랫사람과의 관계가 뾰족한 기물器物과 같아 적대감이 가득하다.[4]

---

4 조선일보(2016.03.22.)에 나란히 실린 3명의 여성 CEO(채은미 페덱스 한국지사장, 조주연 한국 맥도날드 사장, 김주연 한국P&G 사장)의 관골은 모두가 풍융하고 아름답다. 중화민국 총통인 장개석蔣介石의 아내로서 훌륭한 외교 참모이기도 한 송미령宋美齡, 바둑의 조치훈, 김문수 전 경기도지사 등의 관골도 모두 표준 모델이다.

관골자루

마윈馬雲. 관골이 높이 솟고 관골자루가 위로(천창 쪽) 향했으며, 코까지 풍륭豐隆하다.

관골을 보려면 앞으로 나온(솟은) 뼈를 보는 것 외에도 이어진 관골자루를 보아야 한다. 관골이 높고 관골자루가 위로 향해야 큰 권력을 장악할 수 있기 때문이다. 이것을 관상 고서에서는 '관골이 천창에 끼어들다[顴揷天倉]'로 해석했다. 이런 관골을 가진 사람은 권력이 공고할 뿐만 아니라 사람들을 믿고 따르게 하는 능력이 있다. 반면에 관골은 높으나(솟았으나) 관골자리가 낮으면 그 사람은 권력이 있어도 공고하지 않고 아랫사람들의 다툼이 많거나 아랫사람의 조력을 얻지 못한다.

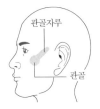

A. 관골자루가 천창(태양혈) 쪽으로 이어졌다.

관골자루가 천창 쪽으로 이어진 형태

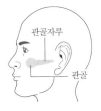

B. 관골자루가 귓구멍 쪽으로 이어졌다.

관골이 낮고(솟지 않고) 관골자루가 낮은 사람은 아랫사람을 관리하는 일을 해서는 안 되고 개인적인 일이나 전문적인 일을 하는 것이 좋다. ― 수민평, 『相學全集』

남자는 권력을 장악하고 장수長壽하고 아름다운 아내를 얻는다. 여자는 사업에서 두각을 나타내지만 결혼생활이 원만하지 않아 남편을 극하거나 이혼한다. ― 황요우푸黃友輔, 『從人相看榮華富貴』

관골의 다양한 형태와 해석

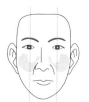
좁은[窄] 관골

넓은[闊] 관골

둥근[圓] 관골

큰[大] 관골

두터운[厚] 관골

뾰족한[尖] 관골

※ 관골의 여러 형태에 따른 자세한 설명
은 리잉차이의 『관비회顧鼻匯』(354~
392쪽)를 참고하기 바란다.

앞쪽으로 돌출되었지
만 살집이 아래로 처
졌다.

앞쪽으로 돌출되면서
둥글고 풍만하다.

관골이 바깥으로 튀어
나왔고 살이 없다.

관골이 바깥으로 튀어
나온데다 뾰족하다. 평
생 힘들고 고독하다.

관골이 가로로 형성되었
다. 37~47세에 나쁜 일
이 일어나거나 중년에 사
업으로 재산을 날린다.

여. 광대뼈가 바깥으로
돌출되고 살이 두텁다.
39세 전후에 이혼했
다.

관골이 밋밋하거나 꺼
진 사람은 성격이 유약
하여 평생 큰일을 이루
기 어렵다. 여성은 남편
을 돕는 운이 없다.

관골이 풍후 豐厚하고 그 뼈가 은은하게(보일락말락하게) 천창(태양혈)으로 이어지는 형상을 말한다. 이러한 상을 가진 사람은 총명하고 담력이 있고 일 처리에서 자신만의 노하우가 있고 권력을 운용할 줄 안다. 타고난 지도자 감으로 신속히 윗자리에 오른다.

— 이티앤성, 『辦公室觀相達人』

손문. 관골의 중심점이 코 끝보다 아래에 위치. 관골이 아래로 처진 느낌이다. 이는 겉으론 권력이 있는 것 같지만 실제론 권력이 없는 것을 의미한다.

중화민국 임시 대총통 손문孫文은 명성은 높았지만 권력이 약했다. 1912년 47세에 임시 대총통이 되었으나 90일 만에 원세개袁世凱에게 양위하고 망명생활을 하였다. 그 후 48세에 제2차 혁명을 일으켰으나 실패하여 일본으로 피신하였다. 그 후에도 여러 차례의 사건에서도 권력을 장악해 본 적이 없다. — 천시

9. 입두덩[上唇]

입두덩[上唇]은 51~55세까지의 운을 나타낸다.

입두덩 유년도

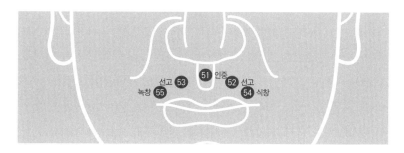

51세 – 인중人中

인중은 51세에 해당한다. 인중은 중년운이 말년운으로 이어지는 곳이다. 물을 끌어들이는 도랑과 같기에 인중은 깊고 넓어야 한다. 그렇지 않으면 인중의 운을 지날 때 기가 넘쳐흘러 재물이 흩어지고 생명이 위태롭게 된다. 그래서 인중을 '인충人沖'이라고도 한다. 『월파동중기月波洞中記』에서는 인중을 '수당壽堂' 혹은 '자정子庭'이라 칭한다고 했다.

인중은 자녀가 많고 적음을 보고, 순산順産을 하는지를 보고, 남자아이를 먼저 낳을 것인지 여자아이를 먼저 낳을 것인지를 본다. 대체로 인중이 깊고 넓은 사람은 자녀가 많고 양육도 쉽게 한다. 인중이 얕고 좁으면 자녀 수가 적고 자녀와의 인연이 없다.

인중은 수명이 길고 짧음을 본다. 대부분의 관상서에서는 인중이 길면 수명이 길고 인중이 짧으면 수명이 짧다고 표현하고 있다. 그러나 이것은 어디가지나 참고 사항이다. 인중 한 부위만 가지고 수명의 길고 짧음을 판단할 수는 없다. 그리고 인중은 나이가 듦에 따라 늘어난다. 그래서 노인들 중에는 인중이 긴 사람이 많다.

인중은 자궁을 의미한다. 그래서 인중에 점이 있으면 여자는 자궁질환에 걸리기 쉽고, 유산이나 낙태가 있을 수 있다. 남자는 부인이 부인과 계통에 질환이 있음을 의미한다. 인중은 또한 자녀를 보는 곳이다. 이곳에 점이나 상처가 있으면 자식과의 인연이 좋지 않음을 나타낸다. 특히 51~55세 사이에 자식과의 사이가 좋지 않고, 55세가 지나야 좋아지게 된다. 인중의 상처나 점은 모두 자식을 극剋하는 것을 의미하지만 자녀 문제는 와잠을 같이 보고 판단해야 한다.

인중은 또한 인후咽喉로 볼 수 있다. 인중에 점이 있는 사람은 편도선이나 성대 질환 혹은 인후 질환을 앓을 수 있기 때문에 가수를 직업으로 해서는 안 된다. 인중을 통해 금전 유통을 판단하기도 한다. 인중은 돈(코)이 지갑(입술)으로 들어가는 통로이기 때문이다. 입두덩에 수염이 많은데도 유독 인중에 수염이 없는 자는 도움의 손길이 없고, 남의 비방을 사기 쉽고, 일생 동안 주변에 소인배가 많다.

한편 시에위앤진謝沅瑾은 일반 관상서에서 언급하지 않은 특이한 해석을 하였다.

"인중은 용기, 담량膽量과 관련이 있다. 인중이 넓고 깊은 사람은 용기가 있고 담이 크다. 모험을 두려워하지 않고 적극적이고 기회가 생겼을 때 망설이지 않고 도전한다. 인중이 얕고 분명하지 않으면 성격이 보수적이고 담이 적다. 인중의 길이는 나이가 듦에 따라 길게 변한다. 젊었을 때 인중이 짧더라도 중년 이후에 길게 변하면 장수할 수 있다."

검첨형劍尖形 인중

능각선이 칼날 끝 같은 형태(M자 모양)의 인중을 가진 자는 아들이 많고 딸이 적다. 첫 번째는 아들을 낳을 확률이 높다. 부부의 인중 형태가 서로 다르면 남자를 기준으로 판단해야 한다. 능각 선이 약간 둥근 형태는 첫 번째 딸을 놓을 확률이 상당히 높다.

인중이 짧은 사람은 일을 할 때 성격이 급하다. 아부하는 말을 듣기 좋아한다. 인내심이 부족하여 일을 끝까지 관철시키지 못한다. 다른 사람과 원한을 맺기 쉽다. 단명한다. 인중이 짧고 좁으면 집 안에 주방이 좁아 요리하는 것을 좋아하지 않음을 나타낸다.
— 린귀슝

인중이 깊고 넓고 길면 장수를 의미한다. 자녀가 많고 남녀간의 애정운이 좋다. 인중이 얇고 좁고 짧으면 연분緣分이 약하고 말년에 몸이 좋지 않다. 그러나 시골腮骨이 힘이 있고 턱이 곡선형으로 앞으로 조금 나온 형태에 눈에 안신眼神이 있으면 그러한 영향을 크게 받지 않는다. 인중으로 수명을 보는 것은 하나의 참고사항일 뿐이다. … 인중이 긴 사람은 경계심과 의심이 많다. 인중이 긴 상사에게는 함부로 아부하지 않는 것이 좋다. ― 수민평,『相學全集』

오므라든 형태의 인중

인중이 오므라든 형태는 여성에게 많다. 남에게 칭찬받는 것을 좋아한다. 그 외 자궁에 이상이 있어 임신이 쉽지 않을 수도 있다. 임신을 했을 때는 필히 병원에 가서 검사를 해 보아야 한다.

인중이 오므라들고 준두의 살이 처진 경우. 인중이 위아래로 협공당하는 형상으로 자식을 극剋하는 상이다. 51세에 삼대三代가 다투는 격으로 아버지와 자신과 아들이 의외의 변수가 생길 수도 있다.

능각선이 둥근 인중

인중이 깊고 둥글다. 여성은 난소가 발달하고 색욕이 강하여 50세에도 임신할 수 있다. 인중이 편평하여 없는 것 같으면 자식을 갖기 어렵거나 자식이 적음을 나타낸다. 또한 자식과 마음이 맞지 않거나 인연이 없어 만나기 어려움을 나타낸다. — 수민평, 『相學全集』

인중이 선명하고 일직선이고 폭이 넓다.

대부분의 사람들은 인중의 위아래가 일직선이거나 위쪽이 좁고 아래쪽이 넓은 형태이다. 위쪽이 좁고 아래쪽이 넓은 형태는 초년에 고생하나 말년이 좋다. 자식도 많다. 인중의 폭이 지나치게 넓은 사람은 박애주의자로 정욕과 욕망이 강하다. 인중이 편평하면 자식을 얻기가 어렵고 있어도 그 수가 적다. — 수민평, 『相學全集』

인중에 뚜렷한 가로선이 있으면 산액産厄이 있기 쉽다. 첫 번째 아이는 유산할 확률이 높다. 또한 다른 사람의 아이를 양자로 들이는 것을 의미한다. 고대에는 남의 아이를 양아들로 삼았지만 현대에는 남의 아이와 양아들처럼 친하게 지내는 것을 의미한다. — 수민평, 『相學全集』

가로선이 있으면 남녀를 막론하고 배우자 복을 누리기가 쉽지 않고, 자녀 때문에 늘 걱정이다. 병이 잦고 51~53세에 운이 정체된다. — 린귀슝

세로선이 있으면 이혼하고 고생을 많이 한다. 그러나 정신적으로 강해서 어려움을 극복한다. — 미야자와 미치宮澤美智

52~55세 - 선고仙庫, 식창食倉, 녹창祿倉

좌우 선고仙庫, 식창食倉, 녹창祿倉 부위는 52~55세까지의 유년 부위이다. 인중의 좌측과 우측 부분으로 입두덩에 해당한다.

이 부위가 포만飽滿하면 이 유년 기간의 운세가 좋고 식복食福이 있다. 말라 들어갔거나 편평하면 이 기간의 운세는 떨어진다. 진후거사는 전택궁田宅宮은 초년의 부동산운을 타나내고, 식록궁食祿宮은 중년의 부동산운을, 지각地閣은 말년의 부동산운을 나타낸다고 하였다. 그만큼 재물복에서 입두덩을 비중을 높게 평가하였다[김수환 추기경 참고].

입두덩이 포만하다(넓고 두툼하다). 식복이 있다.

입두덩이 길면서 포만하면 의협심이 있고 공정하지 못한 일은 그냥 넘기지 못하고 남을 잘 도와준다. 장수하고 음덕을 쌓고 말년 운이 좋다. ― 수민평, 『相學全集』

10. 법령法令

56, 57세 – 법령

　법령法令은 '법률 · 명령'의 의미로, 특히 56~57세의 운을 지배한다. 중년 이후의 사업운과 신용, 사회적 지위와 명예, 그리고 수명을 보는 곳이다. 그래서 법령을 '40세 이후의 사업선' 혹은 자신의 권역을 지키는 '세력선', 혹은 '수대壽帶'라고도 한다.

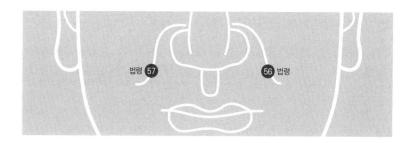

　법령선이 뚜렷하고 모양이 좋으면 타인에게는 물론 자신의 일에도 엄격하고, 아랫사람을 통솔하는 능력이 있다. 법령선이 희미하면 아랫사람을 통솔할 능력이 없고 아랫사람도 잘 따르지 않

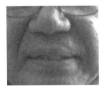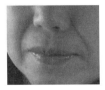

좌측 남자, 우측 여자. 법령선이 분명하고 범위가 넓으면서 좌우 대칭을 이룬다. [영화감독 장이모우張藝謀, 영화배우 장만위張曼玉, 전)러시아 대사 이인호의 법령선 참조.

는다. 법령선이 30세 이전에 나타나면 '고루문(苦淚紋, 고생하여 눈물을 흘림)'이라 하여 어린 시절이 힘들고 부모와의 인연이 없다. 혼인생활 또한 원만하지 않다. 여걸풍의 인물로 생계를 책임져야 할 강한 운명의 소유자이지만 사업에서는 반드시 성공한다. 법령선은 일반인은 35세 이전에는 나타나지 않는 것이 정상이며, 40세 이후에 나타나는 것이 좋다. 이 시기는 사회적으로 명성과 성취를 어느 정도 쌓을 시기이다. 중년이 되어도 법령선이 뚜렷하지 않으면 사회적 지위가 안정되지 못했음을 의미한다.

법령선은 길고 넓어야지 좁아서는 안 된다. 중간에 끊기거나 흠이 있어서도 안 된다. 또한 선의 형태가 있되 지나치게 깊지 않는 것이 좋다. 선이 길게 패인 고랑처럼 생겼다면 이는 성격이 강하고 매섭고 자신에게도 아주 엄격함을 나타낸다. 여성의 법령선이 지나치게 깊으면 자신과 타인에게 지나치게 엄격하여 좋지 않다. 법령선이 뚜렷하고 긴 사람은 공사公私가 분명하고 자신의 프라이버시를 중시한다. 리더는 법령선이 분명하고 코가 잘생겨야 제격이다.

법령은 사회관계와 직업운을 나타낸다. 법령선의 범위가 넓은 자는 가족 수가 많고 활동 반경(사회 접촉)이 넓고 사교 수완이 뛰어나고 마음먹은 것은 하는 성격이다. 또한 타지에서도 적응을

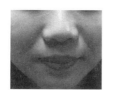

여 24세. 고등학교 때부터 법령선이 뚜렷이 나타났다. 21세 때 결혼해서 아이를 낳았다. 고루문이지만 애기코에 전형적인 수형의 얼굴이라 시어머니와 남편의 사랑을 받는다.

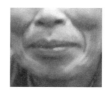

50대 중반 농업인. 입술 아래까지 선명하게 이어진 법령선은 주로 전문직에 종사하는 사람에게 나타난다. 평범한 사람에게 나타날 경우 건강하여 장수하는 것만을 의미한다.

잘하여 재빨리 자신의 생활 영역을 구축한다. 또한 친구도 많고 도와주는 사람도 많다. 법령선의 범위가 좁은 자는 활동 반경이 좁고 친구가 많지 않고 사교 수완도 부족하고 가족 수도 적다. 또한 자아고집에 변통變通을 제대로 못하고 옳고 그름과 싫고 좋음이 분명하기 때문에 안정적인 직업에 종사하는 것이 좋다.

흔히 법령선을 노화의 상징으로 보는데 이는 잘못된 것이다. 30이 되기도 전에 법령선이 희미하게 나타나는 사람이 있는가 하면, 50이 넘어도 나타나지 않는 사람이 있다. 남녀를 막론하고 50대의 얼굴에는 적절한 법령선이 있어야 한다. 이는 부귀와 권위의 상징이기 때문이다. 여성의 법령을 통해 남편의 성공 여부를 알 수도 있다. 한 우물을 판 남편을 둔 여성의 법령은 길고 뚜렷하다. 법령선이 안쪽으로 둥글게 생겼을 경우 가정에 대한 책임감이 강함을 나타낸다. 그래서 여성은 결혼생활이 힘들어도 이혼하지 않는다. 유년운流年運에 따르면 법령선이 뚜렷하지 않고 흠이나 점이 있거나 끊기거나 가로 주름이 있으면 56~57세에 사업이나 명예·지위에 큰 타격을 받는다. 기색이 명윤明潤하지 않아도 사업에 진전이 없다.

사업에 성공하지 못한 자가 법령선이 지나치게 깊을 경우 이는 고집이 세고 변통變通을 잘 못함을 의미한다. 반대로 법령선이 희미한 자는 변통을 잘하지만 공신력이 약하고 직업이 일정하지 않다. 또한 사회적 규범을 중시하지 않고 남들이 뭐라든 본인 하고 싶은 대로 한다.

법령선이 뚜렷하게 입가를 지나 금루金縷나 지각地閣에 다다른 자는 법적인 정년은 있어도 개인의 정년은 없다. 60~70대가 되어도 할 일이 많은 사람이다. 말년이 풍족하고 90세까지는 산다. 청대 의사이자 술사術士인 원수산袁樹珊이 지은 『중서상인탐원中西相人探原』에서는 "법령선이 지각까지 이어진 것을 '수대壽帶'라 하며, 반드시 무병장수한다"라고 했다. 법령선의 길이는 입꼬리를 기준으로 길고 짧음을 판단한다. 고서에서는 법령선이 입을 지나지 않으면 59세를 넘기기 어렵다고 했다. 이 해석은 법령선을 유년운(56~57세)과는 별도로 보통 가로선을 기준으로 코밑을 1세, 입꼬리까지를 60세로 보고 사업운이나, 권위, 수명 등을 판단한 것이다.

그러나 이것은 어디까지나 고대 관상의 견해일 뿐이다. 지금은 평균 수명이 늘어난데다 대도시보다는 산간벽촌에 법령선이 있는 사람이 더 많다. 그리고 수명을 정확하게 판단하기 위해서는 법령선 외에도 안신眼神, 귓불, 인중, 턱을 참조해야 한다. 법령선이 좀 짧아도 좌우가 가지런하고 그 형태에서 힘이 깃들어 있으면 크게 나쁘지 않다. 두세 가닥 가지 친 형태나 간간이 끊어진 형태에 비하면 한결 높이 산다. 50대 중반에도 법령선이 나타나지 않으면 수염을 기르는 것도 장수의 한 방법이다.

빠이허밍은 50이 넘어도 법령선이 입을 지나지 않을 경우 그 보완 방법으로 생활 방식을 바꿀 것을 권한다. 일찍 자고 일찍 일어나기, 기공 수련, 적당한 운동, 기름진 음식 줄이기, 심신의 안정 등을 실천하면 법령선이 자연스럽게 길어지고 수명 또한 늘어난다고 했다.

모양이 좋은 법령선은 성형을 하지 않는 것이 좋다. 여성의 평균 수명이 남성보다 긴 것은 장수형 법령선이 여성에게 더 많은 것과 무관하지 않다. 관상을 배운 성형외과 의사가 쓴 책『성형 당신의 운명을 바꾼다』에도 이 '팔자주름'을 수술하라는 내용은 없다.

법령선의 여러 형태와 해석

종鐘형/팔자八字형 법령

종鐘 모양처럼 바깥으로 펼쳐진 법령선. 사업으로 이름을 해외에까지 떨치고 재운이 형통하고 장수한다. 인간관계를 잘하여 늘 주변에 친구가 북적거리며, 노년에는 편안한 생활을 보낸다.

그림 A와 B는 동일한 해석을 한다. 그림 B는 '팔자형八字形'이라 칭하기도 한다. 판뼁탄은 우측 법령선이 바깥을 향해 길면 어려서 친척집에서 생활한다고 했다.

A. 종형 법령[반기문 전 UN 사무총장]

B. 팔자형 법령

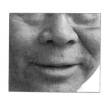

남 69세(2017년). 법령이 팔자 모양으로 넓고 깊으며 식록(입두덩)이 아주 넓고 두툼하다. 40대 후반에 사업을 시작하여 크게 일구었고 지금도 해외 출장이 잦다.

법령선이 지나치게 길게 입 가까이로 둘러싼 모양의 사람은 판에 박은 듯하고 고집이 세고 조금도 빈틈이 없다. 그다지 건강한 편은 아니고 소화기 계통 질병을 앓는다. 노년의 운세가 썩 좋은 것은 아니다(그림 B). ─ 싱쿤邢筠

A

한 개 혹은 두 개의 법령선이 지나치게 길어 입을 감싸고 있는 사람은 체형이 마르고, 위胃 질환에 잘 걸린다. 하지만 대부분 일을 억척같이 하고 고달픔을 참고 견디며 병에 저항하는 힘이 강하다. ─ 자오리밍趙理明[1]

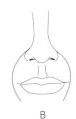

법령선의 안쪽 범위가 좁으면 일이나 활동 범위, 생활 테두리가 좁음을 의미한다. 일반적이고 안정적인 일자리에 종사하는 것이 적합하다. 멀리 가서 일하거나 변화가 많은 일을 할 경우 적응하기가 어렵다. 그리고 이기심이 강하다(그림 B). ─ 수민핑, 『相學全集』

B

재운은 좋지만 매우 근검절약한다. 돈이 많고 넓은 집을 소유하고 있어도 다른 사람에게 임대해 주고 정작 본인은 좁은 집에 산다. ─ 미야자와 미치

법령선이 안쪽으로 둥글면 가정에 대한 책임감이 강하다. ─ 판삥탄

법령이 긴 사람은 평생 사업이 안정되고 장수한다. 하지만 60세 이후의 말년운을 볼 때는 하정下亭의 다른 부위도 참조해서 보

---

1 중국 중의사이자 망진 전문가

아야 한다. 그리고 산근에 주름이 있는지, 그리고 관골의 피부가
처져있는지도 참조해서 본다.

등사입구騰蛇入口

『신상전편』에서는 "법령선이 입으로 들
어가면 등통鄧通이 야산에서 굶어죽는다[法
令入口, 鄧通餓死野人家]", "등사(騰蛇, 날아다니
는 뱀)가 자물쇠 모양으로 입으로 들어가면
오래 살지 못한다[若騰蛇鎖脣而入口者, 皆不壽
也]"라는 내용이 나온다.

등사입구

그러나 현재의 해석은 굶어죽는 상으로
보지 않는다. 최형규는 "주름이 입꼬리로
들어가면 남성은 위암을 앓을 확률이 높고,
여성은 자궁암을 앓을 확률이 높다. 50세

등사. 중국 인터넷 百度

전후로 해당 부위를 검진해 봐야 한다"고 했다. 중국의 관상가들
은 등사 입구騰蛇入口를 식도암으로 해석하기도 하고 위장 계통의
질병이나 심장병으로 해석하기도 한다. 한의학 망진에서도 식도
암을 알리는 신호로 해석한다. 천저이陳哲毅는 보다 신중한 해석
을 하고 있다.

"이러한 사람은 우울하고 마음이 넓지 못하여 언제나 작은 일로
도 고민하며 근심이 끊이지 않는다. 사업에 실패할 경우 의지를
상실하여 재기하기 힘들다. 선상 쪽으로는 수명이 짧을 수도 있
다."—『大師敎你學面相』

결국은 이런 입 모양을 가진 사람은 소화기 계통 질환을 앓을 확률이 높기 때문에 평소 음식에 주의하고 낙천적인 마음을 가져야 한다. 그러면 좋지 않은 운을 피해 갈 수 있고, 여기다 덕까지 쌓으면 주름선이 변하여 장수할 상으로 변할 수도 있다.

교룡출해蛟龍出海

'쌍용출해雙龍出海'라고도 한다. "교룡蛟龍(법령선)이 다시 바다(입)에서 나오다"라는 뜻이다. 이는 등사가 (자물쇠 모양으로) 입을 잠그고 나서 다시 입(해구海口)에서 빠져나와 수대壽帶에 이어지는 것을 말한다. 위험한 고비를 넘기고 차후 뜻밖의 만남을 통해 부귀를 이룬다는 의미를 담고 있다. 대부대귀大富大貴하며 말년을 편안히 보낸다.

아래의 '그림 A 교룡출해'와 '그림 B'는 동일하게 해석한다. 빠이허밍은 "이런 형태의 법령선을 가진 사람은 장수하고 인생을 즐길 줄 안다. 그리고 말년이 순탄하여 크게 발전하지는 않더라도 끼니 걱정을 하지 않는다"라고 했다[정홍원 전 국무총리의 법령].

A. 교룡출해蛟龍出海. 그림의 남자는 91세(2017)로, 69~70세에 큰 어려움을 겪었지만 지금도 왕성한 활동을 하고 있다.

B

주름이 입 쪽에 붙은 법령

이 법령은 등사 입구의 법령과는 구분된다.

표현하는 재능이 뛰어나 예술 방면에 적합하다. 일에 지나치게
집착하기 때문에 결혼생활은 그다지 순탄치가 않다. 여성은 이성
과의 인연이 좋지 않고 독신주의자일 수도 있다. — 싱권

주름이 입가로 이어진 사람은 풍파가 잦고 결혼에 실패할 확률이
높다. 한 가지 재주가 있다면 남에게 의존하지 말고 노력해서 스
스로 독립해야 한다. — 미야자와 미치

이중 법령선

법령선에 또 하나의 평
행선이 있는 이중 법령선
은 본업 외에 부업을 가
짐을 의미한다. 주름이 갈
라지는 것(그림 A)과 평행

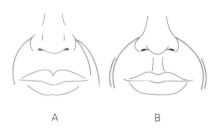

A   B

선인 것(그림 B)은 둘 다 같은 의미로 해석한다. 그리고 눈썹머리
위쪽 미골에서 가로로 주름이 선명하게 있을 경우 이것도 부업의
부호로 판단한다. 법령의 이중 주름과 미골의 가로 주름이 같이
나타날 경우 정확도는 더 높다.

좌우 법령선이 비대칭

법령 좌측은 아버지를 나타내고 우측은 어
머니를 나타낸다. 좌측이 짧고 우측이 길면
아버지는 몸이 약하고 어머니는 몸이 건강

하여 본인과의 인연이 좋음을 나타낸다. 법령은 또한 사업을 의미한다. 좌측이 길면 30세 전에 사업이 비교적 잘됨을 의미하고 우측이 길면 30세 후에 발전하게 됨을 나타낸다. — 수민펑,『相學全集』

직장 운세가 순탄치 않다. 관리 문제로 인해 아랫사람과 마찰이 잦고 일자리도 자주 바꾸다 보니 이사도 자주 한다. 57세 때 특히 이런 일이 잘 발생한다. — 싱쿤

뇌졸중 예방에 신경써야 한다. — 자오리밍

끊어진 법령선

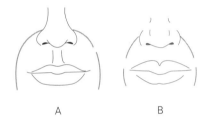

A   B

법령은 다리를 나타낸다. 법령선이 끊어졌다는 것은 다리가 부러짐을 나타낸다. 좌측 법령선이 끊어지면 30세 전에 사업이 중단됨을 나타내고 아버지가 돌아가시면 임종을 지켜볼 수 없다. 우측 법령선이 끊어지면 30세 이후에 사업이 중단되고 어머니가 돌아가시면 임종을 지켜볼 수 없다. — 수민펑,『相學全集』

부모와의 인연이 약해 어려서부터 집을 떠나 분투해야 하고, 사업 또한 파란이 많다. 다리 쪽 건강에 주의해야 한다. — 싱쿤

일이 안정되지 않고 자신에게 맞는 일자리를 찾기가 어렵다. 직업이 자주 바뀌다 보니 경제적으로도 어렵고 가족과의 관계도 위기가 온다. — 미야자와 미치

만성 결장염이나 관절염 병력이 있다. — 자오리밍

소인형상법小人形相法

법령선에 점이 있거나 법령선
이 끊어지면 다리에 통증이 있
거나 부상을 당한다는 해석은
소인형상법小人形相法에 근거한
다.

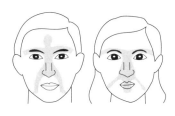

남. 소인형법 / 여. 역소인형법

소인형법은 주로 남성의 상을

보는 데 사용하고 역소인형법逆小人形法은 주로 여성의 상을 보는
데 사용한다. 소인형상법에 따르면 법령은 양쪽으로 벌린 다리의
위치에 해당하고, 눈썹은 팔에 해당한다. 역소인형법에 따르면
여성의 콧방울은 유방에 해당한다.

법령에 있는 점

법령에 점이 있으면 다리를 다치는 것을 의미한다. 좌측의 점은
30세 전에 사업이 어렵거나 아버지와의 인연이 없음을 나타내고,
우측의 점은 30세 후에 사업이 어렵거나 어머니와의 인연이 없
음을 나타낸다. 그러나 법령선의 점은 법령선이 끊어진 것보다는
낫다. ─ 수민평, 『相學全集』[2]

좌측 법령선에 점이 있으면 아버지의 임종을 지켜볼 수 없고 우
측 법령선에 점이 있으면 어머니의 임종을 지켜볼 수가 없다. ─
린궈슝

---

2 부모와 인연이 없다는 것은 부모와 일찍 헤어지거나 사이가 안 좋거나 부모가 일찍 돌
아가시거나 하는 것들을 의미한다. 수민평은 『관상지인觀相知人』에서는 "좌측 법령선
에 점이 있거나 법령선이 끊어지면 우측 다리가 부러지거나 부상을 당한다"고 해석했
다. 실제 관상에서는 우측 법령선의 점이 좌측 다리의 부상을 의미할 수도 있고, 우측
다리의 부상을 의미할 수도 있다. 이 부분은 관상가들도 명확한 답을 못 내리고 있다.

11. 호이虎耳

58, 59세 - 호이虎耳

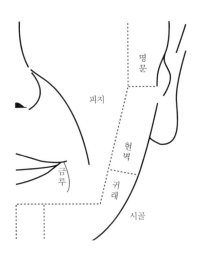

58~59세의 유년 부위이다. 본래 명칭은 '부이附耳'이고 '현벽
懸壁'이라고도 한다. 귀 끝 아래에 위치한다. 이곳이 살이 부풀어
있으면 58~59세의 운세가 좋다.

호이虎耳

얼굴에 성곽을 둘러 쌓은 듯 귀 앞에서 시골腮骨까지 살이 부풀어 올라 있다. 일생 동안 부를 이루고 말년이 길하다.

시골腮骨까지 살이 부풀어 올라 있다.　　　　살이 없고 함몰되었다.

이 부위의 정확한 위치는 귓불에서 가까운 뺨의 측면이다. 바로 어금니를 물었을 때 움직이는 곳이다. 이 부위의 바로 위쪽이 명문(命門, 귀 옆에 위치)으로 전신의 12경락이 모이는 곳이다. ― 린귀슝

재물이 쌓임을 의미한다. 이 부위가 포만하고 살이 있으면 58~59세의 재운이 왕성하고 타지에서 발전한다. 이 부위는 또한 자녀와의 인연을 나타낸다. 이 부위가 꺼졌으면 말년이 고독하고 자식과 인연이 없다. ― 판쥔밍范俊明

이 부위는 노년의 활동을 나타낸다. 이 부위가 두툼하면 정년 없이 한의사 등 전문직에서 왕성한 활동을 하는 것을 의미한다. ― 이정욱

뺨은 살이 있어 감싸 주어야 길상이다. 고대 관상에서는 이것을 '담벽牆壁'이라 칭했다. 이곳이 깎여 함몰되어 살이 없으면 함양涵養이 부족하고 체면을 중시하고 사존심이 강하여 자기중심적이 된다. 인내력이 없고 중년운이 좋지 않다. ― 이티앤성

12. 입[口]

60세 - 입

입은 한 사람의 언어, 색욕, 식욕을 관찰하는 부위이다. 관상에서 입의 형태는 단정해야 하고 비뚤어져서도 안 되고 입술의 두터움도 위아래가 균일해야 한다. 지나치게 두터우면 열정적이고 호색적이고, 원시적 욕망을 중시한다. 지나치게 얇으면 감정을 드러내지 않고 냉담하다. 일반적으로 열대지방에서 자란 사람은 입술이 두텁고, 한대지방에서 자란 사람은 입술이 얇다.

윗입술은 주로 정(情, 감정)을 나타내고 아랫입술은 주로 욕(慾, 성욕, 욕망)을 나타낸다. 대체로 남성은 아랫입술이 두텁고 여성은 윗입술이 두텁다. 그래서 남성은 욕慾을 중시하고 여성은 정情을 중시한다. 위아래 입술이 모두 두터운 사람은 정情과 욕慾이 모두 왕성하고 열정적이고 주동적이다. 윗입술이 얇은 사람은 대체로 언어 표현 능력이 뛰어나다. 입술이 방정方正한 사람은 언어 표현이 신중하여 믿을 만하다.

| 윗입술이 두텁다 | 아랫입술이 두툼하다 | 위아래 입술이 모두 두툼하다 | 꽉 다문 입술. 의지가 강하다. |

윗입술이 두툼한 자는 남에게 사랑을 주길 좋아한다. 열정적이고 인정미가 있다. 다른 사람의 일에 관여하길 좋아한다.

아랫입술이 윗입술보다 크고 도톰하다. 이성 교제에서 상대에게 받기만 하고 줄 줄을 모른다.

입이 크고 입술이 두툼하면 감정적이고 성욕이 강하고, 마음이 선량하다. 입술이 얇은 사람은 감정을 안으로 가두고 쉽게 드러내지 않는다. 남자는 냉정하고 이지적이지만 열정이 부족하기에 좋은 리더나 아버지, 남편의 역할을 할 수는 없다. 여성은 대체로 감성적이기 때문에 얇은 입술의 부정적 요소가 남성만큼 심하지 않다. 또한 얇은 입술을 가진 사람은 대체로 입술을 꽉 다문 경우가 많다. 이것은 의지력이 강함을 나타낸다.

입이 크다 / 입이 작다

입이 크면 담력도 크다. 대체로 남성은 입이 크고 여성은 입이 작다. 그러나 사회의 변화에 따라 입이 큰 여성이 점차 많아지고 있다. 이들 여성은 개방형 사회에서는 주도적 역할을 많이 한다. 실제로 서구사회에서는 입이 큰 여성이 많다. 고대사회

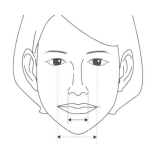

양쪽 눈동자 한가운데에서 수직으로 그은 것을 기준점으로 해서 이보다 넓으면 큰 입에 속한다.

에서는 입이 큰 여자를 부정적으로 묘사하였다. 그것은 전적으로 남성이 가계를 책임지는 상황에서 입이 큰 여성은 남자 기질이 있는데다 손님 접대를 좋아하기 때문이다. 그러나 현대사회에서 입이 큰 여성은 주동적인 성격에 사교에 뛰어나 일에서 성과를 이루기 쉽다. 소소한 것에 얽매이지 않기 때문에 함께 지내기가 수월한 사람이다. 입이 작은 사람은 그릇이 작고 담이 작아 어려움에 부딪쳤을 때 위축되기 쉽다. 내향적이고 평생을 자질구레한 것을 따지며 시간을 낭비한다.

좋은 입술이란 위아래가 균등한 것을 말한다. 지나치게 두텁거나 지나치게 얇은 것은 좋지 않다. 색은 홍윤紅潤해야 하고 모양은 방정方正해야 한다. 입술의 주름은 많은 것이 좋고 꽉 다물어진 형태에 능각稜角(능선)이 있어야 한다. 윗입술선이 뚜렷하고 인중과 맞닿은 삼각형 모양의 선도 뚜렷해야 한다. 능각이 뚜렷하면 언어 기교가 있고 표현 능력이 뛰어나고 믿고 신뢰할 수 있는 사람이다.

표준 입 모양. 위아래가 동일하거나(좌) 아랫입술이 윗입술보다 1/4 정도 더 두텁다(음이 양을 받쳐 주는 형상. 우). 구각口角(입 끝)이 맺혀 있다.

입술이 비뚤어진 사람은 함부로 말하는 경향이 있다. 앞니가 비뚤어지거나 벌어져 있으면 더욱 심하다. 나쁜 입술은 다음과 같다.

① 양 입술의 두터움이나 얇음이 균등하지 않고

② 지나치게 두텁거나 지나치게 얇고

③ 삐뚤고

④ 입술 주름이 없고

⑤ 입술 색이 어둡고

⑥ 입을 다물어도 다물어지지 않고

⑦ 입꼬리가 아래로 처지고

⑧ 윗입술에 능각이 없는 것을 말한다.

입은 유년도에서 60세의 운을 지배한다. 그러나 60~70세의 운으로 보기도 한다. 좌측 입꼬리를 60으로 보고 우측 입꼬리를 70으로 본다. 식록食祿은 윗입술에 있다. 홍색의 입술뿐만 아니라 51~60까지의 부위도 포함해야 한다. 또한 턱의 패인 부위는 아랫입술에 있으니 61~70세까지의 부위를 포함해야 한다. 말년의 삶은 식록을 보고, 입술과 턱의 패인 곳을 본다. 먼저 두터운지를 보고 그 다음에는 넓은지를 본다. 세 번째로 입의 형태와 웃는 모습을 본다. 두터움은 부富함을 보고 넓음은 귀貴함을 본다. 또한 성격과 유년流年의 길흉을 반영한다. 입이 큰 사람은 남녀를 막론하고 믿음이 강하고 독립심이 강하다. 앵두 입의 여성은 돈이 있고 정취가 있는 남자를 선택한다. 피동적이어서 보호와 사랑을 받기를 원한다. ― 주취에챠오

재운의 있고 없음을 보려면 코, 천창天倉, 지고地庫 외에도 입 모양과 입술을 보아야 한다. 입 모양이 크고 입술이 두툼하고, 입술 색이 윤택하면 재운이 좋다고 본다. 입술이 크되 밖으로 뒤집힌 입술을 가진 자는 돈을 벌어도 파재破財하여 재물이 있다가 없어

지곤 한다. 위아래 입술이 두터워도 아랫입술이 바깥으로 튀어나온 자는 물욕과 색욕을 가지고 있다. 입이 큰 여자는 입이 작거나 코가 작은 남자를 배우자로 만나는 것이 좋다. 부부가 둘 다 입이 크거나 코가 크면 결혼생활에 문제가 발생한다. ─ 판삥탄

입이 크고 입술이 두터워도 귀가 볼품이 없으면 덕행이 모자라 남에게 베풀지 않는다. 코가 크고 입이 작으면 토극수土克水로 재물을 파하는 형국이기 때문에 재물은 많아도 먹을 복이 없다. 여자의 말년운은 인중과 입에 있다. 여자의 입은 자식이자 남편이다. ─ 이정욱

옛날에는 여성의 입은 작은 앵두입을 남편을 돕는 좋은 형상으로 보고, 큰 입은 남편을 잡아먹는 나쁜 형상으로 보았다. 그러나 현대적 관점에서 큰 입은 남편을 돕는 입으로 해석한다. 입이 작은 사람은 돈을 벌어 남에게 잘 쓴다. 입이 큰 사람과 입이 작은 사람이 식당에서 식사를 하고 나면 입이 작은 사람이 먼저 돈을 내기 일쑤다. 돈을 소화할 수 없기 때문이다. 입이 작은 사람은 남자도 여자처럼 수다 떨기를 좋아한다.

입술은 배에 비유하고 지각地閣은 바닷물에 비유한다. 바닷물의 수면이 넓어야 큰 배가 운행할 수 있듯이 입이 크면 지각도 커야 한다. 파도가 일렁이는 바닷물에서 작은 쪽배는 흔들릴 수밖에 없다.

입의 여러 형태와 해석

앙월구仰月口

언제나 명랑하고 사물을 선의로 해석하는 양성의 사람이다. 『마의상법』에서는 앙월구에 대해 극찬을 한다.

앙월구는 부귀하다 ― 복록이 그 가운데 있다. 입은 위로 굽은 달과 같고 치아는 희고 입술은 붉은 것이 단사를 바른 것과 같다. 문장력이 뛰어나 명성을 떨치니, 마침내 부귀하여 조정 반열에 오르리라[仰月口富貴―祿在其中: 口如仰月上朝彎, 齒白脣紅似抹丹。滿復文章聲價美, 竟能富貴到朝班。].

구각口角이 위로 향해 웃음을 짓는 것 같은 모양으로 사람들의 환심을 사기 쉽다. 일생 동안 큰 파란이 없고 순리에 따른다. 때론 손해를 보기도 하나 따지지 않고 항상 즐거움에 만족한다. 묵묵히 타인을 돕는다. 화가 나도 겉으로 드러내지 않는다. 그러나 그 장점의 이면에는 결점이 존재한다. 책임감이 그다지 강하지 않고 세심함과 신중함이 부족하다. ― 린궈슝

구각口角이 위로 향하면 54, 55세의 운세가 좋다. 반대로 구각이 아래로 향하면 54, 55세의 운세가 나쁘고 긴깅 또한 좋지 않다. 앙월구에 애기코인 여성은 항상 명랑하고 아이처럼 맑고 순수하나 타인에 대해 자기중심적으로 좋은 쪽으로만 해석하려는

경향이 강하다. 남편을 돕고 자식을 이롭게 한다.[1]

복주구覆舟口

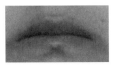

복주구覆舟口. 입술 양끝이 아래로 향한 형태로 배가 뒤집힌 형상이다.
말년이 고독하고 자녀와 인연이 없다.

『마의상법』에서는 복주구를 다음과 같이 해석하고 있다.

복주구는 가난하고 고생한다. 입꼬리는 흡사 뒤집어진 파선과 같
다. 위아래 입술은 검붉은(암홍暗紅) 소고기 색과 같고 위아래가
붙어 있다. 이런 입을 가진 자는 대부분 거지가 된다. 일생이 가
난하고 고생함은 말할 필요도 없다. – 사는 게 곤궁하여 정처없이
떠돌아 다닌다.[覆船口貧苦: 口角渾如覆破船, 兩脣牛肉色相聯。人逢此口
多爲丐, 一生貧苦不須言。— 顚沛流離。][2]

남성의 경우 젊은 한때는 소신 있는 사람으로 각광 받는다. 그러
나 50세를 넘으면 이전에 누렸던 인기는 사라지고 60세 전후에는

---

1 앙월구의 단어 의미는 달의 모양을 형상화한 것으로 해석하기도 하고, 입꼬리가 눈
   (좌측 눈을 해로 보고 우측 눈을 달로 봄)을 향한다고 해석하기도 한다. '앙련仰蓮 · 복
   련覆蓮', '앙련석仰蓮石' 등의 그림을 참고하면 '앙仰'과 '복覆'의 의미를 이해하는 데 도
   움이 된다.

2 '口角渾如覆破船'는 두 가지 해석이 가능하다. 하나는 '혼여渾如'를 송대宋代의 어휘 의
   미인 '흡사~ 같다'로 해석하는 것이고, 또 다른 해석 방식은 '혼渾'을 '흐리다'의 의미
   로 보고 "입꼬리가 흐리고 입 모양이 뒤집어진 파선과 같다"로 해석하는 것이다.

폐선廢船 같은 신세로 고독과 가난을 벗어나지 못한다. ― 최형규

남녀의 운이 다르다. 비관적이고 근심이 많고 고집이 세다. 60세 이후로는 남자는 처를 극하고 여자는 남편과 자식을 극한다. ― 판삥탄

복주구는 자신의 아집에서 비롯된다. 이것은 마음속에 원망이 있으나 대적할 힘이 없는 데서 생긴 것이다. 소극적이고 피동적이고 스트레스를 말 없이 참고 감당하는 성격이다. ― 정무더

위장이 좋지 않다. 표현이 직설적이고 돌려 말할 줄 모른다. 쓸데없는 말을 안 한다. 타인을 잘 칭찬할 줄 모른다. 일하는 것이 진지하고 함부로 말하거나 웃지 않는다. 자녀에 대한 훈육이 엄격하다. 자식복을 누리기가 어렵다. ― 리잉차이, 『千眉譜』

복주구는 대부분 후천적으로 만들어진 것이다. 비관적이고 완고하다(융통성이 없고) 보니 입꼬리가 자꾸 아래로 내려가는 것이다. 복주구는 말년의 고독을 의미하지만 절반의 원인은 스스로 만든 것이다. 비관적인 성격에다 사람들이 듣기에 좋지 않은 이야기만 하다 보니 친구들과는 점점 멀어지게 되고 결국은 말년이 고독하게 된다. 수년간 웃는 얼굴로 사람을 대하는 노력을 한다면 말년에 복이 더해질 수 있다.

복주구는 때론 다른 부위를 참조해서 판단해야 한다. 귀한 관직이나 높은 지위에 있는 사람이 복주구에 법령선이 좋으면 대귀大貴할 상이다. 뾰족한 턱을 가졌으면 말년이 외롭고 힘들고 빈궁하다(그

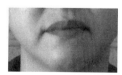

여. 교수. 복주구 수형水形의 얼굴. 대인 관계도 좋고 학문 연구에 뛰어나며 비관적인 면이 없다.

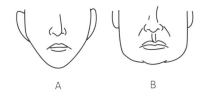

<table>
</table>

A   B

림 A). 복주구에 넓은 턱을 가졌으면 권력과 지위를 쉽게 가진다(그림 B). 그렇지만 어쨌든 복주구는 고독하고 비

관적인 입이다. ― 수민평, 『相學全集』

넉사자四字 입

구각口角이 넓고 위아래 입술이 가지런하고 사방이 바르며 약간 올라간 듯하면서 아래로 처지지 않았다. 가장 복 받은 입으로 천륜天倫의 즐거움과 자손의 복을 누린다. 식록의 복을 타고났다. 여자는 남편의 성공을 돕고, 남자는 인후仁厚하다.

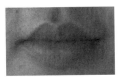

네모方 입. 능각稜角이 분명하고 입꼬리가 아래로 처지지 않았다.

네모[方] 입은 위아래 입술이 약간 두텁고 정방형을 띤다. 작은 것은 네모 입이고 넓은 것은 넉사四자 입이다. 두 가지 형태 모두 사회적 지위를 쉽게 얻는 귀인의 입이다. 언어가 진실하고 신뢰할 수 있는 사람이다. 정치를 한다 해도 신실信實하다. 정의로운 지도자이다. ― 수민평, 『相學全集』[3]

삐뚤어진 입

윗입술과 아랫입술이 서로 비대칭이다. 여.

마음에 원망을 담고 있는 입술로, 매사를 비평적 시각으로 본다.
― 정무더

감정이 안정되지 않고 에너지가 부족하여 쉽게 피곤함을 느낀다.
경계심이 많고 다른 사람과 잘 어울리지 못한다. ― 미야자와 미치

위의 사진(우측)에서는 입꼬리 선이 아래로 이어졌는데 이것을
'장수선長壽紋'이라 한다. 이것에 대한 천저이의 해석은 다음과 같
다.

"호불호가 분명하고 일 처리가 과단성이 있다. 그러나 고집이 있
어 변통을 모르고 어떤 사물에 대해 흠을 잘 잡는다. 인간관계에
서는 감정적인 교류와 실제 이익을 중시한다. 상대가 기분을 상
하게 하면 더 이상 만나지 않는다."[4]

튀어나온 입

준두에서 턱까지 일직선상에서 이보다 밖으로 튀어나왔으면

---

3 『마의상법』에서는 넉사자[凹]형 입과 네모[方]형 입을 구분하여 해석했고, 리잉차이도
고서의 해석대로 분리해서 해석했다. 그러나 수민펑은 『상학전집』에서 이 둘을 동일
하게 해석하였다.

4 위 사진 가운데 여의 입술은 또한 약간은 복주구의 형태를 띠고 있어 앞서 언급한 리
잉차이의 해석 특징도 가지고 있다.

'튀어나온 입'으로 간주한다. 거칠고 지성知性이 부족하다. 말이나 행동이 강경하고 다른 사람을 설득하는 재주가 있고, 늘 자신이 옳다고 주장한다. 여성이라면 더욱 그러하다. 표현력이 뛰어나고 때론 비밀을 누설한다.

들어간 입

측면에서 봤을 때 확실히 안으로 들어간 입. 내성적, 피동적, 소극적, 우유부단 등의 단점이 있지만 안정되고 사람을 편안하게 하는 장점도 가지고 있다. 분수를 지키는 전업주부이거나 책임을 다하는 직장여성이다. ― 정무더

벌어진 입술

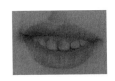

입이 느슨하여 닫히지 않으면 의지가 박약하다. 또 잇몸이 보이면 운세에 장애가 있다. 정이 많아 분위기에 약하고 바른말을 잘한다. 살며시 웃을 때 잇몸이 보이지 않는 것이 좋다. 웃을 때 잇몸이 보이는 사람은 연기에 대한 욕망과 예술적 재능이 있다.

윗입술이 튀어나옴

나를 내세우지 않고 다른 사람의 의견을 경청하고 따른다. 프라이버시를 중시한다. 가정에는 거의 다툼이 없고 여러 면에서 평탄한 삶을 산다. ― 미야자와 미치

윗입술이 튀어나오고 아랫입술이 들어간 여성은 성격이 다소 유약하고 겁이 많다. 대부분 자신의 의견을 주장하길 꺼리고, 늘 주위 사람의 영향을 받는다. 판에 박은 단조로운 일에 종사하는 것이 적합하다. ― 이티앤성,『女相書』

아랫입술이 튀어나옴

자기주장이 강하고 고집이 세다. 대부분
문제가 많은 가정에서 자랐다.

사람들에게 주목 받기를 좋아하여 옷차림에 신경 쓴다. ― 미야자와 미치

성격이 강하고 타인에 의지하지 않는다. 개인의 이익을 추구하고 단체에 대한 생각이 약하여 사업에서 고생한다. 의심이 많아 상대를 힘들게 한다. ― 천저이

여성은 부부의 연분이 좋지 않고, 늘 자신만을 돌보고 상대의 느낌을 배려하지 않는다. 조금은 이기주의다. 그러나 일에서 성과는 일반 여성을 뛰어넘는다. 독자 경영을 해야지 다른 사람과 합작을 해서는 안 된다. ― 이티앤성,『女相書』

따지길 좋아하고 이기적이다. 시기심과 의심이 많고 직업을 전전하기 쉽다. ― 구로카와 가네히로黑川兼弘

주장이 강해 자신의 의견을 반드시 말해야 한다. 규제나 제약을 받지 않는 자유업에 종사하는 것이 좋다. ― 김현남

하극상으로 욕심과 실투심이 많고 윗사람과의 다툼이 잦다. 자기위주이고 쌀쌀맞다. ― 이정욱

아랫입술이 말려 있다(바깥으로 뒤집혔다)

사람들과 애정을 주고받는 것을 싫어하고 사랑 받는 방법을 모른다. 자신만을 강조하기 때문에 다른 사람을 받아들이기 어렵다. ─ 김현남,『내 관상은 어떨까』

아랫입술이 길게 처진 자는 자기 본위가 강하다. 무슨 일이든 자신을 먼저 생각하고 칭찬받길 좋아하고 비평받길 싫어한다. 함께 일하기가 어렵다. 결혼생활은 좋지 않아 배우자를 극한다. 말년은 적막하고 병(소화기 계통)이 잦다. ─ 주취에챠오

아랫입술이 처지고 힘이 없는 자는 의지가 확고하지 않고 쉽게 흔들린다. 남자는 평생 성과를 일구기 어렵고, 여자는 특히 애정 쪽으로 평생 속임을 당하기 쉽다. 입이 늘 벌어져 있기 때문에 기가 빠져나가 체질이 약하다. ─ 수민평,『相學全集』

자기주장이 강하여 타인의 의견을 받아들이지 않는다. 그래서 오랜 관계를 유지하기 어렵다. ─ 미야자와 미치

취화구 吹火口

촛불을 불 때처럼 입술이 앞으로 나온 모양. 말을 잘못하여 상대에게 상처를 준다. 타고나길 논쟁에 맞서 고집 피우길 좋아한다. 이런 사람과는 말다툼을 해도 끝이 없기 때문에 참고 기다리는 것이 가장 좋다. ─ 수민평,『相學全集』

입이 뾰족하고 입술이 튀어나온 형상이 고무풍선을 부는 것과 같다. 말년이 고독하다. 여성은 남성보다 더 좋지 않다. 자기과장이 심하고 대화에서 잘 우긴다. 말이 많고 자제력이 부족하다. 분석

력과 결단력이 부족하여 전문 분야에 성공하기 어렵다. 결혼과 가정의 운수는 나이가 들수록 더 나빠진다. ― 린궈슝

유별난 성격으로 말하기를 좋아하여 비밀을 못 지키고 질투심이 강하고 남의 말을 옮기기를 좋아한다. ― 이정욱

새부리 모양의 입

윗입술 뾰족한 부분(인중에 접한 부분)이 살이 돋아 아래로 처져 돌출된 형태로, 입술에 진주알을 머금은 형상이다.

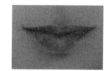

환난은 같이할 수 있어도 부귀는 같이할 수 없다. 여자는 설화舌禍가 많고 남편 운이 좋지 않다. ― 리잉차이,『臉臉俱玄』

논쟁에서 이길 때까지 관두지 않는다. 절대로 고집을 꺾을 수가 없다. ― 수민평,『相學全集』

승부욕이 아주 강하여 지길 싫어한다. 적극적이나 시빗거리를 잘 만든다. ― 장지에뚱張健棟

합리적인 생각을 가지고 있다. 집중력과 기억력이 뛰어나고 머리가 영민하고 의리가 있다. ― 구로카와 가네히로黑川兼弘

일(一)자형 입술

군인, 경찰, 언론인에게서 많은 나타나는 입술이다. 자신이 한 말에는 책임을 지고, 매사 맺고 끊는 것이 확실하고 의지가 강하다. 비밀을 잘 지킨다.

남   여

입을 다물었을 때의 입술 선이 일자형이다. 보수적이고 언행에 신중하고 인내심과 의지가 있다. 결벽증이 있고 고집이 세고 거만하다. ― 싱권

13. 턱[地閣]

61~75세 – 턱[地閣¹]

턱[지각]의 범위는 61~71세까지의 유년 운세 부위 외에도 시
골腮骨 · 현벽懸壁 등을 포함한다.

턱 유년도

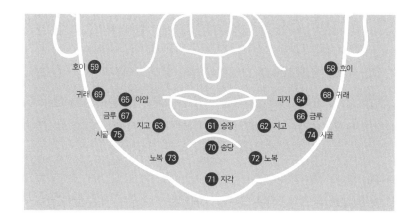

---

1 지각地閣은 유년 운기 71세에 해당하는 부위를 지칭하는 명칭이지만 턱 부위 전체(下
巴 혹은 頤)를 지칭하기도 한다.

턱은 말년운을 보는 곳이다. 턱이 넓으면서 앞으로 돌출되고 목 아래에 살이 많으면 좋은 턱을 가졌다고 할 수 있다. 말년이 편안하고 자식과의 인연이 좋아 외롭지 않고 경제적으로 여유가 있다.

61세 – 승장承獎

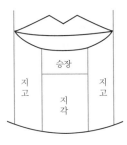

『東洋觀相秘占もくじ』에서 정한
지고地庫의 범위

아랫입술의 중간 바로 아래 오목하게 들어간 부위를 말한다. 아랫입술을 받치는 형상이라서 '승장承獎'이라 칭한다. 고대에는 이 부위를 말년운으로 보았으나 현대사회에서는 말년운의 출발점으로 본다. 이 부위는 음식, 식중독, 음주량 등과 관련된다. 이 부위가 살이 있어 두텁고 흠이 없으면 의식衣食이 풍족함을 의미한다. 이 부위에 암흑색暗黑色이 나타나면 당분간 음식에 주의해야 한다.

62, 63세 – 지고地庫

턱의 가장 아랫부분의 좌우 위치를 말한다. [해석1]

승장承獎의 좌우 양측에 위치하며 약간 솟아 있어 '고庫'라고 칭하고, 또 지각地閣에 인접해 있기 때문에 '지고地庫'라 한다. [해석 2: 린궈숑]

승장承獎·송당頌堂의 양 측면, 지각地閣 위에 위치한다. [해석 3: 元貞居士]

64세 – 피지陂池, 65세 – 아압鵝鴨

입꼬리 쪽, 대략 보조개
가 있는 곳이다. 이 부
위가 풍만하고 살이 있
어 솟았으면 이 유년 기
간이 순탄함을 의미한

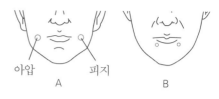

피지, 아압의 위치가 서로 다르다.

다. 들어가거나 보조개가 있으면 이 두 해의 운은 정체된다(그림
A). — 수민펑, 『相學全集』

피지陂池는 좌측 지고地庫의 옆, 좌측 금루金縷의 안쪽 측면, 좌측
입꼬리 바로 아래쪽이고, 아압鵝鴨은 우측 지고地庫의 옆, 우측 금
루의 안쪽 측면, 우측 입꼬리 바로 아래쪽이다. 피지 · 아압이 입
꼬리에서 아주 가깝기 때문에 입꼬리가 아래로 향할 경우 이 유
년 부위를 해하여 반드시 파재가 따른다. 이 부위는 수성水星, 법
령法令, 구각口角과 아주 가깝기 때문에 다 같이 참조하여 길흉을
판단한다(그림 B). — 린궈슝

66, 67세 – 금루金縷

입꼬리 좌우에서 아래로 펼치듯이 이어지는 선을 말한다. 법령
은 사업을 의미하고, 금루는 겸직兼職을 의미한다. 금루선이 법령
선보다 길면 겸직이 정직正職보다 더 뛰어남을 의미한다. 금루선
은 없지만 이 부위가 포만하거나 살이 약간 솟았으면 이 두 해의
운세가 좋다. 금루선이 보이지 않고 법
령선이 짧고 입꼬리 좌우가 들어가면 이
두 해의 운세가 순탄치 않다. — 수민펑,
『相學全集』

금루金縷는 법령의 하부, 입꼬리 바깥 측면이고, 입꼬리에서 은은히 나타나는 어두운 주름이다. '縷'는 가늘고 긴 선線이고, '金'은 보물을 의미한다. 즉, '금루'는 보귀寶貴한 주름을 의미한다. 이 주름은 관직의 오르내림, 수명 등을 살펴보는 곳이다. 금루는 모든 사람에게 있는 것은 아니다. 금루가 있는 사람은 반드시 이름이 나고 사업을 쉽게 이룬다. 금루는 수水에 위치하기 때문에 기색이 옥과 같이 희고 윤기가 나면 길吉하다. — 린궈슝

68, 69세 - 귀래歸來

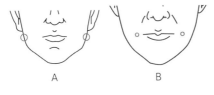

귀래의 위치가 서로 다르다.

호이虎耳 아래, 시골腮骨 위쪽을 말한다. 시골이 힘이 있으면 귀래歸來도 자연히 포만하다. 시골이 깎여 비스듬하면 귀래도 야위어 들어간다. 귀래가 포만하면 자식과의 인연이 좋아 말년에도 자식들이 곁에 있을 확률이 높다(그림 A). — 수민펑, 『相學全集』

귀래의 정확한 위치는 보조개가 있는 곳이다. '귀래'는 '돌아오다'의 뜻으로, 먼 곳에 있는 사람이 돌아올 수 있는지 없는지, 그리고 그 사람의 길흉 여부를 알아보는 곳이다. 색이 황윤黃潤하면 그 사람은 빨리 돌아온다(그림 B). — 린궈슝

70세 - 송당頌堂

승장承獎 아래, 지각地閣 위쪽이다. 입이 움직일 때 이 부위도 같이 움직인다. 피차 쟁송爭訟이 끝이 없기에 '송당'이라 칭한다. 말년의 운세 판단에서 이 부위의 기색을 주의깊게 살펴야 하고, 안

신과 목소리를 참조해야 한다. ― 린궈슝

71세 – 지각地閣

　지각은 송당 아래쪽, 턱의 말단 부위이다. 70세 이후의 운세는 턱 전체가 넓고 포만한가, 그리고 눈에 안신이 있는지 없는지를 보고 판단해야 정확하다. 턱은 튀어나오면서 살이 있어야 한다. 여성의 턱은 둥근형이 좋다. 네모형은 고집이 있고, 늙어서도 일을 해야 한다.

　관상 고서에서는 턱에 대한 자세한 설명이 없다. 『마의상법』 각론에서도 오관을 자세히 설명하면서도 유독 턱 부분만은 별도의 설명이 없다. 오악五嶽의 하나인 턱은 산으로서의 역할만 하는 된다고 본 것 같다. 그리고 옛날에는 평균 수명이 60세를 넘기기 어려웠기 때문에 고서에서는 턱에 대한 언급이 없거나 소략했다. 턱의 말단 부위를 지칭하는 '지각'은 유년운기의 71세에 해당한다. 고서의 영향 때문인지는 모르지만 현대 관상서에도 턱에 대한 해석이 다른 오관만큼 자세하지가 않다.

턱의 여러 형태와 해석

네모턱

네모턱은 시골이 뚜렷하게 각을 이룬 사각형이다. 이 턱은 운동형에 속한다. 운동선수나 무술가, 모험가는 대부분 이런 턱이다. 이런 직업에 종사하지 않는 자라도 운동을 좋아한다. 의지가 강

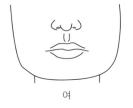

여

하고 고생을 두려워하지 않는다. 비밀을 잘 지키고 매번 득실을 마음속에 기억한다. 시골이 뾰족하게 튀어나온 '뇌후견시腦後見腮'와는 달리 가정은 확실히 책임진다. 여성이 이런 형상이면 남편에게 의지를 못하고 집안의 대소사를 본인이 책임져야 한다. 집에서 편히 지낼 수가 없다[방송인 박경림의 턱 참조]. ─ 수민평

무턱

어떤 일에 부딪쳤을 때 급하게 결정하고 신중하지 못하다.

무턱(뒤로 젖혀진 턱)인 자는 뇌의 발육이 좋지 않고 심장의 혈액순환에 문제가 생기기 쉽고 성격은 충동적이다. 턱은 동력動力을 나타낸다. 그래서 무턱은 행동은 빠르나 생각이 따라 주지 못한다. 매사에 일시적 충동으로 잘못된 행동을 한다. 또한 이지理智와 감정이 조화를 이루지 못해 일생 동안 감정의 기복이 심하다. 이 턱은 '종복從僕의 턱'이라고도 한다. 피고용인 노동자로, 리더십이 부족하다. 열심히 일해도 먹을 양식이 부족하고 노후 생활이 어렵다. 추리, 연구 개발, 예술 창작과 관련한 직종에 재능이 있다.

이중턱

이중턱은 향유형에 속한다. 턱이 둥글고 살집이 많아 턱 밑에 또 하나의 턱 모양(근육형)을 형성한 것이다. 애정과 인덕이 있으며 가족을 잘 돌보고 강하고 리더십이 있어서 아래 사람의 신뢰

와 지지를 받고, 말년이
아주 좋다.

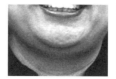
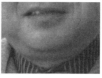

여　　　　　　남

　　재물이 많아 중년 이
후에는 크고 작은 소득원을 여러 곳에 둔다. 제조업과 농장을 겸
업하는 식이다. 남자는 본처 이외에 또 다른 여자를 두고 양가를
거느린다. ― 최형규

이중턱인 자는 물욕과 정욕이 강하다. ― 수민평

이중턱의 여성은 성적 매력이 있고 남자를 사로잡으며 가정주부
로서 행복을 창출한다. 그러나 눈이 도화눈이고 코가 예리하면
물장사 계통에 종사한다. 일류 요정의 마담 중에 이중턱이 많다.
― 김광일

이중턱은 한 사람의 절약 능력을 나타낸다. 나이가 들수록 더욱
그렇다. 이중턱과 근검절약 사이에 필연적 연관성이 있는지는 확
신할 수 없다. 그렇지만 남녀를 막론하고 이러한 성정性情은 경
제학가, 그중에서도 특히 은행가 출신들에게 많다. ― 사무엘 웰스
Samuel R. Wells

　　현대 관상서 중에는 고서에 나오는 '제비턱[燕頷]'을 이중턱으
로 해석하는 사람이 많지만 이 둘은 엄연히 그 형태와 해석을 구
분해야 한다. 제비턱은 관상 용어로 '연함燕頷'이라 한다. 여기서
'함頷'은 아래턱 아래 부
분, 즉 아래턱과 결후(結
喉, 울대) 사이를 말한다.
제비의 아래턱은 풍만

제비　　　　　　제비턱

하기 때문에 관상 고서에서는 '함함頷'이 풍만하면 '제비턱' 같다는 표현을 썼다. 『신상전편』「신이부」에는 전한前漢 시대 (관상가) 허부許負가 반초班超의 상을 본 내용이 나온다. "제비턱에 호랑이 두상이라, 맹금猛禽 같이 날아서 고기를 먹으니 만리후(萬里侯, 왕도에서 멀리 떨어진 곳에 있는 제후)의 상相이로다."[2]

김광일은 제비턱의 형태를 '군턱'으로 분류했고, 이중턱과 구분하였다. 그는 군턱은 금전 복이 많고 이해심이 넓으며 합리적으로 생각하고 실천한다. 그러나 풍부한 재물운과 후덕한 마음씨에 비해 수명은 짧은 편이다"라고 했다.

뾰족한 턱

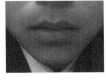
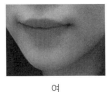

남   여

사유형으로, '여성형 턱'이라고도 한다. 생각하기를 좋아하므로 연구직이나 발명 계통에 적합하다. 예술적 재주도 있지만 대부분 인내력이 부족하고, 이상이 높아 현실과 동떨어질 때가 많다. 가정 관념이 약하고 말년은 고독하다. 젊었을 때는 턱이 다소 뾰족해도 상관없지만 결혼 후에는 살이 좀 붙어 둥글고 넓게 변해야 한다. 그래야 자식에게 관심을 갖고 가정의 안정을 찾을 수 있다. 또한 감정적이고 아랫사람을 통솔하는 능력이 약하다. 이런 턱을 가진 사람이 많은 사람을 거느리는 위치에 서면 50세가 한계이다. 50세 이후의 인생을 단단히 준비해야 한다. 턱이 좁아도 인중이 길면 말년운을 돕는다.

---

2 수량티앤과 수민평은 "제비턱이 바로 이중턱이다"고 했다.

둥근 턱

향유형享有形으로, 자 신을 만족시키기 위해 노력한다. 가정생활을 중시하고 사회에 대한

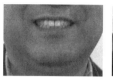 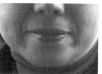

남　　　　여

책임감은 약하다. 말년 운세가 뾰족한 턱이나 네모난 턱보다 낫다.

주걱턱〔兜下巴〕

주걱턱은 측면에서 보았을 때 턱 끝이 밥주걱마냥 앞으로 나온 모양을 말한다. 얼굴이 만들어질 때 이마와 아래턱뼈가 위아래를 먼저 이룬 뒤에 눈도 만나고 코도 만나 하나로 합치게 된다. 그래 서 관상에서는 이마와 조응하여(혹은 코와 조응하여) 약간 둥글게 돌출된 턱을 '이마를 잘 받쳐주는' 좋은 형태로 본다.

중국어에서 턱에 해당하는 일상어는 '下巴[xiaba]'이고, 유년도 의 용어인 '지각'을 사용하기도 한다. 턱의 형태와 해석에서 우리 의 주걱턱에 근접하는 의미로는 '兜下巴'가 있다. 둥근 턱이든 네 모난 턱이든 뾰족한 턱이든 간에 약간 앞으로 튀어나오면서 살이 있으면 일괄적으로 '兜下巴'라고 칭한다. 말년 운세가 좋고 심장 이 튼튼하고 체력이 좋다.[3]

턱의 형태가 둥글거나 네모나거나 주걱턱은 좋은 턱이다. 그리고

---

3 '두兜[dou]'는 어떤 물건을 보자기로 쌌을 때나 입고 있는 윗옷에 무얼 담았을 때 물 건을 감싼 모양으로, 턱이 돌출되면서 살이 있는 형태를 말한다. 이 글자는 광동 방언 으로, 홍콩과 광동 지역에서 많이 쓰는 표현이다. 관상 고서에도 "下巴兜兜 , 晚景無憂 '兜' 형태의 턱은 말년에 근심이 없다"라는 표현이 있다.

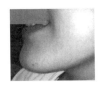

말의 얼굴처럼 눈에 띌 정도로 앞으로 튀어나오면서 긴 턱의 형태도 좋은 턱이다. 심장이 튼튼하고 체력이 좋고 일 처리에서도 지구력과 인내력이 있다. 그래서 성공할 가능성이 높다. 남자는 정력이 왕성하다 보니 풍류風流가 있다. 그러나 가정을 돌보는 책임이 강하고, 자녀와의 인연도 좋다. 여성이 이런 턱을 가졌으면 재혼할 가능성이 크다. 주걱턱이라도 턱 끝이 살집이 없고 야윈 형태면 체력이 약하고 일을 해도 용두사미 격이라 좋은 턱이 아니다. — 수민평

주걱턱이 (두텁고) 긴 자는 인내심이 있고 가정을 중시한다. 또 심장이 튼튼하기 때문에 용감하고 단호하고 감정을 통제하고 충동적이지 않다. 그러나 주걱턱이 얇고 긴 자는 재운이 부족하고 일생 동안 일에 성과를 얻지 못한다. — 수랑티앤

둥글면서 튀어나온 턱을 가진 자는 보스 기질에 권력욕이 있다. 인정미가 있고 창업 정신이 강하다. 그리고 잡아당기듯이 긴 형태(용두레)의 턱을 가진 자는 정력이 넘치고 책략에 뛰어나고, 리더의 자질이 있다. 총명하고 반응이 민첩하고 야심찬 사람이다. 그러나 고집이 세고 때론 충동적이다. — 천저이

국내에서는 최형규가 턱의 형태를 세분하여 구체적으로 설명하였다. 그는 주걱턱을 얄팍한 형태와 두터운 형태로 나누어 설명하였다.

"얄팍한 주걱턱은 여성에게 많다. 대부분 직업을 갖는데, 아나운서, 약사, 비서직 등의 업종에서 많다. 주걱턱 여성이 이마가 잘생겼으면 여유 있는 집안에서 태어나 여유 있는 집안으로 시집간다. 남성이 두둑한(살진) 주걱턱이면 품성이 어질고 보스 기질이 강하다. 정치, 군사, 기업, 학계 등의 분야에서 성공하는 사례가 많다. 그러나 남성이 여성형의 주걱턱처럼 얇은 형태이면 전문인으로는 성공해도 재물운은 약한 편이다."

국자형 턱

국자형 턱은 정력이 넘치고 체력이 강하여 밤새도록 일을 해도 끄떡없다. 70이 넘어도 일에 파묻혀 산다. 그래서 대부분이 사회적 지위를 누린다. 세계적인 정치 지도자들 중에 이런 턱 형태가 많다. — 주췌에챠오

남

두악豆顎

턱이 앞을 향했으나 넓지 않고 양쪽 지각 옆 부위[頤, 奴僕宮]가 들어가서 뾰족한 턱처럼 보이는 턱을 '두악豆顎'이라 한다. 정이 많고 말년이 고독하다. 노복奴僕의 자리가 좁기 때문에 말년에 의지할 데가 없다. 여자가 작은 앵두입에 이런 턱을 가졌으면 박복하다. — 주췌에챠오

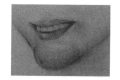

여

갈라진 턱

아래턱 끝의 한가운데가 홈이 팬 듯 갈라진 것을 말한다. 뼈대와 근육이 두둑하게 발달한 턱에서 이런 형태가 나타난다. 베토벤의 턱 끝이 이와 같다. 이런 턱은 건강한 몸과 격정적인 성격을 지녔으며, 성취욕이 강하고 한 분야에 몰두하는 경우가 많다. 예술, 공연 계통에 재능이 있다.

서구인은 상관없지만 우리에게 이런 형태의 턱은 좋지 않은 턱으로 본다. 60대에 부부 간 이별이 일어나고 코끝마저 둘로 쪼갠 듯 홈이 파였다면 40대에 이별할 수도 있다. 여성의 얼굴에서는 기피하는 형태이다. — 최형규

턱은 집을 의미한다. 따라서 턱이 좌우로 갈렸다는 것은 두 채의 집을 소유함을 의미한다(한 채는 처갓집 재산으로 얻는 집이다). — 김현남

상상력이 있고 행동이 적극적이고 열정이 충만하다. 듬직하지만 한눈을 팔기 쉽다. 연예인이나 운동선수로 적합하다. — 미야자와 미치宮澤美智

관상가들은 턱을 심장과 관련 지어 설명하고 있다. 이와 관련해서는 해리 벨킨이 그 답을 제시해 주고 있다.

심장의 신경말초는 아래턱까지 이어져 있다. 즉 인체의 신경망은 심장 부근에서 시작해서 근육을 통해 아래턱까지 분산된다. 권투 선수들은 이 점을 잘 알고 있다. 상대에게 턱을 일격을 당했

을 때의 반응 동작은 손을 먼저 심장 부위에 갖다 댄다는 점이다. 그 다음에 앞으로 고꾸라진다. 아랫잇몸이 튀어나오고 턱의 형태가 네모형인 턱은 결단력이 있는 턱이다. 이런 턱을 가진 자는 심장 박동이 안정되고 힘이 있다. 그래서 용감하고 집착하고 의지가 강하나 고집이 세다. 깊이 생각하고 자신의 행동을 잘 통제한다. 그러나 아래턱이 뒤로 젖혀져 짧은 자는 심장박동수가 많고 빨랐다 느렸다 하기 때문에 쉽게 흥분하고 충동적이 된다. 또한 대부분 민첩하고 심각하고 쉽게 반응한다. 행동이 민첩한 사람이나 손재주가 있는 사람이 필요할 경우 이런 턱을 가진 자를 고용하면 된다. 점원이 백화점에서 물건을 팔 때 이런 고객을 만나면 몇 마디 권하지 않아도 물건을 쉽게 팔 수 있다. 턱이 길고 가는 턱의 고객을 만났을 때는 조급해하지 말고 인내를 가지고 기다려야 한다. 이런 턱을 가진 자는 성급히 결정하지 않고 신중하게 생각하는데 익숙하기 때문이다. 특히 앞으로 길게 나온 사람일수록 생각이 신중하다.

19세기 미국의 유명한 골상학자 사무엘 웰스(Samuel R. Wells, 1820~1875)는 아래턱은 소뇌小腦의 길이와 넓이와 관련이 있다고 했다.

아래턱이 일정한 각도로 앞으로 튀어나온 길이는 애정의 강도를 나타내고 아래턱의 넓이는 애정의 견고성과 안정성, 그리고 격정의 지속성을 판단하는 근거가 된다. 선천적인 백치의 아래턱은 작거나 거의 턱이 보이지 않고, 그들의 소뇌구 또한 결함이 있다. 애정을 표시하긴 하지만 충동적 행위일 따름이다.[4]

심리학자로 50년간 '얼굴 읽는 법'을 연구한 아사나 하치로는 턱이 발달한 남성에게 귓불이 있는 경우가 많다고 했다. 턱과 귓불은 모두 말년복을 나타낸다.

74, 75세 – 시골腮骨

지나치게 튀어나온 시골

시골이 적당히 튀어나온데다 살이 감싸 주면 좋은 형태이다. 모험심과 개척 정신이 있고 일에 대한 의욕이 강하다. 재테크도 잘하여 말년을 부유하게 보낼 수 있다. 시골이 약하면 인내력이 부족하고 결심을 제대로 하지 못한다.

그러나 시골이 지나치게 옆으로 튀어나온 자는 물질이나 권력, 애정에 대한 소유욕이 지나치게 강하다 보니 보복이나 파괴, 배반을 야기한다. 이런 시골을 가진 자는 대체로 턱이 앞으로 향했기 때문에 말년이 나쁘지는 않다. 그러나 이기적이고 그릇이 작기 때문에 재산이 있어도 늘 부족하다고 느낀다. 49세에 예상치 못한 손상을 입고, 그 다음으로는 39, 29세이다. ― 천저이 / 수민평

---

4 사무엘 웰스는 이 관점을 논증하기 위해 생육력이 강한 종족을 대상으로 관찰한 결과 독일인 · 아일랜드인 · 스코틀랜드인은 남자의 턱과 소뇌가 유난히 튀어나왔음을 확인했다. 그리고 중국인 · 말레이시아인 · 인도인의 생육 능력은 비교적 약하고, 이들의 아래턱과 소뇌는 상대적으로 좀 작다는 사실을 알게 되었다. 북미인디언들도 아래턱이 뒤로 젖혀진 형태로, 이들의 생육력도 약해서 남녀 모두 소뇌의 크기가 작은 편이고 애정 표현 또한 상대적으로 약하다.

14. 점[痣]

점[痣]의 의미

'점'은 중국어로는 '痣[zhì, 지]'라고 표현한다. 관상에서는 점도 한 개인의 길흉화복에 영향을 미친다고 본다. 점을 보고 길흉을 판단하는 점법은 전국 말엽에 이미 유행했다. 『사기』에 "한고조는 좌측 넓적다리에 72개의 점이 있다[漢高祖左股七十二黑子]"라는 기록이 있다. 그리고 명대나 청대의 관상서에서도 점에 대해 별도로 언급하고 있다.

『유장상법柳莊相法』의 '지痣'에 대한 정의는 다음과 같다.

'지痣'는 산림의 봉우리와 같고 높지 않으면 안 된다. 높은 것을 '지痣'라 하고 편평한 것을 '점點'이라 하고 푸르거나 누런 것을 '반斑(반점)'이라 한다. '반斑'과 '점點'은 얼굴 위에 생겨서는 안 된다. 관상서에 나오는 "얼굴에 '반斑'과 '점點'이 많은 사람은 상수할 수 없다"는 표현이 바로 이것이다. 얼굴의 '지痣'는 드러난 '지痣'이고 몸의 '지痣'는 감추어진 '지痣'이다. 산림에는 초목이 있어야 하듯이 '지痣'에는 털이 있어야 좋다. … (색은) 먹과 같이 검거나 주사와 같이 붉어야 하고, 단단하고 둥글고 튀어나와야 귀하다. 약간 편평하면 소귀小貴에 속한다.[1]

사광해史廣海의 『면상비급面相秘笈』에서도 "크고 검고 돌출되고 빛나는 것을 '지痣'라 하고, 색이 검고 면적이 작고 편평한 것을 '점點'이라 한다[痣大黑凸亮爲痣, 色黑面積小而平者爲點]"라고 했다.

국내의 관상서도 대부분 점에 대해 다루고 있다. 그런데 국내 관상서에서는 '지痣'에 대해 설명할 때 '점'이라는 용어 대신 대부분 '사마귀(혹은 검정사마귀)'라는 용어를 사용하였다.[2]

그러나 중국어에서 '사마귀'에 해당하는 단어는 '지痣'가 아닌 '우疣'이다. 사마귀는 바이러스 감염에 의해 생긴 피부질환이다. 피부색소 침착에 의해 생긴 점과는 엄연히 구별되며, 좋은 점의 판단 기준에서도 제외되어야 한다. 설사 얼굴의 좋은 부위에 위치한다 해도 이는 나쁜 점에 해당한다.

이 '검정사마귀'란 단어는 『우리말큰사전』(한글학회)에도 수록되어 있지 않은데 '검정사마귀'란 단어를 사용하게 된 이유는 무엇일까? 여기에는 두 가지 원인이 작용하였다고 본다. 첫째는 한자 사전, 외국어 사전 할 것 없이 모든 종류의 사전에서 애초에

---

1 痣若山林峯仞, 不可不高。解曰: 凡高者爲痣, 平者爲點, 靑黃者爲斑, 凡斑點俱不宜生面上。書云: "面多斑點, 恐非壽考之人。" 正謂此也。在面爲顯痣, 在身爲隱痣, 俱宜有毫, 如山林有草木方妙。… 黑如墨, 赤如珠, 硬圓高者, 方貴, 中平小貴

2 김철안의 『관상보감』에서는 점에 대한 설명에서 '검정사마귀', '흑자', '검은 점', '사마귀'란 용어를 번갈아 사용하고 있다. 추송학의 『관상학총비전』에서는 '사마귀와 흉터'란 용어를 사용하였다. 신일의 『관상학전서』에도 "점은 즉 사마귀(黑痣 혹은 黑子)인데 …"라고 서술하였다. 일본의 관상서를 번역한 『관상보감』에도 '사마귀나 홈'으로 번역하고 있다.

'지痣'를 '점'이 아닌 '사마귀'로 잘못 번역한 것이다. 둘째, 우리 말에서 편평한 작은 점과 구분하여 '새까맣게 튀어나온 큰 점'에 해당하는 용어가 없다 보니(모양도 사마귀와 비슷하다 보니) '검정사마귀'란 표현을 대용어로 쓴 것으로 추정한다.[3]

복점과 흉점

관상에서 보는 좋은 점과 나쁜 점의 구분은 다음과 같다.

좋은 점은 옻칠한 것처럼 완전 흑색이거나 주사朱砂 같은 홍색이어야 하고, 기름을 바른 듯 광택이 있어야 한다(회색이나 홍색, 황색이 끼지 않아야 한다). 그리고 크고 이지러지지 않고 완전히 둥글면서 튀어나와야 한다. 점에 긴 털이 난 것도 좋은 점이다.

색이 무색이거나 회색, 홍색, 갈색 등의 색이 뒤섞인 듯 탁하거나 어두워(약간 회색과 다갈색) 광택이 없는 점은 나쁘다. 또한 점이 작고 표면이 튀어나오지 않고 편평하거나 약간 들어가고, 깨끗한 원형圓形이 아니다.

좋은 점은 좋은 부위에 있으면 상서로움을 나타낸다. 이롭지 못한 부위에 있어도 아주 나쁜 조짐을 나타내지는 않는다. 좋은 점은 점이 크면 클수록 상징력이 강하고 둥글면 둥글수록 고귀하다. 작은 점은 그 영향력이 미미하다. 그러나 작은 점이라도 그 수가 많으면 영향력이 크다. 그리고 작은 점이라도 색깔이 완전 검은 것은 영향력이 있다. 주근깨나 검은 반점, 붉은 반점 등은

---

3 『漢韓大字典』(民衆書林, 1986/초판 1966) 痣: 사마귀 지 흑자(黑子). 疣: 혹 우 내민 군더더기의 살덩이. 실제로 문학작품이나 의학용어사전에서도 내용은 분명 '점'을 지칭하는 것임에도 불구하고 '검정사마귀'란 단어가 자주 등장한다. 더 자세한 내용은 백수진의 「사전과 관상서에 나타난 '痣'의 의미 고찰」(2016, 『한중언어문화연구』) 참조.

몸의 질병과 관련 있는 것으로, 길흉화복을 상징하는 의미가 점만큼 크지 않다. 나쁜 점은 좋은 부위에 있어도 길상을 예시하지 않는다. 안 좋은 부위에 있으면 더 위험하다.[4]

그러나 점만을 가지고 귀천길흉貴賤吉凶을 판단하는 것은 문제가 있다. 점 주위 피부의 색도 같이 보고 좋은 점과 나쁜 점을 판단해야 한다. 가장 이상적인 점은 점 주위에 홍윤紅潤한 기색이 나타나야 한다. 가장 나쁜 점은 점 자체의 색이 안 좋은 것 외에도 점 주위에도 짙고 어두운 색이 나타나는 것이다. 점 주위의 색은 바로 이 부위의 기색이다. 기색은 마음이 움직이는 것이다. 마음이 움직이면 기가 따르고 기가 움직이면 색이 응應한다. 자신의 마음을 주재主宰해야만 기색의 흐름을 통제할 수 있다. 이로써 점의 좋고 나쁜 변화를 좌우할 수 있다.

린전은 『속성인상학速成人相學』[5]에서 점에 대해 다음과 같이 언급했다.

"관상학에서 점[痣]은 '오점汚點'의 뜻이다. 눈썹, 이마, 턱의 생김이 좋아도 일단 점이 있다면 운이 반감한다. 또한 점은 그 모양과 광택에 따라 의미를 달리한다. 점은 광택이 있는 살아 있는 점과

---

4 紫陽居士, 『痣相一本通』(2014, 知青頻道出版有限公司) 참조. 일본 관상에서는 깨알같이 조그맣고 검은 선명한 점이 운명에 더 큰 영향을 미친다고 본다. 일본 관상서를 번역한 『관상보감觀相寶鑑』에서도 "얼굴에 있는 흠이나 사마귀가 희미하게 보이는 것은 판단하지 않습니다. 그러면 어떤 흠이나 사마귀를 판단하느냐 하면, 이들 중에 작고 눈에 띄는 것을 보는 것입니다"라고 했다.

5 이 책은 중국홍콩의 현학학원玄學學院 속성 교재로, 린전이 엮고 린귀슝/숭원꽝宋韻光이 강의한 것으로 적혀 있다. 출판사는 익군서점益群書店으로 되어 있으나 출판년도는 적혀 있지 않다. 판매용으로 출판된 책인지 확인할 수가 없다.

광택이 없는 죽은 점으로 나뉜다. 둘 다 좋지 않은 것은 맞지만 재난을 만났을 때 죽은 점의 피해가 훨씬 크다. 이마의 점은 화재의 위험을 안고 있는 상이다. 그러나 살아 있는 점이라면 화재가 나도 불을 재빨리 끌 수 있거나 몸을 다치지 않게 된다. 턱에 점이 있는 사람은 수난水難의 상이다. 그러나 살아 있는 점이라면 큰 재해를 입어도 오히려 이걸 기회로 더 부유해지는 사람이 많다. 대부분의 점은 심종색(深琮色, 짙은갈색)으로 색깔이 짙을수록 좋지 않다. 점은 또 돌출된 것과 편평하면서 매끄러운 것이 있는데 돌출된 점이 재난을 당할 가능성이 더 높다.”

린전은 『린전면상학 – 경험담林眞面相學 – 經驗談』에서 “얼굴에 미치는 검은 점의 영향력을 나는 그다지 믿지 않는다. 점에 대해 많은 공부를 했지만 일부는 믿고 일부는 믿지 않는다”라고 피력했다. 관상에서 점의 신뢰성이나 적중률은 높지 않으며, 관상서마다 해석이 서로 다른 것이 많다. 인중에 대한 고대 관상서의 해석을 보면, 『태청신감』에서는 “인중에 점이 있으면 처를 얻기가 쉽다[人中有痣, 主求婦易]”라고 해석했지만, 『신상전편』에서는 “인중에 점이 있으면 사람됨이 고독하다[人中或有立身孤]”라고 해석했다. 또한 고대 관상서에서는 지각에는 점이 있어서는 안 된다고 했지만 현대 관상서의 해석은 이와 다르다.

부위별 점[痣]에 대한 해석

지각地閣

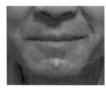

지각 부위 한가운데의 점. 노후의 의식衣食을 걱정하지 않는다. 김현남은 점이 아닌 튀어나온 살점을 또 다른 형태의 이중턱으로 간주했다.

여성이 지각地閣의 정중앙에 색이 선명하게 빛나는 점이 있으면 집(부동산)을 소유할 수 있는 징조다. — 츠양거사紫陽居士

승장承漿의 바로 아래쪽, 턱의 정중앙에 좋은 점이 있는 사람은 어디를 가든 먹을 복이 있고 인연人緣이 아주 좋다. 말년은 더욱 좋다. 점이 정중앙에 가까울수록 더욱 좋다. 모택동이 좋은 예이다. 그러나 턱에 상처가 있거나 갈색 반점은 말년에 상황이 더 나빠진다.[6] — 티에삐거사鐵筆居士

어미 · 간문(처첩궁)

처첩궁에 점이 있어서는 안 된다. 남자가 흑점이 있으면 여난女難이 있고 여자가 흑점이 있으면 남난男難이 있다. 남자가 좌측에 흑점이 있으면 아름다운 여자를 보면 성에 대한 환상을 억제하기 어렵다. 우측에 흑점이 있으면 성이 개방적인 여성의 유혹을 받기 쉽고 이로 인해 어려움을 겪는다. 흑점이 있는 여자는 이성을 선택할 적에 젊은 남자를 좋아한다. 애정 쪽으로 구속이나 제약을 받지 않으려면 점을 없애고 없앤 흔적을 남기지 말아야 한다. 흑점이 있는 남녀는 결혼 대상자를 선택할 적에 특히 신중해야 한다. — 리잉차이, 『眼相心鑑』

---

6 (주)혜인, 원경희 대표이사의 점 참조.

결혼생활이 순탄치 않아 초혼은 반드시 실패함을 의미한다. 이뿐만 아니라 재혼을 해도 재혼한 아내가 자주 아파서 돌봐주어야 한다. 유년 운기로 보면 좌측 눈꼬리에 점이 있으면 39세에 배우자 운이 정체되거나 건강이 좋지 않다. 눈꼬리 뒷부분을 '처첩궁妻妾宮'이라 칭한다고 해서 이 부위가 여성과 무관한 것은 아니다. 여성도 이곳에 점이 있으면 미치는 화를 남성과 동일하게 해석해야 한다. ― 빠이허밍, 『教你看相快而準』

처첩궁에 검은 점이 있거나 흠이 있으면 악처나 악한 남편을 만나게 되어 가정의 낙樂이 없고 늘 우울하게 지낸다. 남자는 오른쪽에 흑지黑痣나 점이 있으면 남자 쪽에서 불만이 있고, 왼편에 있으면 아내 쪽에서 불만이 있다. ― 김철안

자녀궁

빠이허밍은 "자녀궁에 점이 있는 사람은 자식 때문에 근심한다. 심할 경우 자녀를 해害한다. 인공유산도 이에 해당한다"라고 해석했다. 그는 자녀궁에 점이 있는 40세 전후의 여성 내담자의 관상을 보고 다음과 같이 말했다.

"점이 파리똥[痣屎] 크기라면 이는 자식 때문에 근심하는 정도입니다. 그런데 여사의 점은 쌀알 만큼이나 큽니다. 자식 때문에 마음고생을 하는 정도가 아니라 자식이 해를 입거나 단명할 지경까지 될 수도 있습니다. 그러나 다행히도 이 점은 크지만 색이 나쁘지 않습니다. 게다가 눈 아래가 약간 솟아올라 풍만합니다. 여사의 운명에 자식을 극하는 것이 있으나 생의 마지막에는 자식을 안을 수 있고, 자식들 또한 건강하게 자랍니다. … 여사의 운명에 자식이 단명하는 운명이 있지만 반드시 지금의 자식들에게 해당

하는 것만은 아닙니다. 이전에 자식을 해하는 일이 일어났다면 걱정할 필요는 없습니다. 이전에 유산을 한 적이 있습니까? (내담자: 이전에 자연유산을 한 적이 있습니다.) ⋯ 그러면 자식을 한 번 극휀했기 때문에 더 이상 자식 때문에 걱정할 일은 없습니다."

와잠에 나쁜 점이 있으면 남자는 지나친 성욕으로 성 기능에 문제가 생기기 쉽다. 남녀 모두 정욕을 다스리지 못하고 궤도를 이탈한다. 와잠 아래 반월형의 누당에 점이 있으면 '눈물점'이라 하여 눈물을 잘 흘리고 자녀와의 불화로 마음고생이 많음을 나타낸다. — 티에삐거사

코

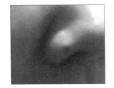

여. 우측 콧방울의 점

코끝에 나쁜 점이 있는 사람은 도화를 범하기 쉽거나 이성 때문에 재물을 잃는다. 콧방울에 나쁜 점이 있는 사람은 일생 중 한 번은 크게 재산을 잃는다. — 리잉차이, 『臉臉俱玄』[7]

전택궁

점의 색이 옻칠을 한 것처럼 검고 빛이 나거나 주사硃砂처럼 붉고

---

7 결혼해서 잘 살고 있는 국내 한 유명 여배우의 콧등에는 점이 있다. 요즘 일부 젊은 여성들은 이것을 보고 자신의 콧등에 난 점도 복점(애교점)으로 좋게 해석하려는 경향이 있다. 그러나 코에 있는 점은 아무리 좋은 점이라도 흉이 된다. 국내 관상가들은 이를 두고 "연예인들은 도화살이 있어야 하기에 이 점이 복점이 될 수가 있다. 일반인과는 다르다"라고 해석하고 있다. 그러나 개별적 요인이 보편타당성을 얻기 위해서는 좀 더 연구가 필요하다.

광택이 나면 좋은 점이다. 윗사람의 도움으로 사업이 발전한다. 특히 나이 많은 이성의 도움을 받을 기회가 많다. 부동산 산업에도 운기가 좋다. 짙은 회색의 점은 좋지 않다. 개운이 늦고 부동산 매매가 순탄치 않다. 구입한 집이 문제가 있을 수도 있고, 집 매매에서 사기를 당하거나 손실을 보기도 한다. ― 리잉차이,『眼相心鑑』

관골

관골의 점은 건강이 좋지 않음을 나타낸다. 간장肝臟에 탈이 있거나 심장이나 혈액순환 계통에 문제가 있을 수도 있다. 46~47세 관골운을 지날 때는 중풍에 주의해야 한다. 관골의 점은 권력을 박탈당함을 의미한다. 37, 38, 46, 47세 때 사업에서 소인배를 만나거나 일에서 어려움에 부딪치거나 상사에게 비난을 받는다. 여성의 우측 관골에 점이 있으면 46세 때 남편이 병이 든다. 특히 간과 폐 쪽의 건강에 주의해야 한다. 관골에 점이 있는 자는 부부가 화목하지 못하고, 자식운이 좋지 않다. 주근깨가 있는 사람은 성격이 단순하고 솔직하고 천진난만하고 호기심이 많다. ― 리잉차이,『顴鼻匯』

이마 모서리 부위인 천이궁遷移宮의 점

점의 색이 좋든 나쁘든 간에 이사가 잦고 한곳에 오래 거주하지 못하고 일자리를 자주 바꾼다. 판매업이나 무역업에 종사하는 사람에게 이 부위의 점이 낳다. 좋은 점일 경우 자주 옮기다녀도 이익이 생기고 새로운 것을 배우고 점점 발전한다. 나쁜 점일 경우 주거나 일자리의 잦은 변동으로 마음고생을 하고 늘 새로운 도전

이 기다리고 있다. — 티에삐거사

인중 바깥[식록食祿]의 점

남녀 모두 광택이 있고 홍윤紅潤한 점이 있으면 일생 먹고 사는 걱정이 없다. 최악의 경우 회사에서 잘리거나 감봉을 당해 어려움에 처해도 귀인이 도와준다. 여자에게 좋은 점은 '복점'이라 하여 직장에서 고급 간부가 될 수 있고 남편을 돕는다. 식록 부위가 청백青白색이거나 나쁜 점이 있으면 생활고를 겪고 파란이 많다[배우 오달수의 식록 부위 점 참조]. — 티에삐거사

입술 모서리 쪽의 점

이곳의 점은 '말 많은 점'으로, 쓸데없는 말을 하길 좋아하고 비밀을 지키지 못하고 대화중에 상대에게 마음의 상처를 주는 말을 하면서도 본인은 못 느낀다. 친구가 많지 않고, 있어도 시비거리를 듣거나 말하길 좋아하는 사람이다. 대화하는 대상은 많아도 내심 적막감을 느끼며, 일에서도 갑자기 생각지도 못한 난관에 부딪친다. — 티에삐거사鐵筆居士

대만의 점을 빼는 피부 미용샵 간판. 복점과 흉점의 관상학적 위치를 참고하여 점을 뺀다.

성형이나 점을 제거하는 방식으로 한 개인의 품성과 자질을 변화시킬 수는 없다. 점은 수술로 제거해도 완전히 제거하기는 어렵고 약간의 상처가 남는다. 이것은 도리어 더 나쁜 징조를 나타낸다. 만약에 적극적인 태도로 인생을 개척한다면 나쁜 점이라도 좋은 상으로 바꿀 수 있다. 반대로 좋은 점을 가지고 있어도 노력하지 않는다면 좋은 점은 광택이 없어지고 나쁜 점으로 변할 것이다.

15. 기색氣色

『한서漢書』의 「이광전李廣傳」에 다음과 같은 기록이 있다.

"이릉(李陵, ?~BC 74년. 이광李廣의 손자)이 전투에서 패한 곳은 변
방 요새에서 백여 리 떨어진 곳이라는 소식이 변방 요새에서 전
해졌다. 한무제漢武帝는 이릉이 끝까지 싸우다 전사하길 바랐다.
이에 이릉의 어미와 처를 부른 후 관상가로 하여금 이들의 관상
을 보게 했는데 상喪을 당한 기색이 얼굴에 나타나지 않았다. 후
일 이릉이 항복했다는 소식이 들렸다. 한무제가 크게 노하여 진
보락陳步樂을 질책하자 진보락은 자살했다."[1]

관상에서는 기색을 통해 본인의 길흉화복뿐만 아니라 그 가족
의 길흉화복까지 판단할 수 있다. 이릉이 5천 명의 병사를 이끌
고 흉노족 토벌에 나섰다가 크게 패하자 한무제는 그의 생사를
확인하기 위해 가족을 불러 얼굴의 기색을 본 것이다.

---

[1] 陵敗處去塞百餘里, 邊塞以聞. 上欲陵死戰, 召陵母及婦, 使相者相之, 無死喪色, 後聞陵降, 上怒甚,
責問陳步樂, 步樂自殺。

피부 안쪽에 있는 것을 '기氣'라 하고 피부 바깥쪽에 있는 것을 '색色'이라 한다. 기색은 '기'와 '색'으로 나누지만 합해서 한가지로 본다. 색은 있어도 기가 없는 것을 '부광浮光'이라 하고, 기가 있어도 색이 없는 것을 '명량明亮'이라 하는데, 이 둘은 기색으로 보지 않는다. 피부 표면의 색과 피부 속의 기를 함께 본 뒤 한 가지 색으로 인식해야 한다.

기색은 아침에 얼굴에 나타났다가 밤에 폐부肺腑로 돌아간다. 기색의 출몰은 걱정이 쌓여 내기內氣가 되는 것도 아니고 기쁨이 쌓여 미색이 되는 것도 아니다. 자연의 감동으로 일어나는 것이기 때문에 환락 중에도 고난의 징조(기색)가 나타난다. 반드시 멀지 않은 장래에 결과가 일어나는 것이다. 기색은 때로는 가라앉아 움직이지 않다가 오랜 시간이 지나 변한다. 1개월이 걸릴 수도 있고, 1년이 걸릴 수도 있고, 오전과 오후가 다를 수도 있다.[2]

기색과 길흉 해석

기색은 홍색·황색·자색·백색·적색·흑색·청색 외에도

---

2 이문학은 『관상』에서 『수경집水鏡集』 「기색총론」편에 나오는 원문을 번역하여 실어놓았다. 그 외 기색에 대해 상세하게 언급한 책으로는 김철안의 『관상보감』(1956, 大文社), 조성우曹誠佑의 『상해비전상법전서詳解秘傳相法全書』(1968, 명문당), 추송학秋松鶴의 『관상학총비전觀相學總秘傳』(1979, 생활문화사), 이정래李正來의 『상학진전相學眞傳』(1984, 동양학술원), 이정욱의 『실용관상학』(2005, 천리안), 김현남이 번역한 『관상 – 운명은 타고나는 것인가』(2015, 나들목) 등이 있다. 대만, 중국홍콩에서 출판한 책으로 기색만을 전문적으로 다룬 책으로는 시아오시앙거사蕭湘居士, 『蕭湘識人相法(三)』(氣色大全 眼神篇)(2010, 中國商業出版社), 伍立群, 『氣色演釋』(2008, 名師出版社), 林文嶺, 『林流相法面相氣色全書』(2003, 武陵出版有限公司) 등이 있다.

암색暗色·체색滯色·몽색濛色을 포함한다. 홍색·황색·자색은 길한 색이고 백색·적색·흑색·청색은 흉한 색이다.

주취에챠오의 사계절 기색

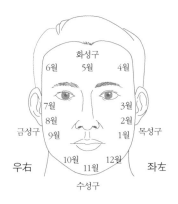

기색이 나타났다 사라질 때까지 걸리는 시간은 대다수가 6개월 정도이다. 오는 색이 3개월 걸리고 가는 색이 3개월 걸린다. 오는 색을 보고 앞으로 100일 안에 길흉이 올 것임을 알 수 있고, 가는 색을 보고 100일 안에 길흉이 소멸될 것으로 판단한다. 좀 더 정확히 판단하기 위해서 사계와 달의 기색을 참조한다.

기색이 나타나면 얼굴의 어느 부위에 어떤 계절에 무슨 기氣와 색色이 있는지 살펴서 그 사람의 길흉을 판단한다. 좌측 귀는 동쪽, 이마는 남쪽이고, 우측 귀는 서쪽, 지각은 북쪽이 된다.

봄 기색(음력 1, 2, 3월)은 얼굴 좌측 측면, 즉 명문命門 위아래를 말한다.

여름 기색(음력 4, 5, 6월)은 이마의 정중앙과 양 측면이다.

가을 기색(음력 7, 8, 9월)은 우측 얼굴 측면, 즉 명문 위아래를 말한다.

겨울 기색(음력 10, 11,12월)은 지각地閣의 정중앙과 양 측면이다.

또 준두準頭는 음력 3, 6, 9, 12월을 전문적으로 관할한다. 어떤 달의 기색이든 인당의 색을 참조해서 판단해야 한다. 인당이 밝으면 어떤 달에 나쁜 색이 나타나도 문제가 해결될 가능성이 있다. 인당의 색이 탁하고 어두운데다 월령月令의 기색이 흑색이거나 적색이면 문제가 해결될 가망이 없음을 의미한다.

우리췬伍立群의 기색 해석(『기색연석氣色演釋』)[3]

재백궁財帛宮. 준두準頭는 정재正財이고 콧방울은 편재偏在이다. 황윤黃潤하면 재물운이 형통하고, 적색이면 파재破財이고, 흑색이면 자금 회전이 정체된다.

천이궁遷移宮(바깥여행, 이사). 황명홍윤黃明紅潤이면 외출 시 길상이고 많이 움직일수록 길하다. 적색은 시비거리, 소송, 두려움을 의미하고, 고백枯白은 외출 시 흉재가 있고, 청색은 장거리 여행 시 놀랄 일이 생긴다.

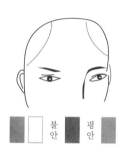

불안

평안

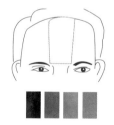

관록궁官祿宮. 자색紫色, 홍윤색紅潤色, 명황색明黃色은 승진이나 승소勝訴를 나타낸다. 청색은 패소敗訴, 적색은 관재수官災數, 흑색은 파산을 의미한다.

---

3 기색의 색을 그려 내기가 어려워 이 책에서는 관상·풍수 선문가인 우리췬의 『기색연석』의 그림과 색을 그대로 사용하였다. 물론 『기색연석』에서 그려 낸 색 또한 실제 기색과 완전히 일치하는 것은 아니다. 그는 서문에서 "이 책에서 표현한 색채는 얼굴의 기색보다는 짙을 수 있다. 그것은 독자가 색을 명료하게 구분하도록 하기 위함이다" 라고 적었다.

눈썹과 눈, 산근山根, 코가 다 명황明黃하면 큰 재물이 자신에게 들어옴을 의미한다. 콧방울과 준두準頭에만 황윤黃潤한 색이 뜨면 편재偏財나 생각지 못한 수익을 의미한다. 눈썹과 눈, 산근에만 황윤한 색이 뜨고 코에는 이 색이 나타나지 않으면 배우자에게 재물이 들어옴을 의미한다.

다른 관상가의 기색 해석

인당印堂을 단순히 28세의 운을 관장하는 것으로 보거나 관직과 관련된 일로만 봐서는 안 된다. 특히 기색에서 인당의 역할은 중요하다. 그래서 인당을 '백해성百解星'이라 한다. 인당의 기색만 좋으면 관상에서는 모든 재난을 피해 갈 수도 있다고 본다. … (올해 29세의 청년) 천창天倉이 풍만해도 간문奸門에 청흑색靑黑色이 뜨면 생활은 부유하나 사랑하는 연인이 떠나는 신호를 보내는 것이다. … 자색은 홍색에 남색을 더한 것으로 햇볕에 탄 얼굴색과 유사하다. 즉 홍색과 흑색을 더한 색이다. 자색이 동쪽에서 오면 아주 길하다. 사공司空, 중정中正 부위에 뜨면 윗사람의 인정을 받아 곧 승진할 징조이다. … 기색은 이마 전체나 다른 부위에 큰 면적으로 나타나는 것이 아니다. 처음 시작할 때는 작은 광기光氣로 가는 실이나 콩과 같다. 이것이 나중에는 손가락만큼 커진다. 기색은 '오는 색'과 '가는 색'이 있다. 손가락만 한 크기의 오는 색일 때는 지금 일이 일어나고 있음을 의미한다. 그 색이 점차 커짐과 동시에 점차 옅어지면 가는 색으로 본다. 일이 지나갔음을 의미한다. ― 주취에챠오

기색 보는 법을 배우려면 인당 부위부터 시작하는 것이 좋다. 먼

저 3개의 색을 알아야 한다. 적색은 주로 관재수(소송 시비)를 나타내고, 흑색은 큰 병이나 죽을상을 나타내고 황색은 조만간 횡재하는 운을 나타낸다. 도

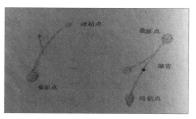

기색선의 모양. 梁鶴馨, 『現代觀相科學大事典(가이드 시리즈)』

박을 하는 사람이 자신의 운을 보려면 인당 부위의 색을 보면 알 수 있다. 평상시에는 다른 얼굴 부위와 마찬가지로 약간 분홍색을 띠지만 갑자기 황색 기운이 뜬다면 이것은 재운을 나타낸다.
— 리쥐밍李居明

간문奸門의 기색이 푸르면 근심걱정이 많음을 나타내고, 붉으면[紅] 부부 간에 다툼이 있음을 나타내고 어둡거나[晦暗] 검은[黑] 기색을 띠면 부부가 헤어지는 일이 발생한다. 홍황색紅黃色을 띠면 부부가 화해하는 좋은 징조이다. — 리잉차이, 『看面相之額相大全』

기색의 8가지 색

기색의 색은 언어로 표현하기가 참으로 어렵다. 그래서 색상을 한글이 아닌 한자어 그대로 적었다. 대표적인 색을 설명하면 다음과 같다.

① 황색은 노란색이 아닌 주황색에 가깝다. 껍질 깐 군밤 색, 밀랍, 누에고치의 색과 유사하다.

② 홍색은 붉기가 핑크색, 분홍색, 도화색, 벚꽃에 가깝다.

③ 자색은 황색에 붉은색을 띤다. 태양 같은 약간 붉은색 기운을 띤다. 중국의 자금성은 자줏빛(붉은빛)을 띤다. 얼굴이 햇볕에 그을린 것 같은 색으로, 홍색과 남색이 섞인 색이다. 우리가

알고 있는 '보라색'이 아니다.

④ 청색은 기색이 처음 시작될 때는 동청銅靑색 같고, 기색이 왕성할 때는 청과靑瓜색 같고, 기색이 사라질 때는 회남灰藍색에 청색을 띤다.

⑤ 적색은 적색불꽃으로, 닭날개를 불에 구울 때의 색이다.

■ 청색靑色: 놀람, 근심, 번뇌, 피로

■ 황색黃色: 정재正財, 재물이 들어옴, 영전榮轉, 시험에 합격하여 공명을 얻음, 기쁨, 경사, 공로

□ 백색白色: 손실, 상복喪服, 형극刑剋

■ 흑색黑色: 형극刑剋, 사망, 이별, 질병, 재화災禍, 손실, 폐업

■ 홍색紅色: 즐거움, 경사(혼사), 정욕, 창업, 귀인이 도움, 재물을 취함이 순조로움

■ 자색紫色: 편재偏在, 작은 이익, 영전榮轉

■ 적색赤色: 화재, 부상, 구설수, 소송, 이별

■ 암색暗色 · 체색滯色 · 몽색濛色: 운이 정체되거나 훼손됨.[4]

기색을 보는 훈련

가장 좋은 훈련 방법은 교실 수업에서 수강생들이 직접 현재 신변에 변화가 있는 지인들을 데려와 스승의 지도하에 얼굴 색을 관찰해 보는 것이다. 안 좋은 기색을 보려면 어떤 사건으로 인해 TV뉴스에 등장하는 인물들의 얼굴 색을 유심히 관찰한다. 기색 관찰 연습에는 다음과 같은 방법이 있다.

---

4 기색의 색은 우리천伍立群의 『기색연석氣色演釋』을 참고하였다. 이 색은 얼굴 기색의 색과 완전히 일치하지는 않지만 최대한 가깝게 모방한 것이다.

① 서양화에서 자두, 사과 등 정밀화 그림을 자주 보고 미세한 색의 차이를 구분한다.

② 촛불을 켜 놓고 5분간 응시한다. 눈을 크게 뜨지 말고 살며시 뜬 채 본다. 처음 10cm 거리에서 응시하다가 차츰차츰 30cm, 50cm, 1m로 거리를 두고 촛불의 안쪽 색과 바깥쪽 색을 구분할 수 있도록 연습한다. 기색은 지나치게 가까이서 보는 것보다 1m 정도 떨어져서 보는 것이 더 잘 보인다. 촛불을 켜서 얼굴의 각 부위를 상세히 관찰한다.

③ 그릇에 담긴 맑은 물과 지지분한 물을 구분하여 본다. 해가 떴을 때 세숫대야에 물을 떠 놓고 햇빛의 각도에 따라 색이 달라지는 것을 관찰한다.

④ 쑥 캘 때의 아지랑이 기운을 본다.

⑤ 사우나를 하고 나온 사람의 얼굴을 본다.

⑥ 낙엽이 떨어져 2시간 정도 지나면 색이 바뀐다.

⑦ 잔디를 뜯어 1시간 정도 쳐다보면 색이 변하는 과정을 느낄 수 있다.

⑧ 아지랑이(햇볕이 강하게 쬘 때 아스팔트 위에서 마치 무색의 흔들거리는 연기와 같은 것이 피어올라 먼 곳의 경치가 아른거려 보이는 현상)를 지켜본다.

⑨ 각양각색의 콩을 섞어서 고르는 연습으로 안력眼力을 키운다.

⑩ 햇빛을 엷은 커튼으로 가린 뒤에 여러 각도에서 얼굴을 살핀다.

⑪ 기색은 햇볕이 없는 그늘에서 본다. 살진 사람은 백열등 곁에서 보고 마른 사람은 형광등 밑에서 보는 것이 좋다.

일본의 화상법畵相法

일본 메이지[明治] 시대의 관상 대가 하야시 문령(林文嶺, 1831
~1907, 중국인 화교)은 관상 기색의 최고 경지인 '형상상법形像相
法'을 창시하였다. 일본에서는 '화상畵相'이라고 칭한다. 예를 들
면, 한줄기 적홍색赤紅色 기색이 관골 쪽에서 비스듬히 내려와 법
령선을 지날 경우, 이것은 누가 자신의 업무나 일자리를 빼앗아

대만에서 출간한 『林流相法面相
氣色全書』. 책에는 저자나 역자
이름이 없어서 대만 사람이 집
필한 저서로 착각할 수도 있다.

감을 나타낸다. 이 기색의 출발점과 형
상 및 지나는 방향에 근거해서 쟁탈자
의 성별, 나이, 성격, 능력, 취하는 방
향, 쟁탈 가능 여부 등 일의 발생 과정
과 최종 결과를 구체적으로 추단推斷할
수 있다. 그의 저서 『임류상법화상기색
전전林流相法畵相氣色全伝』은 대만에서도
『임류상법면상기색전서林流相法面相氣色
全書』라는 제목으로 번역·출간되었다.

중국의 정치가이자 사상가인 강유위康有爲의 수제자인 루이안
盧毅安은 일본의 관상 대가 석룡자石龍子에게 가르침을 받았고 화
상기색에 뛰어났다. 그에 따르면, 화상이란 그 사람의 면상과 기
색을 봤을 때 마치 한 폭의 화면과 같은 것이 나타나는 것을 가리
킨다. 중국홍콩의 서양인 관상가 수랑티앤蘇朗天이 쓴 『루이안선
생사략盧毅安先生事略』에는 화상기색으로 추단하는 사례가 나온다.

어느 날 루盧 선생은 지인인 위余씨의 기색을 관찰하고 나더니 필

히 근심이 있으며, 그 근심은 여자와 관련이 있다고 했다. 얼굴에 나타난 화상기색에서는 두 여자가 등을 돌리고 서 있는데 한 여자는 키가 크고 한 여자는 키가 작았다. 위씨는 루 선생에게 물었다. "두 여자의 체형과 외모는 어떻습니까?" "등을 돌리고 서 있는 관계로 그들의 외모를 알기는 어렵습니만 키가 큰 여자는 야위었고 키가 작은 여자는 살쪘습니다." 위씨는 그저 놀랄 뿐이었다. 키가 크고 야윈 사람은 위씨의 아내로 폐병 때문에 급히 치료를 받아야 할 상황이었다. 키가 작고 살진 사람은 위씨의 애인으로 급히 남쪽으로 여행을 가야 할 상황이었다. 두 사람 모두 급전이 필요했기 때문에 위씨는 근심이 컸던 것이다.

또 다른 사례가 있다. 1937년 일본군이 상해를 점령하자 위씨와 루 선생은 상해 조계租界에 있는 여관으로 피신했다. 어느 날 선생이 갑자기 한 청년에게 말했다. "이 전란 중에 사람들은 모두들 자신의 안위만을 걱정하는데 젊은이는 마음속으로 오로지 한 여자만을 그리워하는군요." 이 젊은이는 고개를 끄덕이며 이 여자가 지금 어디에 있는지를 알 수 있는지 물었다. "이 여자는 지금 소형선에 피난 중이니, 선주를 잘 알면 가서 찾을 수 있소." 나중에 이 젊은이는 그 여자를 찾고 나서 루 선생에게 감사하였다. 위씨가 루 선생에게 어떻게 알았는지를 묻자, 루 선생은 화상 관찰에서 이 여자가 소형선에서 근심이 가득한 채 강을 내려다보는 것이 보였다고 했다.

이것은 분명히 신점이 아니고 기색과 그 기색의 선을 보고 화면을 보듯이 인물과 사건을 읽어 내는 것이다.[5]

화상畵相 관상의 실례(『人相活斷大事典』 참고)

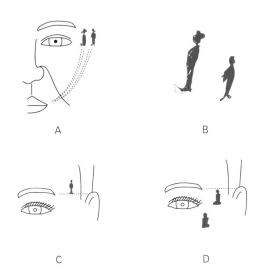

A　　　　　　　B

C　　　　　　　D

혼담이 오가는 화상. 눈꼬리 옆에 기색선이 나타나고, 시집갈 여자와 중매인의 얼굴 형태가 나타난다(그림 A).

중매인의 키가 결혼할 여자보다 작다. 혼담이 성사되지 않는다 (그림 B).

점선 위에 화상이 나타난다. 결혼할 여자가 지위가 있는 집안의 딸이다(그림 C).

점선 밑에 화상이 나타난다. 가문이 좋지 않은 사람과 혼담이 오간다(그림 D).

---

5 관상학자 김현남은 일본에서 기색과 화상법을 별도로 배웠다. 그의 말에 따르면, 먼저 교수자(스승)가 얼굴 사진을 제자들에게 보여 주면서 얼굴의 기색을 설명한다. 그 다음 얼굴 형태만 그린 종이를 제자들에 나눠 주고 그 종이 위에 앞서 설명한 기색의 색을 칠하게 한다. 색마다 짙고 연함이 아주 세분화되어 청색 하나만 해도 10가지 색이 있다. 화상 학습에서는 교수자가 누군가의 사진을 제자들에게 보여 주고 그 사진을 10분 정도 바라보게 한다. 그리고 그 사진의 얼굴에서 어떤 형상을 떠올릴 수 있도록 연습시킨다. 화상법을 다룬 책으로는 龜田壱弘, 『画相で透視する方法』(2012, 太玄社)가 있다.

제 3 장

관상한담
觀相閑談

1. 심상心相

순자荀子는 「비상(非相, 관상을 보지 않는다)」편을 통해 춘추전국 시대 관상술이 유행하는 사회 현상을 비판하고 도덕적 수양을 강조했다.

옛날에는 고포자경姑布子卿이라는 관상가가 있었고 지금은 당거唐擧라는 사람이 있다. 사람의 형상과 안색을 관찰하여 길흉과 수명의 길고 짧음을 예측함에, 사람들이 그를 칭송했다. …형상[形]을 관찰하는 것은 마음[心]을 논하는 것보다 못하고, 마음을 논하는 것은 행동 방식[術]을 택하는 것보다 못하다.[1]

여기서 형形은 외모를 말하고, 술術은 (실천하는) '방법·사상·학술'을 의미한다. 그는 '술術'로써 본래의 타고난 '심心'을 개조해야 한다고 했다.

---

1 古者有姑布子卿, 今之世, 梁有唐擧, 相人之形狀颜色而知其吉凶妖祥 , 世俗稱之。… 故相形不如論心, 論心不如擇術。

『한객인상필화韓客人相筆話』(1764년)의 저자인 일본의 관상가 다이호退甫 도인은 다음과 같이 말했다.

"관상을 믿고 행동을 돌보지 않는 것은 화를 부르는 사단이 된다. 생김새를 논하면서 마음을 궁구하지 않는 사람은 관상술에 정통한 사람이 아니다. 순경荀卿(순자, 사람들이 존경하는 뜻으로 이같이 부름)의 「비상편」은 관상술의 참된 것이다. 논심論心과 택술擇術 이것이야말로 그 근본이다."

중국이나 우리나라의 관상은 대부분 길흉화복이나 운명론에 초점이 맞추어져 있다. 관상가들도 이 점을 경계하여 타고난 "관상보다 심상이 중요하다[觀相不如心相]"라는 이야기를 덧붙여 했다.

『태청신감太淸神鑑』에서는 별도로 「심술론心術論」 편을 두고 심상을 다루고 있다. 『신상전편神相全編』의 「상덕相德」 편에서도 "관상을 잘 보는 자는 먼저 그 덕德을 살피고 그 다음 외모를 본다[善相者先察其德, 後察其形]"라고 했다.

그러면 관상가들은 눈에 보이지 않는 심상을 어떻게 짧은 시간 안에 볼 수 있단 말인가? 형상은 운명의 좋고 나쁨을 판단하는 하드웨어이고, 심상은 소프트웨어이다. 결국 관상가들은 형상을 통해 심상의 흔적을 찾아 교화하는 역할을 해야 한다. 따라서 심리학적 자질도 갖추어야 한다.

관상서에는 이각耳角이 뾰족하면 낭이狼耳라 하여 잔인한 인간이니 상종하지 말라 했다. 그러나 이런 귀를 가진 사람은 반응 속도가 빠르고 관찰 능력이 뛰어나기 때문에 경찰 중에서도 형사 같은 직업을 선택할 경우 능력을 발휘할 수 있다. 그러기 위해서는 본인의 심상을 먼저 다스려야 한다.

아래 내용은 다산이 형인 정약전에게 보낸 답신이다.

점차 수렴하여 마음을 다스리는 공부에 힘을 쏟고자 합니다. 하물며 풍병風病은 뿌리가 이미 깊어 입가에 항상 침이 흐르고, 왼쪽다리는 늘 마비 증세를 느낍니다. 머리 위에는 늘 두미협 얼음장 위에서 잉어 낚시하는 늙은이들이 쓰는 털모자를 쓰고 지냅니다. 근래 들어서는 또 혀마저 굳어 말이 어근버근합니다.

스스로 할 해가 길지 않음을 알면서도 자꾸 바깥으로만 마음을 내달리니, 이것은 주자께서도 만년에 뉘우치신 바입니다. 어찌 염려하지 않겠습니까? 다만 고요히 앉아 마음을 맑게 하려 하면 세간의 잡념이 천 갈래 만 갈래로 어지러워 갈피를 잡을 수가 없습니다. 그래서 도리어 마음을 다스리는 공부가 저술만 못한 것을 깨닫게 됩니다. 이 때문에 문득 그만두지 못하는 것입니다. 도인법導引法은 분명히 유익하지만 게을러서 능히 하지 못할 뿐입니다.

이 편지는 1811년, 유배된 지 11년째 되던 해에 쓴 것이다. 이때 다산의 건강 상태는 최악이었다. 정약전은 다산에게 편지를 보내 이제 저술을 그만두고 건강 회복을 위해 도인법을 할 것을 권하였다. 하지만 다산 자신은 치심治心 공부에 몰두하려 정좌징심靜坐澄心하려 해도 마음이 고요하고 맑아지기는커녕 잡념만 들끓어, 자기도 모르게 어느새 다시 저술 작업에 매달리게 된다고

하였다.[2]

일본의 전설적인 관상가로 미즈노 난보쿠(水野南北, 1756~1834)라는 인물이 있다. 그가 지은 『남북상법南北相法』은 우리말과 중국어로 번역 출간될 정도로 유명하다. 그런 관상의 대가가 중국의 관상법에서 벗어나 독자적인 관상법을 터득하고 나서 내린 결론은 '음식이 운명을 좌우한다'였다. 이것은 개운법改運法의 하나로 볼 수 있다. 그는 실제로 사람들이 소식을 한 결과 운이 좋아지는 것을 수없이 목격하였다. 결국 음식의 절제를 통해 자신의 마음을 다스림으로써 박복한 운명을 개척해 나간다는 것이다.

이 책의 내용 일부를 소개하면 다음과 같다.

"내가 십수 년 동안 관상 공부를 하고 운명을 감정하기 시작했을 때, 처음에는 틀리는 것이 거의 없어 크게 자만했습니다. 하지만 시간이 지나면서 큰 괴로움이 생겼습니다. 당시에는 식사의 중요함을 모르고 상相을 보았습니다. 그래서인지 가난할 운명인데도 부자가 되고 일찍 죽어야 할 사람이 오래 사는 것을 종종 보았습니다. … 상을 보아 길흉을 판단하는 것만으로는 모두 맞출 수 없다는 사실도 알게 되었습니다. … 잘살고 못사는 것, 오래 살고 일찍 죽는 것 등은 물론 성공이나 출세도 모두 음식을 절제하는 것이 그 시자이며 끝입니다."

난보쿠의 용모는 괴이하여, 명성을 듣고 찾아오는 사람들도 실제로 그를 만나 보고는 진짜인지 의심하였고, 지방에 출장을 가

---

2 정민, 『다산선생 지식경영법』(2006, 김영사)

미즈노 난보쿠

도 가짜라고 봉변을 당하는 일이 적지 않았다. 그래서 자신의 용모를 묘사하는 글을 각지에 내려보냈다.

키는 작고 얼굴은 좀스럽다. 입은 작고 눈은 험하게 들어갔다. 이마는 좁고 눈썹은 거의 없다. 코는 낮고 광대뼈는 높게 튀어 나와 있다. 치아는 짧고 발도 작다. 새끼손가락은 불에 탔으며, 양 팔뚝에 뜸자리가 있다.

난보쿠는 노년에 거대한 저택에 큰 창고만 일곱 채가 되었으나 보리 1홉 반, 술 1홉, 반찬은 1탕 1채의 간소한 식사를 하였다. 1760년에 태어나 75세까지 살았다.

2. 배반의 상, 튀어나온 시골腮骨

국내에서 『삼국연의三國演義』을 번역한 『영한대역삼국지』에는 다음과 같은 내용이 나온다.

유비는 자신의 휘하에 들어온 황충黃忠을 극진히 대했다. 그런데 관우가 위연魏延을 소개하자 제갈량이 갑자기 도부수들에게 위연을 끌어내 목을 베라고 명령했다. "문장文長(위연)은 공을 세웠고 아무런 잘못도 저지르지 않았소." 유비가 말리자 제갈량이 대답했다. "배은망덕입니다. 주인의 녹봉을 받아먹다가 그 주인을 죽이는 것은 무엇보다 큰 불충입니다. 위연의 뒤통수에는 배반의 뼈[반골反骨]가 보이니 분명히 또 주인을 배신할 겁니다. 그러니 미리 죽여 화근은 없애는 게 좋습니다."

국내의 여러 번역본에서는 원문의 '뇌후견반골腦後見反骨'의 의미를 '뒤통수에 반골이 돌출된' 반역자의 상으로 표현하고 있다. 그러다 보니 국내의 관상가들도 관상 해석에서 "뒤통수가 튀어나온 자는 반골 기질이 있다"로 설명하고 있다. 그러나 어떠

시골이 튀어나오면 배반의 상이다.

한 사람도 뒤통수에 뼈가 하나 더 있는 경우는 없다. 뒤통수의 반골은 실질적 물체가 아닌 '배반'이라는 하나의 개념화된 의미로 받아들여야 한다. 즉 이것은 정치적 의미를 지닌다. 1959년 여산회의廬山會議에서 모택동毛澤東은 삼문협三門峽댐 공사를 반대한 팽덕회彭德懷를 비판하면서 "당신은 황만리黃萬里(수리 전문가)와 마찬가지로 뒤통수에 반골을 키우고 있소[腦後長反着反骨]"라고 질타했다. 중국 관상서의 어떤 책에서도 뒤통수의 반골을 의미하는 '腦後有反骨'의 표현이나 그림을 찾을 수가 없다. 대신에 뒤통수의 '반골'을 '시골腮骨'로 보고 '뇌후견시腦後見腮' 혹은 '이후견시耳後見腮'로 표현한다. 시골이란 하악각(下顎角, 귀 아래쪽에 위치하는 아래턱의 꺾이는 부분)을 말한다. 뒤쪽에서 봤을 때 시골이 튀어나왔거나, 측면에서 봤을 때 귀를 벗어나 시골이 유난히 뾰족하게 튀어나와 골각骨角이 뚜렷한 것을 묘사한 것이다.

관상서에서도 제갈량이 관상을 잘 보았다는 일화가 전해진다. 유비가 왜 위연을 죽이려 하냐고 묻자 제갈량은 다음과 같이 대답한다. "위연이란 자는 걷는 모습이 이리와 같아 늘 고개를 뒤돌아보고, 목소리는 승냥이의 울음소리처럼 들리며, 머리 뒤쪽으로는 시골이 튀어나온 것을 보니 장차 반드시 배신하고 모반할 것입니다."

관상서에서는 "시골이 빈약한 자는 평범하고 포부가 없고, 시골이 크게 튀어나온 자는 크게 집어삼킬 놈"으로 표현하고 있다. 『신상전편神相全編』에서도 "귀 뒤쪽으로 시골이 보이면 마음이 교활하고 탐욕스럽다[腮見耳後, 心地狡貪]"라고 기술하고 있다. 시골에는 버티는 힘(끈기)이 담겨 있어, 이곳이 빈약하면 지탱하는 지게다리가 부실하듯 매사에 지구력이 부족하다. 그러나 지나치게 불거진 시골은 도리어 화가 된다. 관상의 상생상극 이론으로 보면, 턱은 수水의 범주에 속한다. 턱이 네모형에 예리함을 띤 것은 금金에 속한다. 금과 수는 적극적인 상생 관계로 금과 수가 서로가 부족한 형국일 경우에는 길하다. 그러나 금과 수가 서로가 넘쳐 지붕에 새는 빗물이나 밤비까지도 맞는 형국일 경우에는 도리어 화禍가 된다. 즉, 금의 기운이 지나치게 왕성하여 문제를 일으킨다. 중국에서는 지금도 나이 든 사람들은 '뇌후견시'는 반골의 상이니 조심하라는 말을 일상에서 자주 한다.

시골이 견실하면 체격도 견실하다. 견실한 체격에 강인한 끈기까지 갖추면 사회에서 성공할 수밖에 없다. 정치인, 무관, 기업주, 운동선수 중에 튼튼한 시골을 가진 자가 많다. 여성도 강한 모성애를 발휘하기 위해서는 시골의 형태가 전혀 없는 것보다 적절하게 발달한 형태가 좋다.

시골에 대한 현대 관상서의 해석은 다음과 같다.

시골이 조금 튀어나와도 살에 감싸 덮여져 있는 자는 담력과 기백이 넘치고 식견이 깊다. 모험심과 야심이 있어 창업할 능력이

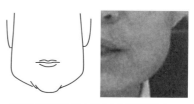

시골이 풍만하면서도 네모나게 발달하였다.

있고 리더의 역할을 담당할 수 있다. 그리고 계획성 있게 투자하여 재산을 불릴 수 있기에 말년의 삶이 부유하다. 그러나 '腦後見腮'의 형태를 가진 자는 성격이 난폭하여 도처에 시비를 일으키고 수습하기 힘든 국면으로 만든다. 하지만 능력을 옳은 길에 사용할 경우에는 어떠한 어려움이나 좌절에도 두려워하지 않고 용감히 맞서 성과를 이뤄 낼 수 있다. ― 천저이

시골에 힘이 있을 경우 그 사람은 비밀을 잘 지키고, 일마다 마음속에 담아 둔다. 그러나 '腦後見腮'의 형상일 경우에는 도량이 좁고 보복성이 강하고, 매사를 사욕을 채우기 위해 일한다. ― 수민평

이런 자는 도리어 일을 망칠 수가 있으며, 이기적이어서 은혜를 베풀고 도와주어도 일단 이해관계가 자신의 이익과 배치되면 반목할 수도 있다. ― 천웨이성陳爲聖

'뇌후견시'의 형태를 가진 자는 담대하고 일 처리가 민첩하나 성격상 성과 위주로 치우치기 쉽다. 대부분 성공한 후에는 본분에 안주하지 못한다. 재주가 넘치는데 비해 덕이 부족하다. 이런 사람과는 사귀다 성격이 맞지 않아 헤어지려 해도 쉽지 않다. 성격상 쉽게 포기하지 않기 때문이다. 헤어질 때는 에둘러서 좀 완곡하게 대하면서 시간을 좀 들여야 한다. 그래야만 그 잠재된 파괴성으로 보복 행위를 하지 않게 된다.

3. 증국번曾國藩과 『빙감氷鑑』

중국의 인터넷 서점에 들어가서 '氷鑑'이란 글자로 검색해 보면 출판사가 다른 15종의 책이 뜬다. 그 이유는 이 책이 '관상서'임에도 불구하고 기업의 인재 채용과 관리, 그리고 정치인의 처세술이나 리더십에 활용할 수 있기 때문이다.

이 책의 저자는 청나라 말기의 정치가이며 학자인 증국번(曾國藩, 1811~1872)이다. 그는 태평천국을 진압한 지도자이자 양무운동洋務運動의 추진자이며, 문장가로도 유명하다. 하지만 사람들은 그가 관상술에도 뛰어났다는 사실은 잘 모르고 있다.

『청사고清史稿』「증국번전曾國藩傳」에는 다음과 같은 내용이 실려 있다.

증국번의 사람됨은 엄숙하고 장중하다. 멋있는 수염에 눈은 삼각형의 각이 졌다. 손님을 대할 때는 상대방을 응시하면서 한참 동안 말이 없음에 손님은 긴장을 한다. 손님이 물러나면 그 손님의 장단점을 기억하니, 맞추지 못할 때가 없었다.

증국번曾國藩

증국번은 위기에 처한 나라를 구하기 위해서는 인재를 양성해야 한다고 주창했다. 그는 40년간의 정치 활동에서 400여 명의 인재를 조정과 지방, 군대에 추천하였다. 그는 관상을 통해 그 사람의 능력을 판단하고 인재를 발탁하였다. 이와 관련한 일화가 있다.

강충원江忠源이란 자는 육합六合의 태수太守로 식량을 감독하는 일을 맡고 있었다. 증국번은 그의 형국形局을 보고서는 놀라움과 더불어 의심이 들었다. 그가 떠난 후에도 생각을 떨칠 수가 없자 상군湘軍을 지휘하는 좌종당左宗棠이 무슨 일이냐고 물었다. "강충원이란 자는 외모가 위엄이 있어 (오행 중) 금형金形에 속하고 부드러운 쇳소리를 지니고 있네. 또한 칼날 같은 눈썹에 봉황의 눈을 가졌기에 나라의 큰 기둥이 될 것이야. 그래서 놀라고 기뻤네. 그러나 걷는 모습을 보니 나부끼듯 안정됨이 없어. 만약에 그가 목형木形이라면 큰 나무가 바람을 맞는 형국이라 좋게 해석할 수도 있지만, 금형은 그 형체가 묵중하고 옹골차야 하네. 이는 도끼로 나무를 베는[金剋木] 격이니 나로서도 의문이네." 후에 강충원은 안휘성安徽省의 총독으로 승진하였으나 태평천국의 주역인 충왕忠王 이수성李秀成에게 살해당했다.

대만의 저명한 학자 남회근南懷瑾은 『논어별재論語別載』에서 다음과 같이 말했다.

"청말의 중흥명신中興名臣인 증국번은 13개의 학문(재주)이 있지만 전해오는 것은『증국번가서曾國藩家書』하나뿐이다. 그러나 사실 전해지는 것으로는 하나가 더 있다. 그것은 증국번이 관상을 본 학문 – '빙감'이란 책이다."

『장씨왕조흥쇠사蔣氏王朝興衰史』에도 "장위국(蔣緯國, 장개석의 아들)은 삼군三軍대학교 교장으로 있는 동안 '빙감'을 학생들의 주요 참고 서적으로 지정하였다"라는 내용이 나온다.

'빙감'이란 제사를 지낼 때 '얼음을 담는 그릇'의 의미로 볼 수도 있고, '감鑑'을 거울로 보아 '거울이 얼음같이 깨끗하다('세심히 살피다'의 비유)'의 의미로 보기도 한다. 이 책의 목차는 신골神骨, 강유剛柔, 용모容貌, 정태情態, 수미鬚眉 · 수염과 눈썹, 성음聲音, 기색氣色' 등의 7편으로 구성되어 있다. 그는 관상 구결口訣을 다음과 같이 총결하였다. "사악함과 바름은 눈과 코를 보고, 거짓과 참됨은 입술을 본다. 공명功名은 기개를 보고, 부귀는 정신을 본다. 생각은 손톱을 보고, 풍파는 다리 힘줄을 본다. 조리條理를 보려면 언어를 보아야 한다."

그의 관상술은 이전의 전통적인 관상술과는 차이가 있다. 주로 사람의 언言, 행行, 신神, 정情 등을 관찰하고 그 사람의 성격 특징이니 인품, 심리 활동, 정신 면모, 처세 경험 등을 총괄하고 나서 그 사람의 앞날과 운명을 귀납하였다. 지금의 심리학이나 행동학과도 비슷한 점이 있다.

한편, '빙감'의 저자 증국번은 누가 가탁한 것이라는 의문이 제기되고 있다. 그 발단은 한림원시독학사翰林院侍讀學士 오영광鳴榮光이 도광道光 9년에 자신이 판각하여 인쇄한『빙감』의 책 말미에

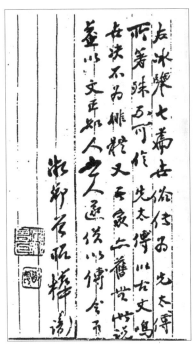

증샤오화曾昭樺의 친필. 右冰鉴七篇, 世俗傳爲先太傳所著, 殊不可信. 先太傳以古文鳴世, 決不爲徘
體, 又予家舊無此說, 盆(盖)以文正知人, 世人逐借以傳(附)會耳. (주취에챠오, 『대안식인帶眼識人』)

쓴, "우리집에 '빙감' 7편이 있는데 편찬자의 이름이 적혀 있지
않다. (내용은) 일가지언一家之言을 이룰 만하나, 현재 민간에는 각
본刻本이 없어 더 이상 전해지지 않음을 우려한다[余家有氷鑑七篇,
不著撰人姓名, 宛似一子, 世無刻本, 恐其湮沒也]"라는 구절 때문이다.

주취에챠오는 중국홍콩의 관상 대가이다. 그는 자신의 저서인
『대안식인 - 주취에챠오가 상을 논하다帶眼識人 - 朱鵲橋論相』에서
다음과 같이 적고 있다.

"『빙감』은 한림원시독학사翰林院侍讀學士 오영광鳴榮光의 집에서

보관하고 있던 것으로 저자 미상이다. 지금 시중에 '빙감'이 판매되고 있지만 내가 30년대에 '빙감'을 배울 때에는 판본이 없었고, 각자가 필사한 것이다. 중국번의 증손자인 증샤오화曾昭樺는 내 아버지뻘 되는 친구다. 나는 '빙감'이 중국번이 쓴 것인지를 감정하기 위해 내가 베낀 필사본을 가지고 그를 찾아갔다. 그는 필사본 말미에 직접 몇 구절을 적어 주었다."

"『빙감7편冰鑒七篇』은 민간에서는 중국번이 쓴 것으로 전해지고 있으나 이는 믿을 수 없네. 내 증조부(중국번)의 고문古文은 세상에 널리 알려진 바, 문장의 운율을 지키지 않을 리가 없어. 그리고 우리 집안에서도 그가 이 책을 썼다는 것을 들어 본 적이 없네. 중국번이 관상술에 뛰어났기 때문에 세상 사람들이 그의 이름을 가탁하여 견강부회한 것이야."

필자는 중국의 서방파書房派 관상가들에게 관상 공부에서 가장 좋은 책이 무엇이냐고 몇 번 물은 적이 있다. 여러 사람이 『마의상법』이 아닌 『빙감』을 추천했다. 그 이유 중 하나가 글의 문체가 뛰어나고 현학적인 내용을 배제하였다는 점이었다. 천쉬에타오陳雪濤도 대표적인 고대 관상서의 내용을 소개한 그의 저서 『과안록過眼錄』에서 『빙감』을 제1순위로 꼽았다.

역학계와 출판사에서는 『빙감』의 저자는 중국번이라고 믿고 싶을 것이다. 하지만 이 책의 저자가 누구인지는 중요하지 않다. 중요한 것은 이 책의 내용이다.

4. 속담·관용구에 담긴 관상 풀이

속담이나 관용구에는 관상학적 의미가 담긴 말이 많다. 격에 맞지 않는 아니꼬운 행동을 두고 부정적으로 표현할 때 우리는 '꼴값하네'란 말을 자주 한다. '꼴값'은 '얼굴값'의 속된 말이다.

턱없이 까불다

턱이 약한 사람이 철없이 행동하는 것을 보고 '턱없이 까불다'라고 표현한다. '턱없이'의 형태 분석은 '턱+없다'이다. 사전적 의미는 '수준이나 분수에 한참 모자라 맞지 않게'이지만 관상학적 해석은 좀 다르다. 이마는 하늘이고 코는 자신, 턱은 땅이다. 턱은 말년 61세에서 75세까지 15년간의 운을 지배하며, 부동산·건강·자식덕을 나타낸다. 부모덕이 이마에서 나타난다면 자식덕은 턱에서 나타난다. 코가 잘생겨 중년에 부와 명성을 가진 사람이라도 턱이 빈약하면 말년이 쓸쓸하고 지출이 많고 병약하고 고독할 수도 있다. 말년에 행복을 결정하는 것은 결국 돈이나 명성이 아니고 건강이다. 따라서 '턱없이 까불기는' 하는 말속에는 "너, 지금은 잘나가지만 말년에 두고 보자"라는 의미가 내포되어 있다.

미련하다 / 미련이 담벼락 뚫는다

좌우 눈썹 사이를 '인당印堂'이라 한
다. 인당은 적당히 넓고 반반하고 밝고
윤택한 것이 좋다. 지나치게 좁거나 움
푹 들어가거나 흠이 있으면 일생이 힘

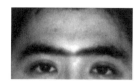
두 눈썹이 붙어 있다(미련眉連)

들고 비관하기 쉽다. 양쪽 눈썹머리가 이 인당을 잠식할 경우에
는 일생 동안 운기가 안 좋고 총명함도 떨어진다. 우리가 '미련
스럽다'라고 표현할 때의 이 미련은 두 눈썹[眉]이 이어진[連] 것
을 의미한다. 국어사전을 찾아봐도 '미련'의 한자어가 없는데 쓴
다면 이 '미련眉連'이 맞을 성싶다. 예전에 코미디언 김미화가 배
역에 맞는 연기를 하기 위해 두 눈썹이 붙도록 화장을 한 것도 이
때문이다. 그러나 미련이 나쁜 것만은 아니다. 인당이 좁은 사람
은 소견이 좁은 대신 섬세한 면은 있다. '미련이 담벼락 뚫는다'
라는 속담이 있다. 미련한 사람이 일을 시작하면 오히려 끈기가
있음을 비유한 것이다. 이런 형태의 눈썹을 가진 사람은 양 눈썹
의 간격이 넓은 사람과 결혼하는 것이 좋다.

콧대를 꺾다

우리는 그 사람의 자존심을 꺾을 때 '콧대를 꺾어 버린다'는 말
을 한다. 또한 자존심이 센 사람을 가리켜 '콧대가 워낙 높아서'
라고 표현한다. 관상에서 코는 건강, 재물운 외에도 지존심을 나
타낸다. 코가 크고 잘생긴 사람은 맡은 일을 책임지고 해내지만
자존심이 세고 타협하지 않는다. 아랫사람이 코가 클 경우에는

자존심을 건드리지 않는 범위에서 일을 시켜야 한다.

미인박명

'미인박명美人薄命'이란 말은 귀와 관련이 있다. 얼굴이나 몸매가 가냘픈 미인은 대부분 귀가 얇거나 귀 안바퀴가 뒤집혀 있다. 이런 귀는 남편운이 없고 병약하고 수명도 짧다. 즉 '박명薄命'이란 '박이薄耳'를 말한다. 얼굴형과 오관이 예쁜 미인의 삶이 평탄치 않을 경우 귀를 보면 그 답을 알 수 있다.

귀가 보배 / 귀가 얇다

'귀가 보배'란 말은 '배운 것은 없으나 귀로 들어서 아는 것이 많다'는 뜻이다. 귀는 레이더 역할을 한다. 그래서 귀가 크고 귓구멍이 크면 청력이 발달하여 한 번 들은 것을 잘 기억하고 음감도 뛰어나다. 악기를 연주하는 사람은 모두 귀의 모양과 윤곽이 예쁘게 잘생겼다. 귀가 작은 사람은 자기주장과 고집이 강해 남의 말을 잘 듣지 않고 이해력도 부족하다.

남의 말을 쉽게 잘 믿을 경우 '귀가 얇다'고 표현한다. 귀가 얇고 살이 없는 사람은 대체로 자신감이 부족하고 지나치게 집착하고 신경질적인 경향을 띠고 있다. 그래서 사업이 순조롭지 못하고 재운도 약하다. 특히 귓바퀴가 없어 귀의 모양이 나뭇잎 같은 형상이면 더욱 좋지 않다.

쪽박 차다

'살림이 거덜나다'를 '쪽박 차다'로 표현한다. 그리고 복 없는 이마를 '쪽박이마'라 한다. 이마 가장자리가 좁은 형상이 쪽박을 닮았다 해서 표현한 것이다. 이런 이마를 가진 여자는 영리하고 건강하나 삶이 고달프고 가난을 면키 어렵고 남편 복이 없다.

마음을 고쳐먹다

우리가 일상생활에서 '몸을 고쳐라'고 표현하듯이, '마음을 고쳐먹다'라는 표현도 사용한다. 그것은 오장육부의 움직임이 마음에서 일어나기 때문에 '먹어라'고 표현하는 것이다. '관상觀相은 심상心相만 못하다'는 말이 있듯이 마음을 고쳐먹으면 나쁜 관상도 극복할 수 있다.

5. 성형

사람들이 관상 이야기를 꺼낼 때마다 가장 많이 하는 질문이 "얼굴을 성형하면 운명도 바뀝니까?"이다. 그럴 때마다 필자는 다음과 같이 답한다. "성형을 통해 얼굴은 변해도(인상이 바뀌어도) 운명이 바뀌는 데 도움을 주지는 않는다. 이는 사과나무에 좋은 거름을 주고 흙을 잘 북돋우면 생산량을 늘리고 당도를 높일 수는 있지만 배나무가 될 수 없는 이치와 같다." 사주명리학에서도 "비를 멈추게 할 수는 없지만 우산을 준비하는 것과 같은 이치이다"라는 표현을 자주 사용한다.

성형외과 의사 김수신은 신문 칼럼에서 다음과 같이 말했다.

"빈자의 상을 타고 난 사람이 얼굴을 고쳐 부자의 운을 가질 수 있는지, 남편복, 자식복이 없는 여자가 현모양처형의 상으로 바뀔 수 있는지, 나 역시도 궁금하다. … 나는 신체 모양이 길흉화복을 결정짓는다고 보지는 않는다. 하지만 오랜 시간 의사로서 경험한 바로는, 생김새에 따라 주변 사람들이 대하는 태도가 달라지고 그래서 성격 형성에도 영향을 미치는 것 같다."

성형외과 전문의 이정윤과 이원석은 관상학적 관점에서 성형 책을 출판했다.[1] 이들은 모두 관상을 배웠다. 이정윤은 성형을 하면 삶의 형태를 바꿀 수 있다고 했다. 이원석은 "성형을 하면 운명이 바뀔 수도 있고 바뀌지 않을 수도 있다. 애매한 답이지만 모든 것이 마음가짐에 달려 있기 때문이다"라고 했다.

성형에 대한 관상가들의 견해도 각각 다르다. 혹자는 관상학적으로 좋은 성형은 좋은 운을 주고 관상학적으로 나쁜 성형은 오히려 운에 나쁜 영향을 미친다고 보고 있다. 이들은 관상을 보고 난 사람들이 자신들의 조언대로 성형을 하고 나서 운이 좋아지는 것을 많이 목격했다고 한다. 혹자는 성형이 운에 영향을 미치지 않는다고 한다. 심지어 중국의 관상가 판뼁탄은 극단적으로 운이 좋아지기는커녕 제 타고난 수명을 깎아먹는다고 했다.

관상가 조우시앙링周湘靈은 『재운비밀번호財運密碼』에서 성형과 운명을 바꾸는 것은 별개라고 말하면서 실례를 들고 있다.

"한 여성은 20대 후반에 납작한 코를 수술하고 나서 28세에 택시 기사에게 시집을 갔다. 그러나 이 남편은 집을 여관처럼 여기고 하루만 자고는 떠나곤 했다. 벌어들인 돈을 아내에게 주지도 않았다. 그녀는 경제적 어려움을 해결하기 위해 집에서 부수입이 되는 잡일을 했다."

이에 반해 중국(홍콩)의 관상가 리쥐밍은 "좋은 배우자를 만나

---

1 이정윤, 『성형 당신의 운명을 바꾼다』(1995, 삶과꿈). 이원석, 『성공을 부르는 관상성형』(2002, 열매)

기 어려운 코를 가진 여성이 수술을 하고 나서 좋은 배우자를 만난 사례는 많다. 따라서 나쁜 운은 수술로 좋게 바꿀 수 있다"고 했다.

관상가 이문학의 경험담이다.

한 여성의 관상을 보니 콧대가 높으나 코끝이 뾰족하여 재물복이 없을 것으로 판단했다. 그런데 그녀는 재산이 많다고 했다. 상담을 하던 중에 수술한 코임을 알았다. 그녀의 과거 사진을 보니 산근이 낮으나 코끝이 둥글면서 견실한(재물복이 있는) 코였다.

이는 수술 후에도 재물이 손상되지 않았음을 말해 준다. 관상에서 코끝은 재백궁財帛宮으로, 둥근 것이 좋기 때문이다. 반면 코끝을 뾰족하게 수술하고 나서 수십 억의 재산을 날려 버렸다는 이야기도 많이 전해진다.

성형에 관한 느낌을 피력한 관상가들의 이야기를 들어 보자.

성형을 하면 관상과 운명에 어떤 변화가 일어나는지는 사실 대답하기 어려운 문제다. …
한 여성의 코는 본래 납작했다. 콧구멍은 크고 밖으로 드러났다. 눈두덩은 부었다. 그녀는 성형으로 코를 높게 세우고 눈두덩도 아름답게 고쳤다. 성형 후 재운과 명성도 어느 정도 뒤따랐다. 이것이 얼굴의 변화와 관련이 있음을 부인할 수는 없다. 그러나 그 외모의 변화로 인해 참된 성정性情을 잃어버렸다. 이전의 그녀는 평화로운 성격이었다. 그러나 지금의 그녀는 다른 것에는 신경도 쓰지 않고 오로지 명리名利를 쫓아 돈 버는 데만 관심이 있다. 자신의 존재를 자각하지 못했다. 이것은 심리적·생리적 과도기를 거치지 않은 얼굴의 변화로 인한 결과 때문이다. 심리적으로 문제가 있음에도 불구하고 그녀 자신은 조금도 의식하지 못했다. 그녀의 내심은 이미 외모의 상격相格에 지배되고 있었다.(이티앤성,『女相書』)

대만의 관상대가 시아오시앙거사蕭湘居士는 한 신문 기고에서 다음과 같이 말했다.[2]

물론 성형수술이 잘된 예는 많다. 그러나 분명히 말할 수 있는 것은 성형으로 코를 높이거나 턱을 풍만하게 만들거나 눈썹을 본인이 좋아하는 형태로 바꾼다고 해서 좋은 운이 오는 것은 아니다. 기껏해야 약간의 자신감을 키우는 정도이다. 의리학醫理學과 생리학적 관점에 근거해서 보면 코가 길고 곧은 것은 척추골이 잘생겼기 때문이고, 코의 연수年壽 부위가 잘생긴 것은 간담肝膽 등 내장기관의 선천적인 유전과 후천적 발육이 양호하기 때문이다. 아무리 잘된 성형이라 하더라도 표면상의 오관육부五官六府를 미화할 뿐이지 선천적으로나 후천적으로 안 좋은 오장육부까지 미화할 수는 없다고 본다. 어디까지나 자신감의 효과일 뿐이다.

필자는 아직도 한 가시 의문을 품고 있다. 운이 좋아지는 깃이

2 1996년 12월 29일, 대만『自由時報·命理版』

성형을 통해서가 아니라 본인의 운 자체가 좋아지는 시기여서 성형외과를 찾게 되고 성형수술을 하게 되는 것은 아닌가, 하는 가정이다. 본인의 운이 좋아질 시점이 아니라면 성형할 생각 자체를 못할 수도 있다는 점이다. 관상을 주로 보되 미진한 부분은 사주를 겸해서 보는 백운산이 신문기자와의 인터뷰에서 나눈 대화 내용이 이에 대한 답을 제시한다. "균형이 잡히지 않은 얼굴을 성형하고 나서 성격도 좋아지고 운명이 바뀌는 것을 여러 번 목격했다. 재미있는 사실은 이런 경우 사주를 보게 되면 공교롭게도 대운이 들어오는 시기와 맞아떨어진다는 것이다."[3]

어쨌든 성형외과 의사나 관상가들의 말에서 분명한 것은 외모가 바뀌면 심리적 효과가 큰 것만은 사실이라는 점이다. 성형수술로 자신의 외모에 만족하게 된 사람은 콤플렉스를 극복하고 내면에 자신감을 얻게 될 것이고, 그에 따라 결과적으로 자신의 삶을 긍정적인 방향으로 변화시킬 수도 있을 것이다. 이것은 음택풍수가 환경심리학적 효과를 지닌 것과 마찬가지다. "이곳은 저 앞 문필봉 때문에 후손 중에서 위대한 학자가 태어날 곳이란다"라는 부모님의 설명은 자식들에게 세뇌 효과를 나타낸다. 실제로 발복하여 후손에게 도움을 주는 것과 관련한 인과관계는 중요하지 않다. 심리적인 효과를 얻는 것만으로도 충분하다. 마치 서양의 큰바위 얼굴과 같은 이치이다.[4] 하지만 성형수술을 하고 나서 우울증에 빠져 심리 상담을 받는 사람도 있다. 한 20대 후반의 젊은 여성은 산근과 콧대를 높이는

---

3 김성률, 『易術의 명인을 찾아서 - 한국의 역술명인 36人』(1996, 청맥)

4 가령 환경심리학에서는 어린아이들이 조상의 산소를 방문하면서 명당에 대해서도 생각하지만, 조상의 고마움도 깨닫게 된다는 것이다.

수술을 하고 나서도 자신감을 갖기는커녕 남들의 시선을 지나치게 의식하여 사람들이 자신의 코만 보는 것 같은 느낌을 지우지 못하여 힘들어 했다.

성형으로 운명을 바꿀 수는 없다. 지금의 내 얼굴은 오랜 세월 축적된 성격의 반영이기도 하다. 콧구멍을 예로 들면, 콧구멍이 작은 사람은 인색한 경향이 있다. 이러한 성격은 그 사람의 운명에 영향을 미쳐 수성守成에 치우쳐 금전 관리에는 능하지만 적극성·개척성·대범함이 없다. 코를 성형했다고 해서 인색하고 지나치게 신중한 성격을 하루아침에 바꿀 수는 없다. 결국 성형으로 얻을 수 있는 것은 성격 변화의 시간을 좀 앞당기거나 자신감을 좀 더 상승시키는 것이다. 따라서 관상까지는 몰라도 인상은 확실히 바꿀 수 있다.

기왕에 성형을 하려면 관상학적 관점에서 하는 것이 좋다. 눈두덩은 주택과 전답운을 보는 곳으로 넓을수록 좋다. 이 부분이 넓고 좁고는 손가락 하나가 들어가는 것을 기준으로 한다. 눈두덩의 위아래 간격이 좁은 사람이 쌍꺼풀 수술을 할 경우 줄어든 눈두덩만큼 복도 감소하게 된다. 성격 또한 급하고 자기중심적 사고를 하게 된다. 하지만 안검하수로 인해 감은 듯 늘어지거나 눈두덩 피부가 탄력이 없고 주름이 많이 잡혀 있으면 수술을 하는 것이 좋다. 눈두덩에 흉점이 있으면 점을 제거하는 것이 좋다. 관상에서는 특히 결혼 전 여자의 쌍꺼풀 수술은 더더욱 좋지 않다고 본다. 결혼 후 상황을 보고 나서 하는 것이 좋다. 남자는 쌍꺼풀이 있는 둥근 눈보다는 좌우가 길게 생긴 눈이 관상학적으로 더 좋다.

코 수술을 한다는 것이 코가 높아지는 것만을 의미하지는 않는다. 코는 얼굴 중심에 자리 잡고 있기 때문에 눈, 이마, 광대뼈, 아래턱의 모습에까지 영향을 미친다. 콧대를 높이는 수술이 그 효과를 보려면 광대뼈가 어느 정도 발달해 있는 것이 좋다. 코가 주인이면 광대뼈는 주인을 받드는 신하 역할을 한다. 광대뼈는 빈약한데 콧대만 높을 경우 관상학에서는 이 코를 '고봉孤峰'이라 한다. 바람을 막아 주는 주변 사람이 없다 보니 고고한 자태에 비해 외롭고 고달프다. 따라서 광대뼈가 없는 사람은 콧대를 높이는 수술을 하지 않는 것이 좋다. 콧대를 높이면 재물복이 들어온다고 말하는 사람들이 많다. 그러나 콧대의 높낮이는 재물복과 전혀 무관하다. 콧대가 높아도 코끝과 콧방울이 메말랐거나 콧구멍이 위로 드러난 꼴이면 재물은 없다. 여성의 코는 재물복 외에도 '부성夫星'이라 하여 남편복을 나타내기도 한다. 특히 눈과 눈 사이의 산근山根은 좋은 남자와 결혼할 수 있는지를 판단하는 부위이다.

평생을 독학으로 인체해부학을 공부한 김효린은 『성공을 부르는 관상의 비밀』에서 관상을 인체 해부학적 구조와 연관시켜 해석하였다. 무형無形의 마음, 특히 부정적 에너지를 발산하는 무형의 마음이 오랫동안 한곳의 결합조직에 영향을 주게 되면 유형有形의 형태로 나타나는데, 하나는 몸의 꼴로 변하고, 또 하나는 현실의 삶에 좋지 않은 에너지로 방출되어 불길한 일들을 겪게 만든다. 따라서 그는 운명을 성형이 아닌 '개상심법改相心法'으로 개척할 수 있다고 했다. 실질적인 몸을 바로 잡아 오장육부의 기운을 다스리고 이 오장육부의 기운이 다시 마음을 다스릴 수 있도록 만든다는 것이다. 예를 들면, 이마가 좁고 머리카락이 이마까지 난 아이에게 등과 복부를 마사지하면 이마가 넓어지고 얼굴의 생김새까지 변한다. 이마의 모양이 변하니 학습 능력도 향상된다. 콧구멍을 만드는 콧방울은 양쪽 골반의 모양에 따라 변하기 때문에 양쪽 골반을 다스려 주면 콧구멍은 변한다. 산근 부위가 꺼진 사람은 폐가 약하고 자신감이 부족하다. 이런 사람에게는 간과 위장 사이의 상복부를 먼저 개선시킨 다음 뒷목을 개선시키고 천골(골반을 구성하는 뼈)을 다스려 주면 산근이 살아난다고 했다. 그녀는 몸을 관리해서 얼굴을 변하게 하면 성격도 변하는 경우를 많이 보았다고 했다.

아래 글은 『신상전편』 필사본의 필사자가 책 말미에 쓴 내용이다.

차라리 정신이 훌륭하고 관상이 부족할지언정, 관상이 훌륭하고 정신이 부족해서는 안 된다. 인仁을 마음에 보존해야 함이여! 의義로 처신할 것이로다. 하필 맑은 눈동자와 높은 코라야 하겠는가? 심상을 먼저 보아야 함이니, 형상을 보는 것은 그 다음이라.[寧可神有餘而相不足, 不可相有餘而神不足也。仁存心兮義處身。何必淸眸與高鼻。先相心田。後相形。]

黃牛仲春下浣, 白下景晦齋, 得唐秩謄。
기축己丑년 2월 하순에 백하白下의
경회재에서 중국 책의 글을 얻어 베낌.

6. 얼굴형과 궁합

사람은 원래부터 선인장 같은 사람이 있고, 소나무 같은 사람이 있고, 잔디 같은 사람이 있다. 소나무는 겉으로 보이는 가지의 길이만큼 뿌리가 있다. 키가 10미터인 소나무는 뿌리도 10미터인 것이다. 즉 겉과 속이 같은 사람이다. 선인장은 겉모양이 엄청 크다. 그런데 뿌리는 겉모양의 1/10밖에 되지 않는다. 겉은 화려하지만 속은 빈 사람이다. 잔디는 겉모양을 보면 땅바닥에 깔려 있지만 뿌리는 한없이 길다. 겸손이 지나친 사람이거나 절약이 지나친 사람이라고 할 수 있다. 하지만 어느 것이 옳다고 말할 수는 없다. 소나무나 잔디도 뜨거운 사막에서는 살아남지 못한다. 선인장 같은 사람도 있으니까 세상이 돌아가는 것이다.[1]

관상서에서는 얼굴의 형태를 5가지로 분류하는 오행법五行法 — 금형金形, 목형目形, 수형水形, 화형火形, 토형土形 — 이 있고, 한자의 모양을 본떠 10가지 형태로 더 세분해서 구분한 십자면상법十字面相法 — 갑자형甲字形, 유자형由字形, 목자형目字形, 원자형圓

---

1 정창환, 『얼굴여행 』(2006, 오두막)

字形, 신자형申字形, 전자형田字形, 동자형同字形, 용자형用字形, 왕자형王字形, 풍자형風字形 — 이 있다.

수많은 얼굴을 몇 가지 특징만을 가지고 5가지 형태로 특정 짓기가 쉽지 않다. 그리고 대부분의 얼굴은, 예를 들면 목형+화형(주된 목형의 얼굴에 화형의 특징이 들어 있는 얼굴)과 같은 복합적인 형태를 띠고 있다. 그래서 오행법 외에도 형태를 더 세분할 수 있는 십자면이 생긴 것이다. 관상에서 사용하는 오행 이론은 사주명리의 오행 이론에서 빌려 온 것으로 관상의 오행에 대한 특징 설명이 완벽하게 정리된 것은 아니다. 화형을 예로 들면, 얼굴에서 이마든 턱이든 간에 뾰족함을 갖춘 얼굴은 화형으로 본다. 그래서 역삼각형 얼굴은 화형에 속한다. 이것이 대체적인 견해이다. 형상진단에서도 그렇게 분류한다. 그러나 혹자는 삼각형 얼굴(십자면의 유자형 얼굴에 해당함)을 화형으로 분류하고 역삼각형 얼굴을 목형으로 분류한다. 그리고 한 개인의 관상 오행 분석이 사주명리에서의 오행 분석과 반드시 일치하는 것도 아니다.[2]

이중에서 큰 특징을 지닌 형상을 설명하면 다음과 같다.

갑甲자형은 이마가 높고 넓은 데 비해 뺨에 살이 없고 하관이 뾰족하다. 유由자형은 이마는 뾰족하며, 턱 옆자리 시골腮骨이 좌우로 벌어진 형상이다.

신申자형은 갸름한 마름모형(계란형)으로 여성에게 많이 나타난다. 상정과 하정이 약하고 중정이 발달했다. 전田자형은 반듯한

---

2 대만의 한 관상가는 박근혜 전 대통령과 지앙쩌민江澤民 전 주석의 얼굴을 전형적인 금형으로 보았으나 국내의 한 관상가는 박 대통령의 얼굴을 목형(목형+화형)으로 보았다. 이와 같이 얼굴 오행 분석에는 관상가의 주관적인 요소가 개입되기 때문에 반드시 견해가 일치하지는 않는다.

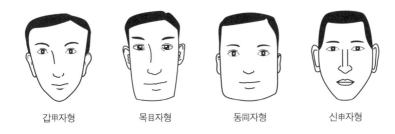

| 갑甲자형 | 목目자형 | 동同자형 | 신申자형 |

네모형이다. 얼굴 양쪽 모서리가 벌어지다 보니 상대적으로 이마는 낮고 턱은 짧다. 그에 비해 사고(四庫, 얼굴의 좌우 양쪽 천창天倉과 지고地庫)가 풍만하다. 상정·중정·하정이 균등하고 오관은 균형을 이루고 있다.

목目자형은 긴 얼굴형이고, 원자형은 둥근 얼굴형이다. 오행 분석과 십자면 분석은 별개이지만 일부는 유사한 것으로 해석하기도 한다. 예를 들면, 동同자형은 오행 중 금형에 속하고, 원圓자형은 수형에 속한다.[3]

일본 관상서에서는 서양 관상의 얼굴형 분류법에 따라 얼굴형으로 세 가지 형[삼형질三形質]으로 분류하기도 한다. 네모난 각형

---

3 수많은 얼굴을 몇 가지 특징만을 가지고 5가지 형태로 특정 짓기가 쉽지 않다. 그리고 대부분의 얼굴은, 예를 들면 목형+화형(주된 목형의 얼굴에 화형의 특징이 들어 있는 얼굴)과 같은 복합적인 형태를 띠고 있다. 그래서 오행법 외에도 형태를 더 세분할 수 있는 십자면이 생긴 것이다. 관상에서 사용하는 오행이론은 사주명리의 오행이론에서 빌려 온 것으로 관상의 오행에 대한 특징 설명이 완벽하게 정리된 것은 아니다. 화형을 예로 들면, 얼굴에서 이마든 턱이든 간에 뾰족함을 갖춘 얼굴은 화형으로 본다. 그래서 역삼각형 얼굴은 화형에 속한다. 이것이 대체적인 견해이다. 형상진단에서도 그렇게 분류한다. 그러나 혹자는 삼각형 얼굴(십자면의 유자형 얼굴에 해당함)을 화형으로 구분한다. 그리고 한 개인의 관상 오행 분석이 사주명리에서의 오행 분석과 반드시 일치하는 것도 아니다. 대만의 한 관상가는 박근혜 대통령과 지앙쩌민江澤民 주석의 얼굴을 전형적인 금형으로 보았으나 국내의 한 관상가는 박 대통령의 얼굴을 목형(목형+화형)으로 보았다. 이와 같이 얼굴 오행 분석에는 관상가의 주관적인 요소가 개입되기 때문에 반드시 견해가 일치하지는 않는다.

의 근골질筋骨質, 역삼각형의 심성질心性質, 둥근형의 영양질營養質
이 그것이다. 국내 관상서에도 성격 분석에서 이것을 많이 사용
하였다.

사주에도 결혼 궁합이 있지만 얼굴의 형태에도 각각의 궁합이
있다. 흔히 부부가 닮으면 잘산다고 하지만 사실은 그렇지 않다.
얼굴이 비슷하면 성격 또한 비슷하기 때문에 일마다 부딪칠 경우
가 많다.

둥근형 여성은 긴 얼굴에 턱이 조금 뾰족한 역삼각형 남자와
결혼하는 것이 좋다. 역삼각형 남자는 예민하고 사고하길 좋아하
기 때문에 연구 쪽에 적합한 성격이고 활동력이 부족하다. 그런
데 둥근형 여성은 명랑한 성격에 얼굴 형태처럼 모가 나지 않고
상대에 잘 맞춰 주고 적응 능력이 뛰어나다. 남편이 실패하거나
좌절하더라도 위로하고 격려하여 다시 딛고 일어설 수 있게 만
든다. 둥근형 여성은 네모형 남자와 결혼해도 좋은 짝이 될 수 있
다. 네모형 남자는 적극적이며 인내심과 실행력이 강하다. 여자
가 지나치게 앞서 나가지만 않으면 남편에 의지해서 행복을 누릴
수 있다.

만약 여자가 네모형이라면 남성적인 성격으로 사회 적응 능력
이 뛰어나기 때문에 둥근형 남자나 역삼각형 남자와 결혼을 하면
상대를 내 뜻대로 끌고 나갈 수 있다. 둥근형 남편은 성격이 시원
하고 활발하고 낙천적이기 때문이다. 역삼각형 남편은 아내의 참
모나 막후 고문 역할을 할 수가 있으며 많은 아이디어를 제공해
줄 수 있다.

역삼각형 여자가 둥근형 남자와 결합할 경우에는 이성과 본능
의 결합으로 아주 잘 맞는다. 남자는 여자를 부드럽게 감싸 준다.

남편이 자신을 절제하고 절약한다면 아내는 최대한 남편에 맞추고 양보한다. 그러나 네모형 남자와 결혼할 경우 이 남편은 자상한 면이 부족하여 아내의 정신적인 부분을 이해하지 못하고, 오로지 일만 열심히 할 것이다. 역삼각형 남자와 결합할 경우에는 표면적으로는 뜻이 맞다. 그러나 현실 생활에서 문제가 발생할 경우에는 애정이 무너질 가능성이 높다.

얼굴 형태에 따른 궁합 외에 오관의 형태에 따른 궁합도 맞춰 볼 수가 있다. 쌍꺼풀이 있는 사람은 있는 사람끼리, 없는 사람은 없는 사람끼리 결합하는 것이 좋다. 귓불 쪽이 뾰족하게 생긴[칼귀] 사람은 언어 사용이 날카롭고 승부욕이 강하고 애정에 대한 요구가 많은 편이다. 따라서 부부가 다 같이 이 귀 형태를 가졌을 경우 이혼할 가능성이 높다.

남자가 눈썹이 유난히 굵으면 여자를 좋아하고, 담이 작고 공처가여서 악처를 만나기 쉽다. 여성이 눈썹이 굵으면 남자 기질에 사교나 손님 접대를 좋아하고 남편한테 간섭하지 않는 타입이다. 그래서 부부가 모두 눈썹이 굵으면 궁합이 맞다.

결혼생활에서 상대를 주도하고 싶으면 자신보다 코가 가늘고 작은 사람을 선택해야 한다. 부부가 나란히 걸어갈 경우 코가 큰 쪽이 일이나 생각을 주도해 나간다고 보면 된다. 콧대가 높은 사람은 자존심이 강하고 주관이 강하여 다른 사람과 타협하기가 쉽지 않다. 대인 관계도 원만하지 않다. 반면에 콧대가 낮은 사람은 자신감이 부족하고 주관이 약하여 다른 사람의 의견이나 비평에 휘둘리기 쉽지만 대인 관계는 좋다. 콧대가 낮은 쪽은 콧대가 높은 쪽의 의견을 쉽게 받아들이기 때문에 부딪칠 확률이 적다. 또한 코가 큰 여성은 자신보다 나이가 어린 남자를 선택하는 것도 괜찮다. 얼굴에 비해 코가 가늘고 작은 여성은 매사에 자신감이 부족하고 의존성이 많기 때문에 나이 차이가 많이 나는 능력 있는 남자를 선택하는 것이 좋다. '애기코'의 여성도 마찬가지로 나이 차이가 많이 나고 식견을 갖춘 남성과 결혼하면 이 남편은 아내의 시시콜콜한 질문에도 세심하게 답해 주고 보살펴 준다. 거기다 나이 많은 남편 또한 젊은 아내를 통해 잃어버린 젊음을 되찾을 수 있기 때문에 천생연분이라 할 수 있다. 콧대 중간 부분에 마디가 진 여성은 이혼할 확률이 높기 때문에 늦게 결혼하거나 자신보다 나이가 많은 남자나 이혼 경력이 있는 남자와 결혼하는 것이 좋다. 앞에서 얼굴이 둥근 사람은 상대에게 잘 맞춰 주는 성격이라고 했다. 실제로 둥근 얼굴형은 대체로 코가 좀 작고 가는 편이다. 그래서 옛날 어른들은 좋은 며느릿감으로 콧대가 조금 낮은 여자를 선호했다. 콧대가 높은 여자는 시부모나 남편에 대한 순종미가 부족하고, 자아가 강하여 주변(특히 집안 내) 형성이 어렵고 음식 솜씨가 없다고 여겼기 때문이다. 콧대가 낮은 여성의 양보심과 배려심은 강한 모성애로 승화되어 자녀에게 쏟는 애정도 남다르다.

턱관절이 넓으면 남녀를 막론하고 성격이 강하고 열악한 환경에서도 생존 능력이 강하다. 그러나 부부가 둘 다 이런 턱을 가졌을 경우 충돌을 피하기 어렵다. 턱관절이 큰 사람은 작은 사람과 만나야 매사를 주도적으로 일을 처리할 수 있기 때문에 어울린다.

입은 말년의 운을 나타낸다. 입이 큰 사람은 담대하지만 입이 작은 사람은 소심하다. 입이 큰 사람은 매사를 주도적으로 나서길 좋아하고 부끄럼을 타지 않고 낯선 환경에서도 사람을 쉽게 사귄다. 입이 작은 사람은 그 반대이다. 생각한 일을 늘 마음속에 담아 두고 속이 좁다. 그래서 입이 큰 주동성은 입이 작은 피동성과 궁합이 맞다. 그 다음으론 입의 크기나 두께가 비슷한 사람끼리 만나는 것도 좋다. 단 윗입술이 지나치게 얇은 사람은 칼귀와 마찬가지로 매정한 사람이다.

입이 큰 여자는 코가 작은 남자를 만나는 것도 좋다. 만약 부부 두 사람 모두 입이 크거나 코가 크면 결혼생활이 순탄치가 않다. 명예나 이익으로 다투고 성격상 서로 양보하지 않는다.

여성의 발제(髮際, 이마와 머리카락 경계선)가 가지런하지 못하거나 발제 부분이 낮으면(이마 위아래가 좁으면) 대부분은 부모와의 인연이 없어 어려서부터 부모의 사랑을 받지 못했기 때문에 아버지의 역할을 해 줄 수 있는 배우자를 원한다. 일반적으로 세 살 정도 차이 나는 배우자를 만나게 되면 여성은 상대가 관심을 갖지 않는다고 느끼기 때문에 결혼생활을 유지하기가 어렵다. 나이 차이가 많이 나는 배우자라야 이해하고 참을 수 있다. 남녀를 막론하고 일반적으로 키가 좀 크고 마른 사람은 좀 통통하고 자신보다 키가 좀 작은 사람을 선호한다. 그것은 보상 심리 때문이다.

관상으로 배우자의 외모를 판단할 수도 있다. 어떤 관상가는 귀의 형태를 보고 배우자의 얼굴 형태를 알아맞히기도 한다. 황인黃寅은 『관상으로 배우자의 외모를 판단하다從面相斷配偶相貌』라는 책에서 주로 눈썹의 형태로써 배우자의 외모를 판단하였다.

• 눈썹머리가 좁고 눈썹꼬리가 넓으면 배우자의 얼굴은 유由자형이다.

- 눈썹머리가 넓고 눈썹꼬리가 좁으면 배우자의 얼굴은 갑甲자형이다.
- 간문이 풍만하고 눈썹과 눈이 조화를 이루면 본인이 아름답다고 느끼는 여자를 배우자로 만난다.
- 간문이 움푹 들어가고 눈썹과 눈이 조화를 이루지 못하면(눈썹이 크고 눈이 작고, 눈이 크고 눈썹이 작고, 눈썹이 눈을 누르는 형상) 본인이 못생겼다고 생각하는 여자를 배우자로 만난다.
- 눈썹과 눈의 폭이 비슷하면 부부 양쪽은 모두 뚱뚱하고 야윈 정도가 비슷하다.
- 눈썹의 폭이 눈의 폭보다 좁으면 배우자의 얼굴형은 좁다.
- 코가 지나치게 높고 크면 배우자는 마르고 작은 얼굴형이다.
- 준두가 처지고(매부리코와 비슷) 뾰족하면 배우자는 틀림없이 마른 얼굴형이다.
- 눈썹이 눈보다 길면 그 배우자는 얼굴이 긴 사람이고, 눈썹이 눈보다 짧으면 그 배우자의 얼굴형은 짧다.

7. 성격과 운명

『유장상법柳莊相法』에서는 다른 관상서와 달리 여성과 어린아이의 관상법을 다루었다. 상권 앞부분에서 아이를 잉태했을 때의 부녀자의 관상이나 영아의 관상을 언급하고 있는데, 그 가운데 "3세에 80세가 정해진다. 3세가 되면 더 이상 젖을 먹지 않는다. 오관(눈, 코, 입, 귀, 눈썹) · 육부(양 이마, 양 광대뼈, 양 턱) · 삼정(상정, 중정, 하정)과 골격을 보면 그 성정이 현명한지 어리석은지가 보인다[三歲定八十。此言三歲已不食乳也, 看五官六府三停骨骼, 定性情賢愚。]"라는 문구가 나온다. 여기서 '三歲定八十'은 우리말 속담 '세 살 버릇 여든까지 간다'와도 일치한다. 또한 중국인들은 "강산은 쉽게 변해도 본성은 변하기 어렵다[江山易改, 本性難移。]"라는 말을 일상생활에서 자주 한다. 순자荀子도 「성악편性惡篇」에서 "사람의 본성이란 자연적으로 형성된 천부적인 것이다. 배워서 되는 것이 아니며, 노력한다고 되는 것도 아니다[凡性者, 天之就也, 不可學, 不可事。]"라고 말했다.

결국은 자신의 성격이 운명을 결정한다고 본다. 정신분석학에서도 "태어나서 다섯 살 안에 생김새가 결정된다(구조화된다). 그 이후에는 생김새를 바꿀 수 없다"라고 말한다. 따라서 정신분석 치료에서는 생김새를 바꾸는 것이 아니라 생김새를 알고 생긴 대로(있는 그대로) 인정하는 것을 목표로 한다. 이것은 고대 그리스의 유명한 잠언으로(이후 소크라테스의 말이 된), 델포이의 아폴론 신전 입구 현판에 새겨진 '너 자신을 알라'와도 일치한다. 왜 운명을 알려고 하느냐. 너 자신을 알아야지! 그런데 사람들은 자신의 생김새를 안다 해도 인정하지 않는다. 남에게 '너는 그릇이 작다', '너는 머리가 나쁘다'라는 말을 들어도 받아들이지 않는다. 생긴 대로 살아가기 위해서는 이 말을 인정해야 한다. 운명을 알려고 하지 말고 자신의 생김새(구조)를 알아야 한다. 그러면 운명은 저절로 보인다.

관상에서는 오관 중에서 눈이 차지하는 비중이 50%로 가장 크다고 본다. 하지만 이에 못지않게 코 또한 그 비중이 크다. 코가 지배하는 나이는 41∼50세까지 10년간이다. 코는 재물, 건강, 의지, 배우자, 자존감 등을 나타내지만 재물운의 비중이 가장 크다. 그래서 관상에서는 안면 12궁 중에서 코 부위를 재백궁財帛宮이라 칭한다. '귀 잘생긴 거지는 있어도 코 잘생긴 거지는 없다'라는 속담이 말해 주듯 코가 빈약한 사람은 다른 부위가 잘생겨도 절대 사업을 해서는 안 된다(가게나 작은 규모의 사업은 가능하지만). 하지만 사업에 실패해도 단지 운이 나빠서 그렇다면서 포기하지 않는 사람들을 주변에서 많이 본다. 또한 코가 잘생겨도 코 아래 부분에서 턱까지가 빈약한 사람은 50세 이후에는 사업을 확장하기보다는 축소하거나 수성守成해야 한다. 사업이 망하는 것은 자기 자신을 객관적으로 파악하지 못했기 때문이다. 관상을 보러

가는 사람은 자신의 길흉화복이 궁금해서 찾아가지만 이보다는 '어떻게 살아야 하는지'를 물어야 할 것이다. 자신을 정확하게 알고 나면 미래의 길흉과 재운은 의미가 없어진다.

한 사람의 운명은 그 사람의 성격과 밀접한 상관관계가 있다. 혜강(嵇康, 223~262)은 삼국시대 죽림칠현竹林七賢의 한 사람으로, 타고난 기재奇材였다. 그러나 그의 성격은 제도나 형식에 얽매이는 것을 싫어하고 '노장老莊'의 학설을 선호했으며, 강직하고 사납고 고집스러웠다. 중산대부中散大夫를 지내다 정계에서 은퇴해 시골에 은거해 있던 혜강은 어느 날, 친한 친구인 산도(山濤, 죽림칠현의 한 사람. 자는 거원)에게 편지 한 통을 받는다. 편지에는 권력자와 충돌을 일삼지 말고 남보다 잘났다는 교만한 마음과 강하고 불 같은 성질을 버리고 조정에 돌아와 관직 생활을 하라는 권유가 적혀 있었다. 편지를 읽은 혜강은 벼락 같이 화를 내며 '산거원과의 절교서與山巨源絶交書'라는 편지 한 통을 썼다. 편지에는 부패한 왕조를 무너뜨렸던 상나라의 탕왕과 주나라의 무왕을 부정하고 주나라의 예와 공자를 경멸하는 대목[非湯武而薄周孔]이 들어 있었다. 이것은 국가의 기강을 부정하는 것으로 큰 화를 당할 수도 있었다. 또한 산도에게는 관직에 오르도록 억지로 강요한다면 자신과는 철천지원수가 될 것이라고 못박았다. 그 편지를 읽어 본 혜강의 친구가 크게 놀라며 걱정하자 혜강은 웃으며 말했다. "아무런 성깔도 없이 장수하는 사람이 되기보다는 화끈한 성격으로 살다가 요절하는 것이 낫네." 과연 그의 예상대로 혜강의 편지가 산도를 통해 조정에 전해진 후, 혜강은 262년에 40세의 나이로 "교만 방자하여 세상을 멸시하고 사회를 혼란시켰으며 백성을 현혹한다"라는 죄명으로 사마소(司馬昭, 삼국시대 위나라의 대신이었던 사마의의 둘째 아들)에 의해 참수되었다.

흔히 사람의 성격은 변할 수 있다고들 말하지만 실은 말처럼 변하기가 쉽지 않다. 송나라와 명나라의 이학자들은 근 600년 동안 기질을 변화시키기 위해 노력했지만 결국 "우리가 변화시킬 수 있는 것은 다만 기질에 관련된 부수적인 문제 몇 가지일 뿐 기질 자체를 완전히 변화시킬 수 없다"라고 탄식할 수밖에 없었다. 그만큼 생김새를 변화시킨다는 것은 불가능하다는 것을 말한다. 그렇다면 생김새(본성) 앞에서 우리가 할 수 있는 일은 무엇인가? 생김새를 알고 나서 그것을 바꾸려고 하거나 한탄하지 말고 있는 그대로 인정하고, 그 바탕 위에서 자기 나름의 인생을 설계하는 것이다. 관상학적 설명을 덧붙이자면, 우리의 후천적 운명은 본인이 가지고 있는 선천적 숙명의 정보를 정확히 인지했을 때 그 쓰임에 맞는 후천적 운명의 정보를 잘 사용할 수 있게 된다.

한편 19세기 미국의 유명한 골상학자 사무엘 웰스Samuel R. Wells(1820~1875)는 자신의 저서에서 다음과 같이 피력했다.[1]

한 개인의 얼굴상이 그 사람의 느낌이나 행위를 결정하고 이로 인해 그 사람 자체를 결정해 버린다. 그러나 사람은 또한 자신의 생각과 감정과 행동을 이끌고 통제할 수 있다. 그래서 어느 정도

---

1 馬誠 편역, 『관상학觀相學』(2010, 北京燕山出版社)(New Physiognomy or Signs of Character as Manifested Through Temperament and External Forms and Especially in the Human Face Divine, 1872)

는 매력이나 태도의 도움을 받아 자신을 변화시킬 수 있고, 사람들이 바라는 모습으로 변화시킬 수 있다. 사람들마다 절제와 무절제, 선함과 악함, 희망과 의기소침, 의로움과 이기심, 신념과 회의가 있을 수 있다. 결국은 어떤 사람이 되고자 하는 것을 자유로이 선택할 수 있다.

8. 미련眉連과 다산의 제자들

정민이 쓴 『다산의 재발견』에는 다음과 같은 내용이 나온다.

다산 정약용은 귀양지 강진에서 훗날 다산학단茶山學團으로 일컬어지는 제자들을 양성하고, 500권에 달하는 방대한 저술을 제자들과 함께 완성하였다. 학술사에서 불가사의로 일컬어지는 놀라운 성과는 제자들의 헌신적 뒷받침 없이는 불가능했다. 다산은 귀양지 정착 초기 형인 정약전에게 보낸 편지에서 제자들에 대해 "양미간에 잡털이 무성하고, 온몸에 뒤집어 쓴 것은 온통 쇠잔한 기운뿐이며, 발을 묶어 놓은 꿩과 같아 쪼아 먹으라고 권해도 쪼지 않고, 머리를 눌러 억지로 곡식 낟알에 대 주어서 주둥이와 낟알이 서로 닿게 해 주어도 끝내 쪼지 못하는 자들"이라고까지 말했다. 그럼에도 불구하고 다산은 이들을 단기간에 조선 학술사에서 유례를 찾기 어려운 놀라운 학술 집단으로 변모시켰다.

인당에 잔눈썹이 난 사람에 대한 관상학적 해석은 다음과 같다.

28세가 넘어야 좋은 운으로 돌아선다. 그릇이 작다. 조상의 음덕이 없다. 눈썹과 눈썹 간의 거리(인당)가 좁을수록 집착성이 강하다. 양 눈썹이 붙은 형상만큼은 아니지만 고민을 잘 떨쳐 버리지 못한다. 사소한 일이나 사소한 원칙에 얽매여 잘 벗어나지 못한다. 집에서도 어떤 사소한 물건이라도 제자리에 놓여 있어야지 흐트러져 있으면 안 된다. 인당이 좁은 사람은 소견이 좁은 대신 섬세한 면이 있다.

양 눈썹 사이에 잔털이 많을 경우(눈썹이 인당을 침범한 형상) 일반적으로 '그릇이 작은(속이 좁은)' 사람으로 보지만 실은 다소 집착하는 성격으로 보는 것이 옳다. 업무상의 실패를 마음속에 담아두거나 낮에 회사에서 있었던 안 좋은 일을 집에까지 가져가는 성격 때문에 그렇게 보이는데, 그 이면에는 장점이 존재하고 있다. 다산의 제자들은 미련하지만, 오히려 집착과 끈기가 있었기 때문에, 그리고 다른 길(관직)에 눈을 돌리지 않았기 때문에 끝까지 다산의 저술 작업을 분담하여 도울 수 있었다. 이런 눈썹의 사람은 인도, 중동, 남유럽 쪽에서 흔히 볼 수 있으며, 다소 집착하는 성격이거나 강렬한 종교적 신앙을 가지고 있다. 그러나 형제 간의 감정에는 영향을 미치지 않고, 연인 간의 감정에도 그다지 큰 영향을 미치지 않는다. 인도의 젊은이들이 IT기술에 강점을 가진 이유도 이 눈썹이 가진 특성과 무관하지 않다고 본다.

멕시코의 초현실주의 화가 프리다 칼로Frida Kahlo가 남편 디에고 리베라와 이혼 1년 만에 재결합한 직후 그린 '땋은 머리의 자화상'을 보면 양 눈썹이 붙어 있다. 그녀는 유년기에 소아마비를 앓았고, 18세 때 교통사고로 크게 다친 뒤 수술을 32회나 받았으며, 47세에 고통스런 삶을 마감하였다. 그녀만큼 자기 자신만의 독창적인 세계를 그려낸 화가는 세계 미술사에서 전례를 찾기 어렵다.

프리다 칼로의 자화상 (1941). 베르겔재단 제공/ 조선일보 2015. 6.19

다산은 복사뼈에 구멍이 세 번이 나도록 공부한 대학자로, 귀양살이에서 500권의 방대한 저서를 남겼다. 다음은 다산에 대한 평가이다.

풍병이 뿌리깊어 입가에 침이 흐르고 … 고요히 앉아 마음을 맑게 하려 하면 세간의 잡념이 천 갈래 만 갈래로 어지러워 갈피를 잡을 수가 없습니다. 그래서 마음 다스리는 공부가 저술보다 더 어렵습니다. - 귀양지에서 다산이 형에게 보낸 편지

다산은 따지기 좋아하는 학자였다. 정약전도 다산의 꼼꼼한 성격에 대해 "내 아우가 달리 흠 잡을 데가 없지만 그릇이 작은 게 흠이다"라고 말했다.

다산은 부당한 일에 대해서는 윗사람이라도 타협하지 않았다. 강한 의지와 타협 않는 불 같은 성격, 따지고 비판하는 성격, 고지식한 원리원칙주의 등의 성격 특징은 모두 살이 적고 돌출된 관골에서 나타난다. 코가 길고 코끝이 처지면 주관과 집념, 집착이 강하고 방법을 찾아내는 능력이 뛰어나다.

다산 정약용의 초상

9. 동서양 관상법 비교

『세설신어世說新語』[1]에 다음과 같은 기록이 나온다.

"강승연康僧淵은 눈이 깊고 코가 높구먼." 재상宰相이 이같이 놀려 대자 강승연이 답했다. "코는 얼굴의 산이요, 눈은 얼굴의 연못이라. 산이 높지 않으면 영험하지 않고 연못이 깊지 않으면 맑지가 않습니다."

이 대화는 재상 왕도王導가 친한 사이인 강승연과 농담을 주고받는 내용이다. 강승연은 서역(西域, 중앙아시아 지역) 출신의 고승이기 때문에 서양인의 외모를 지녔다.

얼굴에서 불룩하게 나온 부위 코, 이마, 턱, 양쪽 관골을 오악(五嶽, 다섯 개의 큰 산)이라 한다. 이 오악 중에서 중앙에 있는 코는

---

1 후한後漢 말에서 동진東晉 말까지 약 200년간 실존했던 제왕과 고관 귀족을 비롯하여 문인 · 학자 · 현자 · 스님 · 부녀자 등 700여 명에 달하는 인물들의 독특한 언행과 일화 1,130조를 주제별로 수록해 놓은 이야기 모음집.

주인이기 때문에 다른 사악四嶽보다 높고 위세가 있어야 한다. 주변 사악이 주인인 코를 누르는 형세면 주인이 휘둘리게 된다.

심목고비深目高鼻 형태의 신라시대 서역인 상

"클레오파트라의 코가 조금만 낮았어도 세계의 역사는 바뀌었을 것이다"라는 말도 있듯이, 코는 얼굴에서 중요한 부분이다. 코는 41~50세까지의 10년간의 운을 지배한다. 그래서 세계의 역사까지는 아니어도 개인의 역사는 바꿀 수 있는 것이 코다. 동양인 중에는 코를 높이고 싶어 하는 사람이 많다. 성형외과에서 가장 인기가 많은 것도 쌍꺼풀과 코를 높이는 수술이다. 반면에 서양인은 코를 낮추고 싶어 한다. 특히 유난히 높은 코는 '유태인 코'라 불리며 남녀 모두에게 인기가 없다. 이는 연극 '시라노 드 베르주락'의 예에도 나온다. 17세기 프랑스를 배경으로 한 연극의 주인공 시라노는 당대 최고의 시인이자 음악가이며 검술사이지만 기형적인 큰 코 때문에 사랑하는 여인에게 다가가지 못하고 좌절하고 만다. 이처럼 서양에서는 흉한 얼굴과 큰 코를 연결 지어 생각하기도 한다.

서양의 관상은 성격 분석이 중심을 이루지만 동양의 관상은 성격 분석 외에도 길흉화복과 관련한 운명론을 많이 다룬다. 오관 중 코의 경우 서양 관상에서는 성격 해석만 있고 재물운에 대한 해석은 없다. 그러나 동양 관상에서 코는 성격 해석 외에도 사업, 관계, 건강, 복록福祿 등을 본다. 그중에서도 재물운을 가장 중요시한다. 또한 서양에서는 오관을 형태에 따라 분류하기도 하지만 성격에 따라 그에 맞는 형태를 분류하기도 한다. 생각이 많은 코, 묻길 좋아하는 코, 방어적인 코, 호전적인 코, 화를 잘 내는 코 등으로 분류하여 여기에 맞는 코의 형태를 대입한다. 입도 우정, 손님 접대, 애정, 질투, 인정받고 싶은 욕구, 단호함과 자중, 여행, 가족사랑 등의 성격 중심으로 먼저 분류하고 여기에 맞는 입술의 형태(길이, 두터움 등)를 제시한다.

리처드 니스벳Richard E. Nisbett이 쓴 『생각의 지도』는 동양인과 서양인 사이에 존재하는 사고의 차이에 대해 쓴 책이다. 이는 세상을 지각하는 방법에서 동서양이 차이가 있음을 말한다. 본문의 내용 중에서 교과서의 서술 방식에 대해 동서양의 차이를 언급한 텍스트를 보자.

1930년대 미국의 초등학교 교과서에는 「딕과 제인」이라는 이야기가 실려 있는데 다음과 같이 묘사하고 있다. "딕이 뛰는 것을 보아라. 딕이 노는 것을 보아라. 딕이 뛰면서 노는 것을 보아라." 한 독립된 개체로서의 개인의 행위를 묘사하고 있는 이 문장들은 서양의 개인주의적인 관점을 잘 드러내고 있다. 반면에 똑같이 한 남자아이의 행동을 묘사하고 있음에도 불구하고 중국의 초등학교 교과서는 사뭇 다른 내용을 담고 있다. "형이 어린 동생을 돌보고 있구나. 형은 어린 동생을 사랑해. 그리고 동생도 형을 사랑한단다." 이 문장들은 독립된 개인의 개별 행위가 아닌 개인과 주변 인물 간의 관계를 부각시키고 있다.

동서양의 생각 차이를 언급한 이 책의 내용은 동서양의 얼굴 분석 방법의 차이에도 적용해 볼 수 있다.

동양은 전체를 종합하는 반면 서양은 나누어 분석하는 경향을 보인다.

동양은 얼굴의 한 부위를 분석할 적에도 그 부위 자체에 대한 분석뿐만 아니라 얼굴의 다른 부위와의 관계에서 종합적으로 이를 설명하고 있다. 그래서 눈썹과 눈의 관계, 코와 관골의 관계를 임금과 신하의 관계로 묘사하거나 나와 주변 사람과의 관계로 묘사하기도 한다. 코만 발달하면 고봉孤峰의 형태라 좋지 않고 관골이 잘 받쳐 주어야 좋은 상으로 본다. 그래서 동양 관상에서는 얼굴 분석에서 늘 얼굴의 한 부위만을 보고 판단하지 말라는 '상부독론相不獨論'을 강조한다. 그러나 서양은 눈이면 눈, 코면 코 식으로 개별 사물을 맥락에서 떼어내어 분석한다.

동양은 경험을 중시하고 서양은 논리를 중시한다.

동양은 관상가 개인의 경험과 직관을 중시한다. 그래서 관상가마다 견해가 일치하지 않는 부분도 있다. 서양은 수치를 계량화하고 왜 그렇게 설명되는지에 대한 논거를 제시하려고 노력한다. 동양은 "둥근 주걱턱인 자는 심장이 튼튼하다"라는 설명만으로 끝을 낸다. 그러나 서양 관상에서는 "심장의 신경 말초는 아래턱까지 이어져 있다. 즉 인체의 신경망은 심장 부근에서 시작해서 근육을 통해 아래턱까지 분산된다"와 같이 설명한다. 서양의 관상학이 의학과 심리학에 많은 영향을 끼친 것과 무관하지 않다. 두상頭相을 연구한 골상학骨相學은 해부학에 영향을 미쳤다. 큰 코와 작은 코의 구분도 코이 폭과 길이를 정확한 수치로 재서 판단한다.

동양의 가족중심주의와 서양의 개인주의

동양이 가족 중심의 삶을 추구한다면 서양은 개인주의 성향이 강하다. 동양 관상에서 전택궁田宅宮은 부모의 유산이나 부동산운을 보는 곳이다. 그런데 서양 관상에서는 이 부위에 대한 관상 해석이 없다. 서양 사람, 특히 미국인들 대부분은 눈썹과 눈의 거리가 좁다. 이들은 아주 현실적이고 감성보다 이성을 더 중시한다. 친척 간에도 정이 옅어 왕래가 드물다.

동양 관상에서 턱은 말년운으로, 건강과 자식운과 부동산운을 포함한다. 반면에 서양 관상에서는 동양 관상보다 더 자세하게 턱의 형태를 분류하고 이에 해당하는 성격 특징을 해석하지만 자식운과 부동산운에 대한 해석은 없다.

10. 남인북상南人北相 · 북인남상北人南相

남인북상南人北相 · 북인남상北人南相은 관상에서 특수한 격국格局이다. 남방인들은 지각地閣이 대체로 빈약하기 때문에 이마를 중시한다. 남방인들이 지각이 잘생긴 것을 '남인북상'의 특수한 격국이라 한다. 중년과 말년이 좋다. 리덩후이李登輝 전 대만 총통의 턱이 이에 해당한다. 그는 객가인客家人 출신이지만 턱이 길고 견실하다. 북방인들은 이마가 대체로 안 좋기 때문에 턱을 중시한다. 북방인이 이마가 잘생긴 것을 '북인남상'의 특수한 격국이라 하며, 귀한 상이다. 린궈슝은 『掌相精悴』에서 남방인이든 북방인이든 턱이 못생겼다면 말년이 좋지 않다고 했다.

이마는 주로 생각을 보는 곳이다. 이마가 잘생겼다는 것은 생각이 적극적이고 주도면밀함을 의미하고, 이마가 못생겼다는 것은 생각이 세밀하지 못함을 의미한다. 지각은 주로 행동을 보는 곳이다. 지각이 잘생겼다는 것은 행동이 적극적임을 의미한다. 아래턱 둘레 전체와 지각이 다 잘생겼다면 생각과 행동이 모두 뛰어나다는 것을 의미한다.

남방 사람은 이마가 넓고 인당이 넓은 것이 특징이다. 코는 콧

남방인. 성도成都의 차 전문 매장 직원　　北방인. 장춘시 택시 기사

등이 낮기 때문에 재운은 준두와 콧방울을 보고 판단해야 한다. 인당이 넓다 보니 남녀관계가 개방적이고, 속이 좁지 않다. 또한 이마가 넓다 보니 북방 사람보다 이혼율이 높다. 북방인은 남성적 권위주의大男子主義가 강하다.

제 4 장

관상평 觀相評

1. 관상평 자료 소개

중국, 홍콩, 대만에서 실제 얼굴 분석 사례만을 전편全篇에 수록한 책으로는 다음과 같은 것이 있다.

林眞, 『林眞面相學 ─ 實例篇』(출판년도 미상, 樹勳出版社)
蕭湘居士, 『大富大貴相譜』(2012, 進源書局)
林眞, 『喩氏相徵新解』(下卷)(1996, 林眞顧問有限公司)

다음의 저서들은 관상학적 얼굴 분석 사례 외에도 본인의 관상 경험을 직접 서술한 책들이다. 특히 빠이허밍白鶴鳴과 진후거사金湖居士의 저서에서는 관상을 보러 온 손님과 관상가의 문답 형식으로 얼굴 분석을 다루었다. 이 책을 통해 얼굴 분석뿐만 아니라 관상가가 내담자와 어떻게 대화를 주고받는지, 그리고 관상가가 어떠한 순서로 운명을 감정하는지를 배울 수 있다. 진후거사가 지은 두 권의 책에서는 손금과 관상을 병행해서 운세를 판단하는 방법을 적었다.

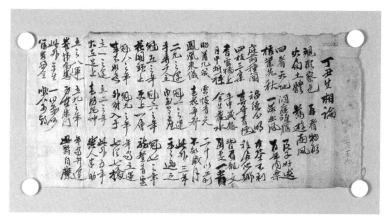

관상평. 정축생 논상丁丑生論相. 전북대 고문서 자료. 가로 24, 세로 52. 공공누리

白鶴鳴, 『原來面相咁簡單』(2000, 鶴鳴文化出版社)

白鶴鳴, 『教你看相快而準』(2012, 鶴鳴文化出版社)

金湖居士, 『在榕樹頭看相的那些年』(2015, 聚賢館文化有限公司)

金湖居士, 『把榕樹頭掌相帶進課程』(2016, 聚賢館文化有限公司)

그 밖의 책에서는 전편全篇에서 일부분만 할애해 얼굴 분석을 다루었다.

阮呂仁傑 · 晨曦居士, 『晨曦面相學』(1999, 武陵出版有限公司. 제11장, 기업인 실례 분석, 427~445쪽)

黃友輔, 『從人相看榮華富貴』(2005, 武陵出版有限公司. 제3편, 인물편, 159~221쪽)

黃家騁, 『東方人相與女相』(2012, 大元書局. 제9장, 中國人相學擧例, 201~259쪽)

林國雄, 『掌相精悴』(上卷)(2013, 圓方出版社. '實例篇', 226~245쪽)

李英才,『額耳玄機』(2012, 圓方出版社. 제10장, '課堂實錄', 324~371쪽)

李英才,『看面相辨淫邪』(2011, 圓方出版社. 제9장, '富貴淫邪實例', 251~297쪽)

李英才,『千眉譜』(2013, 圓方出版社. 제4장, '課堂實錄', 298~342쪽)

黃家騁,『東方人相與女相』(2012, 大元書局. 제9장, '中國人相學擧例', 199~259쪽)

지금은 사람들의 평균 수명이 과거에 비해 늘어났지만 위의 책에서 언급한 관상법을 보면 철저하게 고대의 유년법에 따라 해당 연도의 운세를 판단함을 확인할 수 있다. 세월이 흘러도 경험상 관상가들은 이 유년법의 적중률이 높다고 본 것이다.

관상평을 실은 국내의 저작물은 독자들이 구입해서 볼 수 있기에 여기서는 싣지 않았다.『실생활實生活』(1934년 12월, 獎産社) 잡지에 실린 강남월姜南月의 관상평만 사료적 가치 때문에 실었다. 국내 저자의 관상평과 번역서는 다음 책들을 참고하기 바란다. 중국의 관상평과 비교해 볼 수도 있다.

김현남,『김현남의 횡설수설 관상학』(2013, 하늘북. 제4장~제6장, 192~291쪽)

노상진,『돈 많은 얼굴, 건강한 얼굴』(2010, 포커스신문사)

주선희,『얼굴 경영』(2005, 동아일보사)

주선희 · 진세훈,『얼굴 읽어주는 여자, 인상 바꿔주는 남자』(2013, 오픈하우스)

石本有孚/김영주 역,『인상학대전』(2007, 동학사. 도요토미 히데요시 외 3인의 얼굴 분석, 278~283쪽)

2. 강남월姜南月의 관상평

　관상가(相師) 三超 姜南月은 잡지 『실생활實生活』(1934년 12월, 獎産社)의 '趣味講座'란에 '觀相學上으로본人物評 : 不隅一貫의 文人 金春溪氏를 例로'(28~29쪽)란 제목으로 글을 실었다. 그 내용은 다음과 같다. 맞춤법과 띄어쓰기는 원문 그대로 실었다.

　…… 내가 이제例評하랴는人物은金春溪氏……이분은 朝鮮操觚에서 評判이藉藉한양반이지만 人相의 되음되음도 퍽 興味잇는人物로 보여지며 그리고 또한 實用的人物로 보녀진다. 첫번인사에 나히를뭇기가失禮일듯하야 「아마 年歲가한三十左右쯤되여보이는데 體格이 퍽 壯大하심니다」하고 슬적 한번 무럿더니 亦是 對答이 「네 그가량됩니다」하고는 더말이업고 자조자조내얼굴을 엿본다. 이제 내눈에빗이인대로 그의 相評을大略적어보면 이러하다. 그의人物은 能動的이고 理智的이면서도 感情이 如干弱하지 안아서 아지못할 그무슨 哀愁의실마리가 兩眉間에隱隱이 表示된다. 神境이 너무銳敏하야 무슨일을當할때에 躊躇未斷할憂慮가 잇으나 그反面에勤實沈着性이있어 大事를믿고맛길만한信任的

강남월, 관상학의 관상평, 국립중앙도서관

典型이다。입을담으리고 말이없을때는 퍽疑問의 人物로보기쉬우
나 其實은 그와正反對의 人物이다。輪城에결함이있고 天庭에潤
光이없음을보아 父母의世業이없슬수고 日月角이不稱하고 陰陽
의却氣를보아 아버지를먼저여일수며 兩眉端의不順됨은 兄弟가
없을證據이니 獨身의格이되기쉽고 魚尾가下垂함 妻宮亦是 痛
酸할징조니 生離死別間 벌서 荊園의亂風을지냈을것이다。未安
한말이나 적어도 장가를 세번은가야겟소이다。그리고 子宮은二
子終孝할게고 兼하야 有用한貴子를둘테니 앞으로 或未盡한사업
은 二世國民으로 讓渡하시오(幷談)。二十以前은 別로말할資料가
없으나 二十으로三十까지는 如干複雜한運命이안이다。二十二、
二十五、二十七이때가 모다 不利한 波瀾이있을수이니 만일 二十
부터 三十까지를 流年의方式으로 評文을쓰자면 四十페지以上이

될듯하다。 이다음날 좋은바람이불어서 傳記를쓰게되거든 餘白
에或 記入하여봅시다。(實踐的言辭를좋아하고 弄談을不肯하는 天
性의所有인듯한데 弄談이많음을 容恕하오)何如튼 二十으로三十까
지는 不遇一貫한 金春溪란 形容詞를부친다면 張皇한語弊를덜듯
하다。然中二十九、三十兩年만은 寸功을加收하야 身爲僥倖이될
듯하고 三十一二에는 家庭에變動이있을수고 三十三四는 옛날塞
翁의得失이 있을듯하니 守靜修身이可하고 三十五六은 官厄을操
心해야할것이다。이 이거 一生을이렇게써나가다가는 本紙面을
나혼자「貸切」하게될염려가있으니 아조簡單하게 記錄하기로 하
자— 四十以前은 文筆業或은 俸給의生涯로 繼續이고 四十으로
五十까지 十年間은 企業方面으로出身하야 富의 範圍를 擴張하고
五十以後부터는 鵬圖의 步武를 밟으리로다。自古로 成功은 晚成
하는法이니 發運의晚함을恨하지말고 自重隱忍하오。「가나안」福
地를가려구 四十年間을 曠野에서 彷徨튼 「모세」가잇지않은가 한
데 내가 이무스說敎를하는셈인가?남의 相評에 相評은 쥐꼬리만
치쓰고 웬 雜談이 이리긴야 다름안이다 年年의 評運을써나가자
면 첫째 紙面關係도있고 둘째는 이글을읽는讀者中에는 떡도없는
굿구경에 하품만날테니 仔細한말은 後日氏를대하야 달니써줄셈
잡고 一言의 結詞를지으면 初平、中亂、末安이란三語로 總括하
여버리고 壽限을말하면 百歲光陰이 七十에餘年— 觀相이야기를
趣味的으로쓴다는것이 春溪氏의相評이더많게되어讀者에게未安
하다。그러나百聞이不如一見이요 또한朝鮮文壇에서 일흠잇는氏
의 運命判斷을公開하는것도 無趣味한일은안니겟다끝으로 擧例
公開를快諾하신春溪氏에게感謝와 未安한 말삼을함께드리는바이
다。三超姜南月謹多謝妄評

3. 증상경상명서曾尚卿相命书

이 자료는 민국民国 시기 관상가 증상경曾尚卿이 한 여성 내담자를 위해 써 준 관상평 내용이다. 먼저 그의 일생과 가족들을 총론總論하고 그 다음에는 39세부터 51세까지의 매년 매월의 길흉화복 운세와 수명을 적었다. 먼저 한 해의 운세를 말하고 그다음 열두 달의 운세를 달별로 적었다. 이 관상평은 필사본으로 분량이 총 11장이다.[1]

이 글 중에서 총론 부분과 48세와 51세의 운세 풀이 내용과 번역문은 다음과 같다.

얼굴 상相은 금金과 수水가 상생하는 격이라. 금의 성질은 단단하고 뭉쳐 있고, 수의 성질은 급박急迫하다. 이런 까닭으로 사람됨의 성격이 강직하고 일하는 것이 늘 부지런하고 풍채가 정대正大하고 행동거지가 단정하다. 그래서 집안일을 잘 유지하여 흐트러짐이

---

1 이 관상평에서는 한해 달별 운세까지 자세히 설명하고 있다. 관상도 공부를 많이 하면 사주명리처럼 세밀한 해석이 가능하다는 점을 보여 준다. 하지만 적중률이 어느 정도인지, 그리고 관상가가 내담자의 사주를 참조했는지 안 했는지를 판단하기는 어렵다.

없고 (유가의) 4가지 덕(德 · 言 · 容 · 功)을 갖추어 부끄럼이 없다. 부모를 논하자면, 부모 중에 어머니가 몸이 좋지 않다. 자매를 논하자면, 두 명뿐일 것 같다. 배우자를 논하자면, 코끝이 가지런하고 평평하니 응당 어진 사람을 배우자로 얻을 것이며, 남편을 도와 발복發福할 것이다. 자식을 논하자면, 누당淚堂이 풍만하니 두 아들이 대과급제大科及第하고 영광스러운 자식이 집안을 일으킬 것이다. 다만 치아가 조금 나온 것이 꺼림칙하니 자식궁을 논하자면 (자식이) 많지만 병들고 죽는 자가 있을 것이다. 수명에 있어서는 비록 입술이 오므라들고 치아가 드러난 것이 장수長壽의 징표는 아니지만 덕을 쌓으면 수명을 연장할 수 있고 최선을 다하면 스스로 명을 세울 수 있다. 어찌 나이 50의 수명으로 한계를 지울 수 있겠는가? 상을 추론하여 평함에 그 대강을 간략히 서술하였다. 팔계유년八卦流年은 별도로 아래에 논한다.

48세는 준두(코끝)의 운세에 해당한다. 중악(中嶽, 코)이 주관한다. 이 해는 모든 일이 마음먹은 대로 되고 만사가 형통하다. 이때는 산업이 번창하고 가정도 길상이니 족히 편안히 세월을 보낸다. 정월에는 모든 것이 순조롭다. 2월에는 쓸데없는 일에 끼지 않는 것이 좋다. 3, 4, 5월에는 모든 것이 순통하다. 6월에는 재물 손실에 주의하고 조심하는 것이 좋다. 7, 8, 9월은 모든 것이 순통하다. 10월에는 구설수를 조심하고 소인배에 대해서는 참는 것이 좋다. 11, 12월은 순통하다.

51세의 운은 인중의 위치에 해당하며 이는 수성(水星, 입)이 주관한다. 입술과 치아가 밖으로 드러나서는 안 되는 바, 수명이 여기

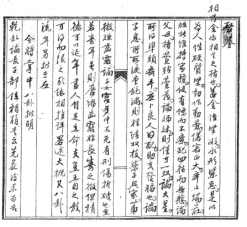

증상경이 여성 내담자를 위해 써 준 관상평

에 이르면 다시 한 번 건너뛰기가 어렵다. 이 해 겨울에 병을 얻어 죽는다. 두 아들이 장사를 지내 준다. 음덕의 도움이 있다면 이 기간을 넘길 수도 있겠지만, 수명이 육순에 끝난다. 해를 연장하여 수명을 더한다면[60세를 넘긴다면] 이는 복이 하늘에서 왔다고 보면 된다.

낙읍(樂邑)에서 증상경(曾尚卿)이 삼가 평함.

[원문]

啓鑒

相乃金水相生之格也。蓋金性堅凝, 水形緊急。是以為人性硬質堅, 動作勤勞, 儀容正大, 舉止端莊。故能維持家務, 使有條而不紊, 配四德而無愍。論父母, 椿萱[3]殘萱茂。論姊妹, 則僅可一雙。論夫星, 所得準頭齊平, 應卜良人得配, 助夫發福也。論子息, 所取淚堂飽滿, 則桂結

---

3 춘훤椿萱: 부모를 비유한 것이다. 아버지를 '춘정椿庭', 어머니를 '훤당萱堂'이라 한다.

雙枝[4], 榮子興家。第微嫌齒露, 論子女宮, 多中不免有刑傷 折破也。
至若壽年, 雖則唇縮齒露, 非長壽之徵, 但積德可以延年, 盡人自足立
命, 夫豈五旬之數可得而限之哉? 依相推評, 略述大槪, 其八卦流年, 別
批於左: …。

四十八歲行準頭位。中嶽主事。是年諸凡遂意。百事亨通。斯時産業榮
昌。家庭迪吉。足以安閒度日也。
正月諸凡順通。二月勿愛閒事吉。三月四月諸凡順通。五月諸凡順
通。六月防退財小心吉。七月八月諸凡順通。九月諸凡順通。十月防
口舌小人忍吉。十一月十二月諸凡順通。

五十一歲行人中位。交水星主事。所嫌唇齒帶露。壽數到此。恐妨一
跳。斯時多節得病駕鶴西歸。二子送終。若陰德幇扶。跳過此限。壽
卜六旬而終。可謂延年益壽。福自天申。
樂邑曾尚卿謹評

흔히 관상이 사주만큼 많이 사용되지 않는 이유가 배우기는 쉽
지만 운명 감정 실전에 적용하기가 어렵고, 사주만큼 운세를 자
세하게 볼 수 없기 때문이라고 한다. 그래서 시중의 역학자들은
운세를 볼 적에 사주명리를 가지고 보되 적중률을 높이기 위한
보완 차원에서 관상을 참고로 본다. 하지만 이것은 관상법의 연
구와 발전을 더디게 하는 요인이 된다. 그래서 필자는 주변의 권
유에도 불구하고 의도적으로 사주명리를 배우지 않고 있다.

---

4 계결상지桂結雙枝: 등과登科하여 공명을 얻다.

4. 린전林眞의 관상평

진陳 씨, 1947년 음력 2월 18일 오시吾時 출생

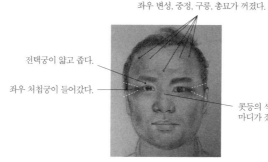

좌우 변성, 중정, 구릉, 총묘가 꺼졌다.

전택궁이 얇고 좁다.

좌우 처첩궁이 들어갔다.

콧등의 색이 어둡고
마디가 졌다.

　진씨의 이마 앞쪽은 아주 넓고 풍만하다. 그러나 이마 부위 몇이 많이 함몰되어 있으면 넓고 풍만한 앞이마의 장점은 없어진다. 바로 좌우의 변성邊城, 중정中正, 구릉丘陵, 총묘塚墓, 인당印堂이 모두 꺼졌기 때문에 24, 25, 26, 27, 28세 기간에는 고생을 많이 한다. 게다가 일각日角·월각月角이 심하게 꺼졌고 아주 가는 금이 나 있다. 이것은 두 가지 사건을 의미한다. 하나는 그의 어머니가 정실이 아닌 첩이거나 외도로 만난 사람이다. 또 다른 하나는 진씨가 태어난 후 하마터면 남의 집에 맡겨지거나 버려질 수 있었는데 부모가 생각을 바꾼 후 액운을 면한 것이다. 진씨는 이에 대해 "어머니는 정실이 아니고 자신이 태어나자 원래는 내다버리라 했으나 나중에 집에 데려다 키웠다. 그러나 나중에는 아버지가 자신을 잘 대해 주었다"라고 말했다.

진씨는 전택궁이 얇기 때문에 45세 이전에 거주한 곳의 환경이 열악했다. 전택궁의 위치는 고대 관상에서는 '턱'이라 하기도 하고 '눈'이라 하기도 했지만 지금은 눈썹과 눈 사이 눈두덩[上眼瞼]이 정석이다. 전택궁에 대한 판단은 다른 부위를 참조해서 판단해야 정확하다. 네모나거나 둥글면서 두터운 턱을 갖추어야 주거 환경이 안정된다. 안신이 충만한 눈을 갖추어야 부동산이나 가옥이 는다. 눈두덩은 풍만하고 살이 있어야 하고 색이 선명하고 윤택해야 조상의 음덕과 윗사람의 보살핌을 얻을 수 있고, 편안하게 주거할 수 있는 집과 토지를 소유할 수 있다. 반대로 진씨처럼 눈두덩이 얇으면 주거하는 곳이 좋을 리 없다.

전택궁에는 다음과 같은 관상학적 해석이 있다.

① 전택궁이 풍만하고 윤택하고 색이 선명하면 윗사람이나 직장 상사의 인정을 받고 발탁된다. 또한 많은 이성의 사랑을 받고 가옥과 토지 구매에 유리하다.

② 전택궁에 흠이나 점이 있으면 초년운이 그다지 좋지 않고 일이 힘들고 열심히 일해야 재물을 취할 수 있다. 부동산을 구매해도 손해를 보기 쉽다. 주거 환경도 좋지 않다.

③ 전택궁이 좁으면 성격이 아주 급하고, 급히 먹는 밥이 체한다고 큰 손해를 본다. 또한 상대를 자주 기분 나쁘게 하기 때문

에 인연人緣이 아주 약하다. 좋은 주거지라도 자신의 조급함 때문에 엉망이 된다.

④ 전택궁이 지나치게 넓다면 이 사람은 순박하고 천진난만하고, 무슨 일이든 생각이 부족하다. 부유한 가정에서 태어났고 스스로 할 수 있는 게 없고 자신을 어떻게 돌보아야 할지를 모른다. 다른 사람의 말을 지나치게 믿고 자신은 머리 쓰는 걸 귀찮아 하고 돈 쓰는 걸 절제할 줄 모른다. 어릴 때의 운세는 좋으나 운을 깎아먹는 특징이 있다. 여성이라면 정조관념이 상대적으로 약하고 수다 떠는 것을 좋아한다.

이번에는 코를 이야기하자면, 진씨의 코는 잘생겼고 준두도 둥글고 살이 있고 색깔도 선명한 편이다. 하지만 콧등의 색이 어둡고 큰 마디가 져 있으므로 현재의 재운은 좋지 않다. 45세를 넘어야만 재운이 비교적 정상적으로 돌아간다. 그렇더라도 자신의 경제적 권한을 적당히 통제해야 한다. 그렇지 않을 경우 자금 유통이 원활하지 않게 된다.

끝으로 진씨의 아내궁을 보면 처첩궁妻妾宮이 많이 함몰되어 있고, 머리카락 같은 몇 가닥 선이 어미 부위에 그어져 있다. 이것은 그의 아내가 질투를 잘 느끼는 사람임을 의미한다. 남편이 좀 늦게 들어오면 주색에 빠져 늦은 걸로 여기고, 남편이 약속시간에 늦으면 성의가 없는 걸로 여긴다. 진씨가 아내의 이 점을 분명히 알고 처신한다면 말년의 운세는 아주 좋을 것이다.

섭葉 여사, 1945년 음력 10월 6일 출생, 기혼

섭 여사의 얼굴에서 가장 눈에 띄는 특징으로는 이마에 잔털이 많다는 점이다. 발제 부위가 고르지 못한 것이 관상서에서 말하는 '액각암참額角巖巉'에 해당한다. 이마는 15세에서 30세의 운을 보는 곳이다. 이마는 높이 솟아야 하고 곧게 서야 하고 넓고 빛나야 한다. 상부(上府, 이마의 양쪽 가)가 풍만해야 하고 흠이나 점이 없어야 한다. 그러나 이마를 볼 적에는 반드시 귀를 참조해야 한다. 귀를 볼 때도 이마를 참조해야 한다(『금교전金較剪』: "凡觀相者, 須先觀額堂 … 又再觀金·木二星").

이마를 볼 때는 반드시 16개 부위를 연결하여 보아야 한다. 관상은 한 사람의 전모를 보는 것이지 어느 한두 부위만 보는 것이 아니기 때문이다. 섭 여사는 이마가 좁은데다 상부가 꺼져 있다. 이는 15세에서 30세까지의 운세가 파란이 많았음을 의미한다. 특히 나빴던 때는 15, 16, 17, 18세 때이다. 이 4년간의 가정운은 아주 나빴고 힘들었다. 학업을 중단하고 사회생활을 해야 했으며 수입은 고작 입에 풀칠할 정도였다.

섭 여사는 이마에 잔털[寒毛]이 많고 발제 부위가 가지런하지 않다. 이는 관상서에서 말하는 '액각이 고르지 못하면 아버지를 먼저 여윈다[額角巖巉先喪父]'에 해당한다. 게다가 일각과 월각이 낮게 꺼져 있다. 아버지는 그녀가 어렸을 적에 돌아가셨다. 그러다 보니 아버지의 사랑을 받지 못했고 유년 시절이 즐겁지가 않았다. 섭 여사의 이마는 울퉁불퉁하여 좋은 이마의 조건을 갖추지 못했다. 그래서 19세 때의 운세가 아주 나빴고 20~21세 때는 더욱 견디기 힘들었다. 22세 한 해만 좀 평탄했고 22, 23세에는 나쁜 운세가 연이어 몰아쳤다. 25세에 한숨 돌릴 만하다가 26세에서 28세까지 또 나쁜 운을 맞이했다.

이마가 울퉁불퉁하다 보니 운세도 들쭉날쭉했다. 게다가 얼굴도 좌우로 크기가 다른 비대칭으로, 좌측 뺨이 우측 뺨보다 컸다. 운세로 보면 한 해 좋았다 한 해 나빠지고, 상반기에 좋았다가 하반기에 나빠지는 운세이다. 여사는 28세 전에 일찍 결혼해서는 안 된다. 그럴 경우 부부가 다 같이 돈을 벌어도 생활고로 힘들게 된다. 섭 여사는 20세에 결혼했고 결혼 후 생활이 힘들었으며 저축은 엄두도 내지 못했다고 했다.

섭 여사의 좌우 산림山林 부위는 비교적 꺼지지 않았다. 그래서 28세 때의 힘든 시기를 버티고 비교적 평온한 운세로 바뀐다. 29세부터 다소 안정되었다.

섭 여사의 두 눈썹은 잘 정돈되어 있다. 31세에서 34세까지 이 4년간의 운세는 많이 안정되어 생활 여건이 이전보다 많이 나아졌다. 섭 여사의 두 눈은 서로 다르다. 좌측 눈은 정상이고 잘생겼고 눈에 광채도 있다. 그러나 우측 눈은 눈까풀에 의해 윗부분 절반이 덮였다. 여사의 좌측 눈 운세인 35, 36, 38, 40세 이 4년간의 생활은 안정적이고 벌어들인 수익도 많다. 그러나 우측 눈의 운세가 꺾여 37, 39세 이 2년간의 운은 좋지 않고 가정운도 나쁘 않다. 나쁜 운이 잇달아 몰아닥치는데, 특히 37세 되는 해에는 본인이나 가족에게 불행한 일이 닥치거나 큰 재화災禍가 따른다. 섭 여사는 그 해에 남편이 큰 병을 얻어 병원에 입원해 치료를 받았다고 했다.

섭 여사의 코를 보면 아주 곧았으나 콧구멍이 훤히 보인다. 콧구멍이 지나치게 드러나기 때문에 노력해서 모은 돈을 한순간에 다 써 버린다. 특히 여사는 마음이 여려서 남들이 돈을 빌려 달라고 부탁을 하면 남에게 빌려서라도 그 액수를 맞추어 빌려 준다. 결국에는 돈은 돈대로 받지 못하고 빌려 준 돈은 시빗거리가 되어 여사를 힘들게 한다.

다시 한번 섭 여사의 얼굴 전모를 분석해 보자. 코는 곧게 생겼지만 이마가 고르지 않고 울퉁불퉁하다. 액각額角이 암참巖巉하고 눈두덩이 부어 있다. 코는 가늘고 작아 그녀의 마음속에는 늘 남들에게 말하지 못할 비밀을 담고 있다. 그녀는 늘 우울하고 만족해하지 못한다. 지금은 삶이 많이 편안해졌고, 남편도 가정에 충실하고 자녀도 다 컸고 해서 특별히 부족할 게 없었다. 그럼에도 불구하고 마음속에는 늘 응어리가 져 있다. 특히 남편이 자식들을 사랑할 때 그녀는 자신도 모르게 화난 기색이 드러나거나 우울해진다. 왜 여사는 이런 마음가짐을 가지게 된 것일까? 그녀의 심리 저변에는 말 못할 비밀을 담고 있기 때문이다. 그녀는 어린 시절 아버지의 사랑을 받지 못했다. 아주 어린 나이에 유쾌하지 못한 일들을 마음속에 담아두었다. 커서도 이러한 일들을 다른 사람에게 하소연하고 싶었다. 만약에 마음 맞는 사람이 있다면 수다를 떨었을 것이다. 그녀는 남편이 '남편'이자 '아버지'의 역할을 해 주길 기대했다. 아버지를 대신해서 자신을 사랑하고 보호해 주길 원했다. 일종의 보상심리였다.

남편은 자신보다 나이가 열 살이나 많았다. 어린 시절 잃어버린 아버지의 사랑을 채워 주기 위해서는 이상적인 부부 결합으로 볼 수 있다. 그러나 그녀는 마음이 즐겁지가 않았고 자식을 사랑하는 남편을 질투했다. 섭여사는 이러한 콤플렉스를 극복하지 못하면 즐거움을 찾기가 어렵다.

나는 끝으로 섭 여사에게 두 가지를 제안했다. … 이 두 가지를 잘 실천할 수 있다면 40세부터는 운세가 좋은 방향으로 바뀔 것이다.

■ 관상가 소개

린전林眞은 70~80년대에 홍콩에서 가장 유명한 관상가 중의 한 사람이었다. 본명은 리궈주李國柱이다. 역학 관련 저서를 많이 출간했고, 문학서와 역사서도 여러 권 출간하였다. 대표적인 관상서로는 『린전면상학(경험담)林眞面相學-經驗談』, 『린전면상학(실예편)林眞面相學-實例篇』[1], 『유씨상징신해喩氏相徵新解』 등이 있다. 『유씨상징신해』는 청말민초淸末民初의 유명한 관상가 위창젠喩長鑒의 저서 『상징相徵』의 상법 특징에 대해 자세하게 해석을 한 책이다. 홍콩의 모某 방송국에서 '심리心理·상리相理'란 주제를 가지고 7년간 관상 강의를 하였다.

---

[1] 1992년 樹勳出版社에서 발행한 이 책은 린전이 강의한 것을 그의 아들인 리커친李克勤이 기록하고 정리하였다. 그는 이 책의 관상평에서 단순히 고객의 운명 감정 외에도 관상학적 판단 근거를 고대 관상서에서 인용하여 설명하였고 심리학적 분석까지 곁들였다.

5. 리잉차이李英才의 관상평

자상한 어머니이자 남편을 돕는 상相 – 증曾 여사, 41세, 기혼

미간이 넓다. 눈이 아래로 처졌다. 입이 가늘다. 턱이 앞으로 향했다. 눈썹 형태가 곡선이고 눈썹꼬리가 아래로 처졌다. 관골이 좋다. 관골은 크고 코가 가늘다. 입이 가늘다.

① 이마가 매우 잘생겨서 공부를 많이 한 상이다. 눈썹이 아름다워 공부하는 것을 아주 좋아한다.

② 월각月角이 잘생겼다. 어머니가 아버지보다 재간이 있지만 공부는 많이 하지 못했다. 이 상은 어머니의 영향을 많이 받은 현모양처형으로 다음과 같은 장점을 지닌다. 평소에 타인과 다투지 않는다. 어려움이 닥쳐도 원망하지 않는다. 근검절약한

다. 일에 부딪쳐도 당황하지 않는다.

③ 천창天倉이 높지 않지만 지각地閣이 비교적 넓다. 턱 모양이 위로 향해 있다. 젊어서는 다소 내향적이었으나 지금은 사방으로 나다니는 것을 좋아한다.

④ 눈썹 모양이 곡선이다. 악기나 서화 등에 유난히 관심이 많다.

⑤ 눈꼬리가 아래로 처지고 눈과 눈썹이 모두 내려갔다. 더 나아가려 하지 않고 현 상태에 만족한다. 착하고 감정이 풍부하고 잘 운다. 자신 없는 싸움은 하지 않고 일 처리가 믿을 만하다.

⑥ 양 눈썹이 인당에서 물러나 있고(미간이 넓다) 눈썹 가운데가 청색 기운이 보인다. 현재 사업이 진퇴양난의 국면에 처해 있어 어떻게 해야 할지 모른다.

⑦ 복당福堂이 꺼져 있어 30세 전의 운세는 가라앉았고 30세 이후에 점점 좋아진다.

⑧ 관골이 잘생겼다. 집을 잘 돌보고 가정을 위해 책임을 다한다.

⑨ 관골이 크고 코가 작다. 나이가 10세 이상 차이 나는 남자에게 시집간다. 어려서는 아버지보다 어머니의 사랑을 많이 받았기 때문에 커서는 아버지의 사랑을 찾는다. 생각이 성숙되고 안정감이 있는 남자를 좋아한다.

⑩ 콧대가 아름답고 관골이 잘생겨서 남편을 돕는 상이다. 결혼 후 남편의 운을 좋게 만든다. 거지에게 시집가도 그를 황제로 바꾼다.

⑪ 귀가 작다. 어렸을 때 환경이 안 좋았고 생활이 힘들었다.

⑫ 명문命門에 점이 있다. 물에 빠지거나 의외의 사고를 당하나

살아난다.

⑬ 입이 작아 퇴근 후 곧장 집으로 간다. 남자는 입이 작은 여자를 아내로 삼아야 한다. 아내는 집을 그리워한다.

⑭ 턱이 위로 향해 있어 친구를 위해 생각한다. 턱이 들어간 사람은 대부분 자신만을 위한다.

⑮ 쓸데없는 걱정이 많은 자상한 어머니로 자녀 일로 많이 긴장한다.

⑯ 일을 좋아해서 늘 일을 만든다(살진 풍風자형의 근골질이다).

⑰ 39, 40세에는 일이 힘들지만 그 가운데 즐거움을 찾고 일을 집에까지 가져가지 않는 법을 터득하게 된다.

⑱ 얼굴색이 좋지 않다. 41~43세 때 일이 아주 힘들고 건강도 좋지 않게 된다.

⑲ 올해 41세에 일에 변동이 있을 것이다. 지난 2년간은 바쁘고 힘들었지만 고생을 참고 잘 견뎠기 때문에 외견상 힘든 흔적을 읽기가 어렵다.

서생書生의 관상으로 눈이 평화롭다 – 장張씨, 42세, 기혼

간문이 평평하고 넓다. 귀가 얇다. 법령선이 깊다. 복간覆肝형 이마. 눈썹이 맑아 바닥이 보인다. 눈은 가늘고 길며, 안신이 평화롭다. 콧방울이 얇고 콧구멍이 보인다.

① 이마가 복간覆肝의 형태이고, 눈썹이 청수하여 바닥이 보이고, 안신이 안으로 들어가 있다(평화롭다). 이것은 공부를 많이 한 상으로, 대학 혹은 그 이상을 다녔다.

② 눈썹이 청수하여 바닥이 보이니 사람됨이 허세를 부리지 않고 자신의 업무 분야에서 타인의 존중을 받는다.

③ 간문이 아름답고 눈썹이 잘생겨서 내조 잘하는 부인을 얻는다.

④ 귀가 얇다. 스스로 힘들게 공부를 한 것은 돈을 벌기 위해서가 아니라 내면의 풍족함을 채우기 위해서였다.

⑤ 콧방울이 얇고 콧구멍이 보인다. 명리名利와 부귀에 가치를 두지 않는다. 책을 사서 보는 것을 좋아한다. 석사지만 교수나 박사보다 책을 많이 읽는다.

⑥ 법령선이 깊다. 열심히 일하고 몸이 아파도 병가를 내지 않는다. 법령선이 깊어 자신에게는 엄하지만 얼굴색이 평화로워 타인에게는 관대하다.

⑦ 서생의 얼굴로 안신이 평화롭고 용모가 당당하다. 이상과 포부를 가지고 있으며, 평상심을 유지하고 타인과 다투지 않고 스스로 일가를 이룬다.

⑧ 소박하고 말주변이 없고 아첨할 줄 모른다. 학문적으로 파고드는 것을 좋아한다. 이 상의 장점은 10년을 하루같이 학문을 추구하며 인생 가치관이 바뀌지 않았다는 것이다.

⑨ 자신에 대한 타인의 칭찬이나 비난에 연연해하지 않는다. 일과 공부 외에는 마음에 두지 않는다.

⑩ 물욕이 없으나 법령선이 깊기 때문에 자신에게는 엄격하고 포부가 있다. 사소한 일은 대충 넘기나 원칙의 옳고 그름에 관

해서는 분명히 한다.

⑪ 일이나 가정의 대소사에서 일 처리를 잘한다.

⑫ 금융업계에서 30년 넘게 일했지만 은행 업무는 하나의 일일 뿐이며 실제로는 학문을 연구하는 학자 타입이다.

⑬ 눈의 안신이 부족하다. 집안의 모든 일은 부인이 결정한다. 본인은 신경 쓸 필요가 없다. 간문이 평평하고 넓어 부인이 남편에게 온 정성을 쏟는다.

⑭ 현재 나이가 42세로 실제 나이보다 더 들어 보인다. 과거 5~10년간 혼자서 두 사람 몫의 일을 해냈다. 기색을 보면 몸 관리를 잘했고 생활이 규칙적이다. 작년에는 업무량이 많아 일이 힘들었다. 영전을 했지만 실제론 좌천을 당한 셈이다. 43세에도 여전히 힘들다. 44, 45세에는 좋아진다.

⑮ 눈두덩의 기색을 보면 딸이 많다.

⑯ 이 상相은 상등인上等人으로, 가르치지 않아도 좋아지는 사람이다.

리앙한원梁漢文, 홍콩 가수. 1971년생

복당福堂이 꺼져 있다.

12궁 중에서 복덕궁福德宮은 '복당福堂'이라고도 한다. 위치는 태양혈 바로 위쪽 부위로, 산림山林이 자리하고 있는 곳으로 보기도 한다. 덧붙여 좌우 눈썹 끝의 윗부분으로 좌측의 구릉丘陵, 우측의 총묘塚墓까지 합하여 말하기도 한다. 복덕궁은 대체로 그 사람의 정신세계―적극적이냐 소극적이냐―를 반영한다. 복덕궁이 풍만하면 머리가 영민하고 행동이 바르고 계획이 치밀하다. 이 부위가 꺼져 있으면 생각이 복잡하고 혼란스러워 일생동안 어려움에 부딪치는 일이 많다.

리앙한원梁漢文은 이마가 (위아래로는) 높으나 (좌우가) 좀 좁아 복당 부위가 낮게 꺼져 있다. 그래서 삶이 비교적 소극적이거나 비관적이다. 부정적 생각을 자주 하다 보니 스스로 고민을 자초한다. 그는 1995년도에 한 기금마련 프로그램에서 실언을 한 적이 있는데 이것 때문에 자신의 연예인 생활이 끝나는 게 아닌가 하는 비관적인 생각을 하였다. 이런 격格을 가진 사람은 자신의 운세가 정체되었을 때는 극단적인 생각을 할 수도 있다. 운세가 좋을 때도 쓸데없는 걱정을 많이 한다. 연예계 풍토에서는 손해를 볼 수 있는 성격이다.

그의 산림(山林, 유년운 29~30세에 해당) 부위가 꺼졌다는 것은 좋아질 기미가 없고 심리적 부담과 번뇌에서 벗어나지 못함을 나타낸다. 열심히 일해도 수확이 적다. 그는 71년생 돼지띠이다. 2000년이 바로 유년으로 29세에 해당하는데, 하는 일이 반드시 계곡 아래로 떨어지게 되어 있다. 다행히도 31~34세까지의 유년운에서는 눈썹운에 해당하는데다 두 눈의 안신眼神이 살아 있어서 다시 재기할 수 있다. 그러나 눈썹이 다소 굵고 짙은데다 눈썹이 눈을 누르는 형세이다. 이것은 마음이 급하고 심사가 어지럽고 쓸데없이 스트레스를 받음을 나타낸다. 그러다 보니 힘들게 쟁취한 기회를 스스로 깎아먹게 된다. 리앙한원은 친구를 자주 찾아가 대화를 많이 하고, 쓸데없는 생각으로 고민을 불러들이는 일은 하지 않는 것이 좋다. 그러면 이때의 기운을 타고 좋은 성과를 낼 수 있다.

오악이 풍융豊隆한 사장 상相 – 육陸 씨, 29세, 미혼

이마가 잘생겼다. 눈썹의 형태가 아름답다. 귀가 크지만 (두께가) 얇다. 눈이 깊고 도화桃花가 있다. 코와 관골이 잘생겼다. 목에 살이 적고 결후結喉가 있다.

이마가 풍만하고 액각이 둥글고 귓불이 두텁다. 논리 분석에 뛰어나고 효심이 있고 부모에게 사랑도 받는다. 두골이 둥글면서 두텁고 눈썹, 이마, 코가 다 길상이다. 그러나 귀가 얇다. 어렸을 때 가정 환경이 안 좋았으나 점차 나아질 것이고 형제가 반드시 좋은 결과가 있을 것이다.

어렸을 때 책읽기를 좋아했으나 나이가 들면서 흥미를 잃어버렸다. 학창 시절에 벼락치기 공부를 했기 때문이다. 학업성적은 좋았다. 기억력은 보통이나 직감력이 뛰어나다. 젊었을 때의 운세는 순탄한 편이었다. 차후 부귀富貴할 것이나(그러나 큰 부자는 아님) 지금은 경력이 부족할 뿐이다.

　이 상은 사장의 격국이다. 자신의 일을 위해 아랫사람을 끌어들이는 능력이 있고, 직원을 잘 돌본다. 이 상의 특징은 다음과 같다.

　① 이마가 좋아 젊어서 이름을 날린다. 학창 시절에는 늘 상을 받았다.

　② 이마가 높고 천창天倉이 높다. 젊어서 부모와 고향을 떠난다. 사업에 대한 욕심이 많고, 부모에게 효도한다. 복당福堂이 조금 낮아 재테크에 대한 생각이 상대적으로 약하다.

　③ 이마가 잘생겨 총명하고 생각이 깊고 드러나지 않는다. 어떻게 상의하고 계획해서 돈을 벌어야 하는지를 안다.

　④ 여성의 눈을 가지고 있어서 부와 권세를 보고 사람을 대하는 것이 보인다. 여성과 소통을 잘한다. 10여 년간 사귀고 있는 애인이 있지만 3~5명의 여성이 그에게 관심을 보일 것이다.

　⑤ 안신眼神을 보면 세상 물정에 밝고 대인 관계를 잘하는 심리학의 고수이다.

　⑥ 이성적이지만 지나치게 이성적이면 손해라는 것을 알고 안신으로 감성을 표현한다.

　⑦ 안신이 드러나진 않지만 표정 변화가 많다. 이것은 같은 또래의 사람들에 비해 노련하고, 스펀지처럼 흡수하는 능력이 뛰어남을 의미한다.

　⑧ 그러나 안신의 초점이 떠 있어 안정되지 않는다. 돈을 빨리 벌려 하고, 자긍심이 강하다. 남을 잘 비평하면서도 정작 자신은 남의 비평을 듣기 싫어하지만 차후 개선될 가능성이 있다.

　⑨ 코와 관골이 잘생겼다. 일을 계획성 있게 하고, 일찌감치 은

퇴 준비를 할 수 있다.

⑩ 오악五嶽이 풍륭하여 장사해서 돈 버는 것을 좋아한다. 넓은 인맥을 활용하여 큰돈을 벌 수 있다. 45세에 은퇴하는 것이 목표이다.

⑪ 입술 모서리가 자신도 모르게 긴장 상태가 된다. 일하는 것이 신중하고 빈틈이 없다. 그러나 안신이 안정되지 않아 퇴근 후에는 또 다른 모습이 된다.

⑫ 22, 23, 24세의 유년 부위(사공司空, 변성邊城)가 솟아 있다. 학업이나 사업이 전성기다(22세 때 32억을 벌었지만 부사수의 일을 했다). 26, 27, 28세 때는 좀 못하다. 28세의 유년 부위인 인당印堂이 좀 꺼져 있어 사업 발전이 지체되었다. 29, 30세의 유년 부위인 산림山林도 좀 꺼져 있어 운세가 순탄치 않다.

⑬ 올해가 29세로 유년 부위가 좋지 않지만 다행히도 2년 전에 잘 대비해 놓았기 때문에 이 역경을 잘 넘길 수 있다. 31~43세는 눈썹운에 들어간다. 눈썹머리가 좀 좁긴 하나 전체 미상眉相은 좋다. 눈썹 색이 윤택하여 도약할 수 있다. 안신이 힘 있게 유지된다면 41~47세의 코와 관골의 운세 때는 더 좋아져 재財와 관官이 모두 왕성하다 .

⑭ 지금 기색을 보면 코에 황윤黃潤한 색이 뜬다. 가까운 시기에 의외의 수입이 들어올 것이다.

■ 관상가 소개

리잉차이李英才는 현재 홍콩에서 가장 많은 제자를 배출한 관상가로, 국내 방송사가 그를 취재한 적도 있다. 관상가 리앙산팅梁善婷, 진후거사 등이 그의 제자이다. 공익 사업의 일환으로, 그리고 관상의 대중 보급을 위해 관상 수강생들과 함께 무료로 시민들에게 관상과 손금을 봐 주는 행사를 자주 연다. 다른 역학자와는 달리 명리나 풍수를 겸해서 하지 않고 오로지 관상과 손금만을 강의하고 책을 집필한다. 저서로는 『看面相洞悉耳蘊玄機』(2004), 『看面相之額相大全』(2006), 『臉臉俱玄』(2010), 『額耳玄機』(2012)[2], 『千眉譜』(2013), 『眼相心鑑』(2014), 『顴鼻匯』(2016) 등이 있다.

---

2 여기서는 『額耳玄機』(2012, 圓方出版社)의 내용을 인용했다.

6. 판삥탄范炳檀의 관상평

남자상의 여성

여성이 산근山根과 인당印堂이 높게 튀어나오고 두텁고 넓으면 남자상이다. 남편과 자식을 극剋하고 부모를 극한다. 여성은 이런 상을 기피한다. 타인을 극하지 않으면 자신을 극한다. 일생 동안 늘 파재破財가 따라다닌다. 눈썹꼬리가 길면서 모여 있어 숫자 개념이 강하다. 법령선이 바깥으로 넓게 퍼지면서 위로 올라갔다. 방어 심리가 매우 강하고 책임지는 것을 싫어한다. 가정에 대한 책임감이 없다. 슈퍼우먼이고 외향적이다. 젊어서 남편을 극하지 않으면 노년에 반드시 극한다. 26~27세에 혼인이 순탄치 않고, 29~30세에 운이 좋지 않아 파재패업破財敗業한다. 32~38세, 34

~36세에 파재하고 사기를 당한다. 자신은 상해 질병이 끊이질 않는다. 이 사람은 과일 장사를 할 때 1억 원 정도를 날렸고, 아들 일자리 부탁으로 인해 1,500만 원을 사기 당했다. 나중에 보험으로 돈을 벌었으나 자신은 늘 상해 질병으로 돈이 나갔다.

신자면申字面 분석

상정上停·하정下停이 뾰족하게 깎이고 중정中停이 넓다. 부모와의 인연이 약하고 초년 삶이 굴곡이 많고 경제적으로 어렵다. 일생 동안 재물이 없고 고생할 운이다. 27세 이후로 운이 좋아지면서 중년운은 좋다. 그러나 52세 이후로 다시 운이 나빠지면서 말년이 좋지 않다. 재주가 있어도 일생을 평범하게 살 수밖에 없다. 만약 손이 잘생겼으면 공공기관이나 기업의 직원으로 일할 수 있다. 중간 정도의 복록福祿으로 부富와는 인연이 없다. ─『낙타상법비급駱駝相法秘笈』

■ 관상가 소개

판삥탄范炳檀은 중국 하얼빈에서 1948년에 태어났다. 32세에 본격적으로 관상 공부를 시작했으며, 중국(대륙)에서 가장 뛰어난 관상가 중 한 사람으로 풍수에도 뛰어나다. 낙타상법풍수駱

駝相法風水를 전수 받았으며, 주요 저서로는『范炳檀相法神仙斷』
(2014, 비판매용),『過五官斬六相』(2005, 비판매용-),『駱駝相法秘笈』
(2013,中國文聯出版社) 등이 있다.

7. 린궈슝林國雄의 관상평

관상 실례 1

여자 손님이 한 분 왔다. 나는 그 내담자를 보자마자 먼저 말을 꺼냈다. 이것은 나의 오랜 습관이다. 많은 말이 필요 없이 딱 한 마디만 했다.

"더 이상 애쓰지 마십시오"

나의 뜬금없는 이 말에 그녀는 어리둥절해 하면서 말했다.

"제가 뭘 원하는지 아십니까?"

"아들을 원하지만 뜻대로 안 됩니다."

그녀는 눈물을 흘리면서 말했다.

"선생님, 전 정말 아이를 갖고 싶어요."

"그 심정 저도 알지만 여사님의 얼굴이 벌써 말해 주고 있습니다."

"왜 아이를 가질 수 없습니까?"

나는 그녀에게 설명을 해 주지 않을 수가 없었다. 그녀의 인중은 넓고 길지만 우측으로 비뚤어져서 아이를 갖기 어려웠다. 그리고 윗입술에 능각(陵角, 능선)이 없어 자녀운이 약했다. 또 다른 특징이 있지만 그녀의 마음을 상하게 할까 봐 말하지 않았다. 새끼손가락이 유난히 짧고, 와잠臥蠶이 부풀어 있고, 엉덩이 둘레가 작고 살졌으나 허리가 가는 등등(관상에서는 뚱뚱한 여자가 허리가 가늘고 배꼽이 튀어나오면 무자식이라 했다[肥婆腰窄肚臍凸, 無子]. 이런 모든 것이 무자식의 표시다. 물론 배꼽은 볼 수가 없지만.

그녀는 내 말을 듣고서는 아이를 가질 수 없는 것이 운명이라는 것을 받아들였다. 한참을 이야기하고 나서야 마음을 안정시켰다.

"선생님, 아이를 가질 수 없다면 입양을 하는 것은 어떻습니까?"

조건상 입양에 문제가 없지만 그녀가 궁금했던 것은 입양한 아이와의 연분이었던 것이다. 나는 사실대로 말할 수밖에 없었다.

"여사님은 자녀와의 인연이 약합니다."

그녀의 얼굴에 떨림이 일어났다. 다소 충격을 받은 것 같았다. 나는 관상을 보면서 이 직업이 참 잔혹하다는 생각이 들 때가 많다. 오는 손님들이 하나같이 어려운 숙제를 가지고 오기 때문이다. 하지만 나는 설명을 할 수밖에 없었다.

자식을 낳기가 어려운지 아닌지는 인중을 보아야 한다. 자식이 있을 경우 자식과의 인연(효도를 할 것인지 아닌지)를 보려면 입술의 능각을 봐야 한다. 입의 형태가 좋고 윗입술의 능각이 뚜렷하면 자식과의 인연이 깊고 자식이 잘되어 효도한다. 반대로 입술 형태가 좋지 않고 능각이 없으면 자식과의 인연이 박하다.

그리고 또 말년운에 해당하는 지각地閣과 턱을 보아야 한다. 지각이 길고 앞쪽을 향해 있으면 자식이 잘해 주고, 지각이 짧고 앞을 향해 있지 않으면 말년에 자식에게 의지할 수 없다. 여기다 제비턱[燕頷]의 형태가 아니면 노년에 형편이 좋지 않고 자식에게도 기대지 못한다. 여사처럼 생긴 상은 말년에 양아들딸조차도 없는 상이다. 게다가 뺨이 움푹 들어가고 제비턱이 아니면 말년에 고독할 상이다. 나는 그녀에게 믿을 수 있는 건 자신뿐이니 노후를 대비해 돈을 많이 모아 두라는 말밖에 할 수 없었다.

관상 실례 2

스물여섯 살 젊은이가 앞에 앉았다. 그는 당당한 외모에 눈이 빛나고 자신감이 넘치는 청년이었다. 25세에 해당하는 이마의 중정中正 부위가 꺼져 운세가 막혔지만 이미 그 시기를 넘겼다. 26, 27세에 해당하는 구릉丘陵, 총묘冢墓 부위는 낮게 꺼지지 않아 장애에서 벗어나 순경順境으로 나아갔다. 28세 인당에 가서는 한층 더 나아진다. 인당印堂이 부풀고 빛나기 때문에 장사는 더 잘되고 지위도 올라갈 것이다.

그러면 이 청년은 뭐가 궁금해서 왔을까? 그의 얼굴에서 눈에 띄는 특징이 내 눈에 들어왔다. 그래서 내가 먼저 운을 뗐다.

"총각에게 귀인은 여인이군요."

총각은 약간은 놀라는 표정을 짓더니 그렇다고 대답했다.

"이것도 운명입니까?"

총각은 쓴웃음을 지으면서 물었다.

"그렇습니다."

"선생님, 실은 독립해서 경험도 쌓을 겸 세상에 나가 제 실력을 한번 증명해 보고 싶습니다."

"그렇지만 총각은 지금 의지하고 있는 여인을 떠나서는 안 됩니다. 그 여인이 바로 총각 어머니가 틀림없죠."

청년은 고개를 끄덕였다.

"아버지는 벌써 돌아가셨군요."

나는 자신 있게 말했다.

"자고로 관상에서는 '액각額角이 가지런하지 않으면 아버지를 먼저 여위고, 산근이 낮게 꺼지면 어머니를 먼저 여읜다[額角巖巉先喪父, 山根低陷母先亡]'라고 했습니다."

이 청년의 이마는 암참액각巖巉額角으로 발제髮際가 가지런하지 않았다. 그러나 산근은 곧고 풍만하였다. 다시 액각을 보니 일각日角은 낮고 월각月角은 높았다. 이를 통해 아버지는 안 계시고 어머니에게 의지해서 사는 것을 알 수 있었다.

아버지가 돌아가시고 나서 어머니가 머리핀 장사를 하면서 아들을 키웠다. 청년은 공부를 마치고 나서 어머니 일을 도왔다. 어머니가 사장이고 청년은 대주주인 셈이었다. 청년은 어머니 곁을 떠나 바깥 세계를 경험하고 자유를 만끽하고 싶었다. 어려서부터 어머니 품을 떠나 본 적이 없는 청년으로서는 어쩌면 당연한 일인지도 모른다.

"정말 떠나서는 안 됩니까?

"그렇습니다."

왜 떠나서는 안 될까? 운명이기 때문이다. 그는 귓불이 입을 향했다[雙耳朝珠]. 두 귀가 형태가 아름다우면서 두텁고 귓불이 입을 향하고 있었다. 이런 귀를 가진 남자를 도와주는 사람은 여자이다. 어렸을 때의 귀인은 어머니이고, 어른이 되어서는 여자친구나 아내이고, 늙어서는 딸아이가 귀인이다. 물론 다른 여자 귀인이 있을 수도 있다. 그리고 여기엔 여성과 관련된 사업도 포함된다.

나에게는 브래지어 공장을 운영하는 한 친구가 있었다. 처음에 그는 복제품 공장에서 아르바이트를 했다. 나중에 애인이 생기고 나서는 복제품 공장을 인수해서 자신이 직접 운영했다. 결혼 후에는 공장을 크게 확장시켰다. 그 후 딸을 낳을 때마다 사업이 더 크게 확장되었다. 지금은 태국과 중국에도 공장이 있고 미국과 유럽에도 수출을 한다.

"그러면 저는 여성 머리빗 사업을 해야 하는 겁니까?"

나는 그렇다고 대답했다.

"최근에 다른 곳으로 독립해 나가고 싶다는 생각은 잘한 것입니다. 나이가 구릉丘陵, 총묘冢墓 두 부위에 해당될 때 외부로 비교적 먼 곳으로 나가게 됩니다. 이는 집을 이사한다든지, 사무실이나 공장을 옮긴다는 것을 의미하지 어머니 곁을 떠나라는 말은 아닙니다."

청년은 고개를 끄덕였다.

"스물여덟에는 큰 권력을 쥘 수가 있어요."

청년은 인당印堂이 잘생겼기 때문에 이때에 도장印을 손에 쥐게 된다. 이는 회사가 조만간 청년의 것이 됨을 의미한다.

"귓불이 입을 향해 있으니[雙耳朝珠] 타지와 인연이 있군요."

청년은 이 말이 무슨 뜻인지 물었다.

"총각과 결혼할 사람은 이곳(홍콩) 사람이 아님을 말합니다."

"지금 사귀고 있는 여자는 상하이에서 알았는데 지금은 제 회사에서 일하고 있습니다."

"아주 잘된 일입니다. 스물여덟에는 결혼하여 가정을 가질 운입니다."

"결혼 때는 선생님께서 꼭 길일을 잡아 주셔야 됩니다."

나는 그렇게 하겠다고 대답했다. 이건 마땅히 책임지고 해 주어야 할 일임에도 청년은 감사를 표하면서 결혼식에도 참석해 주길 바랐다.

※ '관상 실례 1'과 '관상 실례 2'는 린궈슝의 저서 『掌相精悴』(上卷) '實例篇'의 일부를 번역한 것이다.

린궈슝의 운류법雲流法 - 『掌相精悴』(中卷)

순수하게 하나의 유년 부위만을 가지고 유년 길흉을 추단推斷할 경우 정확도가 떨어진다. 다른 부위와 결합하여 추단해야만 정확하게 맞출 수가 있다. 앞의 유년법을 '정류법定流法'이라 하고 뒤의 유년법을 '운류법雲流法'이라 한다.

남자 30세의 유년 부위는 우측 산림山林 부위에 있다. 그러나 산림이 풍만한지 그렇지 않은지 흠이 있는지 없는지를 볼 때는 인당印堂에 흠이 있는지 없는지, 눈썹머리가 직립인지 아닌지, 그리고 인당의 기색은 어떤지를 같이 보아야 한다. 인당이 훼손되었거나 눈썹머리가 직립이거나 인당을 침범하거나 인당의 색이 윤택하지 않으면 우측 산림 부위가 풍만하고 윤기가 있어도 이해는 길吉하지 않다.

남성의 26세는 구릉邱陵 부위를 본다. 구릉은 좌측 눈썹꼬리와 측면 발제 사이에 위치한다. 눈썹꼬리가 지나치게 날카로워 구릉 부위로 들어가거나 눈썹꼬리가 지나치게 흩어졌거나 지나치게 길어서 구릉을 압박할 경우 이는 모두 불길함을 나타낸다. 그래서 눈썹의 형태가 아름답지 못하면 26세의 운 또한 좋지 못하다.

남성 36세의 유년 부위는 우측 눈머리에 있다. 리샤오룽李小龍의 코는 미골尾骨을 범犯한 형태이다. 코뼈는 미골에 걸쳐져 있는 형태라야 한다. 그러나 리샤오룽의 코뼈는 곧장 위로 뻗어 있다. 코뼈가 미골을 범한다는 것은 자기가 자신을 범하는 것으로 36세 전에 문제가 발생한다. 콧등에 마디가 질 경우 43, 44세까지 갈 것도 없이 36세에 이미 이혼할 가능성을 안고 있다. 그것은 눈과 코를 같이 보기 때문이다.

산근의 위치는 좌우 눈머리 옆에 위치한다. 산근이 꺼졌거나 끊어졌거나 주름이나 점이 있으면 반드시 35, 36세의 운세에 영향을 미친다.

■ 관상가 소개

린궈슝(林國雄, 1947~2013)은 홍콩에서 출생했으며, 12세 때부터 관상, 명리, 풍수를 공부했고, 1975년부터 정식으로 간판을 내걸었다. 1980년대 홍콩에서 가장 명성을 날린 관상가 중의 한 사람이었다. 폐렴으로 66세의 이른 나이에 생을 마감했다. 본인의 운명을 이미 알고 제자들에게 이를 여러 번 말했었다.

참고 문헌

陸位崇 校編,『麻衣相法全書』, 1974, 力行出版社

李立德 評注,『繪圖麻衣神相法全編』, 2002, 捷幼出版社

陳搏/袁忠撤 增訂,『神相全編』, 2011, 陝西師範大學出版社

(後周)王朴,『太淸神鑑』, 2009, 華齡出版社

(金)張行簡/(元)薛延年 注,『人倫大統賦』, 2009, 陝西師範大學出版社

(明)柳莊 · 袁忠撤,『柳莊相法』, 民國78年[1989], 新文豊出版社

(明)袁柳莊/金志文 역,『柳莊神相』(白話本), 2010, 世界知識出版社

(淸)陳钊/ 李立德 評注,『相理衡眞』, 民國85年[1996], 捷幼出版社

(淸)高味卿 · 廖靑山/陳明 교정,『大淸相法』, 2008, 中國文聯出版社

(淸)袁樹珊/鄭同 교정,『中西相人探原』, 2010, 北京燕山出版社

(淸)曾國藩/王峰 註譯,『氷鑒』, 2010, 延邊人民出版社

(淸)陳夢雷,『古今圖書集成』(博物彙編藝術典相術部), 1977, 鼎文書局

鄒文耀,『柳莊相法考證』, 民國62年[1973], 瑞成書局

謝路軍 · 董沛文,『中國古代相術』, 2008, 九州出版社

陳興仁,『神秘的相術』, 2009, 廣西人民出版社

何躍靑,『相術文化』, 2011, 外文出版社

梁湘潤,『相學辭淵』, 民國71年[1982], 行卯出版社

盧毅安,『新人相學』, 1986, 香港上海印書館

朱鵲橋,『帶眼識人-朱鵲橋論相』, 1998, 聚賢館文化有限公司

李英才,『看面相洞悉耳蘊玄機』, 2004, 李英才命相堪輿顧問有限公司

李英才,『看面相之額相大全』, 2006, 衆生堂出版社

李英才,『臉臉俱玄』, 2010, 圓方出版社

李英才,『看面相辨淫邪』, 2011, 圓方出版社

李英才,『額耳玄機』, 2012, 圓方出版社

李英才,『千眉譜』, 2013, 圓方出版社

李英才,『眼相心鑑』, 2014, 圓方出版社

李英才,『顴鼻匯』, 2016, 圓方出版社

蘇民峰,『談情說相』, 2011, 圓方出版社

蘇民峰,『觀相知人』, 2007, 宇宙出版社

蘇民峰,『相學全集』(全4券), 2014, 圓方出版社

白鶴鳴,『原來面相咁簡單』, 2000, 鶴鳴文化出版社

白鶴鳴,『教你看相快而準』, 2012, 鶴鳴文化出版社

林國雄,『掌相精悴』(上・中・下卷), 2013, 圓方出版社

林眞,『林眞面相學−實例篇』, 1992, 樹勳出版社

林眞,『速成人相學』(香港玄學學院速成教程), 출판년도, 출판사 미상

林眞,『林眞面相學−實例篇』, 1992, 樹勳出版社

林眞,『喻氏相徵新解』(下卷), 1996, 林眞顧問有限公司

蘇朗天,『現代人相學講義』(『實用人相學』合本), 2005, 掌相研究所

易天生,『辦公室觀相達人』, 2010, 圓方出版社

易天生,『女相書』(上下卷), 2011, 圓方出版社

易天生 評註,『心相篇』, 2014, 心田文化出版社

易天生,『命相百達通』, 2006, 心田文化出版社

劉中英,『面相學』(내부 강의 자료)

陳雪濤,『過眼錄』, 2008, 武陵出版社

阮呂仁傑・晨曦居士,『晨曦面相學』, 1999, 武陵出版有限公司

黃友輔,『從人相看榮華富貴』, 2005, 武陵出版有限公司

蕭湘居士,『面相及面相流年−蕭湘相法(三)』, 2007, 時報文化出版社

蕭湘居士,『大富大貴相譜』, 2012, 進源書局

金湖居士,『在榕樹頭看相的那些年』, 2015, 聚賢館文化有限公司.

金湖居士,『把榕樹頭掌相帶進課程』, 2016, 聚賢館文化有限公司.

黃家騁,『東方人相與女相』, 2012, 大元書局

林文嶺,『林流相法面相氣色全書』, 2003, 武陵出版有限公司

范炳檀,『駱駝相法秘笈』, 2013, 中國文聯出版社

范炳檀・劉勇暉,『過五關斬六相』, 출판년도, 출판사 미상

悟立群,『氣色演釋』, 2008, 名師出版社

盛書笙,『相法神仙斷』, 2003, 遠方出版社

鄭穆德,『一看就懂!大師面相學』, 2010, 知青頻道出版有限公司

陳哲毅,『大師教你學面相』, 2007, 知青頻道出版有限公司

邢筠,『面相大補帖50問』, 2013, 書泉出版社

華藝博,『相理衡眞』, 2008, 中州古籍出版社

范俊明,『面相手掌分析』, 2011, 鷺達文化出版公司

成濤,『完全圖解 看人術』, 2010, 小倉書房

黃寅,『從面相斷配偶相貌』(내부 강의 자료)

李居明,『大師面相學』(CD)

小野十傳,『完全圖解 東洋觀相秘占もくじ』, 2014, 学研パブリッシング

黑川兼弘,『運勢UP人相の見方－活かし方』, 2000, 新星出版社

大熊光山/佐藤文栞 編著,『人相活斷大事典(入門から苞, 氣色, 血色, 畵相のすべて)』, 昭和53년[1978], 香草社

紫陽居士,『痣相一本通』, 2014, 知青頻道出版有限公司

程義,『痣相術入門』, 2001, 鼎文出版社

蔗廊閒人,『痣斑命相大全』, 2002, 武陵出版有限公司

鐵筆居士,『3天搞懂痣相』, 2011, 樹葉出版社

虞賀方,『虞老師教你觀相知人招好運』, 2013, 大翼文化出版社

張解民,『中國相術辭典』, 民國83년[1993], 捷幼出版社

謝沅瑾,『觀相』, 2015, 時報文化出版社

白玉石居士,『女性相法』, 2000, 東西文化事業公司

周湘靈,『財運密碼』, 2011, 群言出版社

宮澤美智/龔婉如 譯,『圖解五官清楚易懂 如何看面相』, 2015, 人類智庫出版社

Samuel R. Wells/馬誠 편역,『觀相學』, 2010, 北京燕山出版社

Harry H. Balkin/劉偉 역,『相人術』, 2011, 哈爾濱出版社

Auerbach, Henry B/蘇朗天 譯著,『骨相學』, 1983, 香港上海印書館

Leopold Bellak/張百順 역,『心理學家敎你相面術』, 金城出版社

新山退甫/허경진 역,『韓客人相筆話』, 2009, 지식을 만드는 지식

水野南北/김현남 역,『관상 운명은 타고나는 것인가』, 2015, 나들목

石本有孚/김영주 역,『인상학대전』, 2007, 동학사

佐藤六龍/李仁光 역,『觀相寶鑑』, 明文堂, 1981.

浅野八郎/이인애 역,『CEO, 얼굴을 읽다』, 2008, 21세기북스

전용원 역주,『유장상법역주』, 2004, 진산 · 월간역학

袁忠撤/이건일 역,『관상학의 교과서 유장상법』, 2014, 도서출판 삼화

袁忠撤/김용남 역주,『柳莊相法유장상법』, 2015, 상원문화사

村山智順/金禧慶 역,『朝鮮의 占卜과 豫言』, 2005, 東文選

朴健會,『知人明鑑 諺文相法』, 1916, 新舊書林

朴健會,『永樂百問 諺文相法』, 1916, 五星書館

朴健會,『諺文 物形觀相法』, 1929, 永昌書館

金哲眼,『觀相寶鑑』, 1955, 大文社

李海雲,『實用哲學 最新觀相學』, 1955(1976 재판), 集賢閣

辛承萬,『觀相研究』(石版本), 1956, 同文社

曹誠佑,『詳解秘傳 相法全書』, 1968, 명문당

曹誠佑,『秘傳自解 觀相大典』, 1971, 三信書籍

金世一,『相法大典』, 1972, 明文堂

陶觀,『觀相術』, 1975, 三信書籍

梁鶴馨,『現代觀相科學大事典(가이드시리즈)』, 1976, 哲菴社

申一,『觀相學全書』, 1977. 東洋書籍

秋松鶴,『觀相學總秘傳』, 1979, 生活文化社

남궁상,『(비전)한국관상학보감(秘典)韓國觀相學寶鑑』(1), 1982, 易學社

李正來,『相學眞傳』, 1984년, 동양학술원

崔漢綺,『人政』(測人文)[고전국역총서], 1982, 민족문화추진회

김성률,『易術의 명인을 찾아서-한국의 역술명인 36人』, 1996, 청맥

김현남,『관상』, 2009, 나들목

김현남,『내 관상은 어떨까?』, 2014, ㈜조선뉴스프레스

최형규,『꼴값하네』, 2008, FACE INFO

신기원,『내 관상 내가 본다』, 2000, 도서출판 한세

이정욱,『실용관상학』, 2005, 천리안

김광일,『관상학 길잡이』, 2013, 책만드는집

김효린,『성공을 부르는 관상의 비밀』, 2010, 청비송

이문학,『관상』, 2012년, 향지

주선희,『얼굴경영』, 2005, 동아일보사

신재용,『망진望診』, 2010, 도서출판 이유

자오리밍/이주관·김효진 역,『건강을 얼굴에서 찾다-망진면진望診面診』, 2015, 청홍

이정윤,『성형 당신의 운명을 바꾼다』, 1995, 삶과꿈

이원석,『성공을 부르는 관상성형』, 2002, 열매

신웅철,『관상의 문화학-사람은 생긴 대로 사는가』, 2006, 책세상

정민,『다산선생 지식경영법』, 2006, 김영사

정민,『다산의 재발견』, 2011, 휴머니스트

최창조,『최창조의 망상록 사람의 지리학』, 2011, 서해문집

최창조,『한국풍수인물사』, 2013, 민음사

東方朔/이성희 역,『상쾌한 순자 현대인을 꾸짖다』(『荀子一百句』), 2012, 베이직북스

Richard E. Nisbett/최인철 역,『생각의 지도』, 2004, 김영사

리하르트 반 뒬멘/최윤영 역,『개인의 발견 어떻게 개인을 찾아가는가 1500-1800』, 2005, 현실문화연구

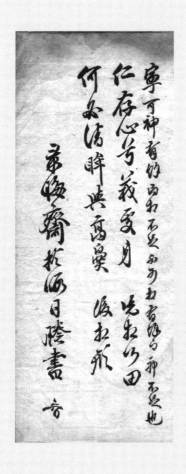

차라리 정신이 훌륭하고 관상이 부족할지언정
관상이 훌륭하고 정신이 부족해서는 안 된다
인仁을 마음에 보존해야 함이여! 의義로 처신할 것이로다
하필 맑은 눈동자와 높은 코라야 하겠는가
심상을 먼저 보아야 함이니, 형상을 보는 것은 그 다음이라.
― 『신상전편』 필사자의 글